邵永灵◎著

核时代的军事与政治

核武器
时代的战争

辽宁人民出版社

© 邵永灵　2025

图书在版编目（CIP）数据

核武器时代的战争 / 邵永灵著. -- 沈阳：辽宁人
民出版社，2025．1．-- ISBN 978-7-205-11274-5
（2025.3 重印）

Ⅰ．E861

中国国家版本馆 CIP 数据核字第 2024Y3D489 号

出版发行：辽宁人民出版社
　　　　　地址：沈阳市和平区十一纬路25号　邮编：110003
　　　　　电话：024-23284325（邮　购）　024-23284300（发行部）
　　　　　http：//www.lnpph.com.cn
印　　　刷：辽宁新华印务有限公司
幅面尺寸：170mm×240mm
印　　张：15.75
字　　数：230千字
出版时间：2025年1月第1版
印刷时间：2025年3月第2次印刷
责任编辑：张天恒　王晓筱
装帧设计：书舟设计
责任校对：吴艳杰
书　　号：ISBN 978-7-205-11274-5
定　　价：58.00元

每个时代有它自己的战争类型，它自己的限制条件，连同它自己的特殊偏见。因此，每个时代会信奉它自己的战争理念，即使依据科学原理解决事情的冲动总是存在并普遍存在。于是，必须按照每个时代的特征去判断它的事态发展①。

---

① ［德］卡尔·克劳塞维茨：《战争论》，商务印书馆，2016 年 5 月第 1 版，第 854 页。

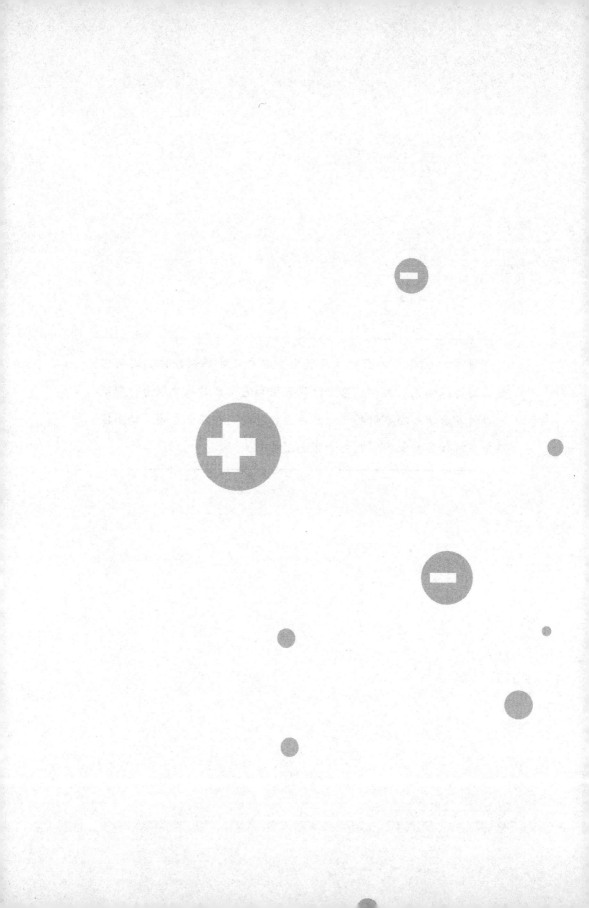

目录

CONTENTS

原子释放的能量改变了一切，除了我们的思维方式，我们因此而滑向前所未有的灾难[1]。

———— 阿尔伯塔·爱因斯坦 ————

由于核武器的出现，过去军事方面的全部经验对于未来战争已基本上没有什么指导作用了[2]。

———— 伯纳德·布罗迪 ————

❶ ［美］威廉·J.佩里：《我在核战争边缘的历程》，中信出版社，2016 年 11 月第 1 版，第 9 页。
❷ ［美］伯纳德·布罗迪：《导弹时代的战略》，军事科学院外军研究部译，内部参考资料，第 161 页。

引言

一种全新的

武器

核武器诞生于 1945 年，首次核试验的时间是当年的 7 月 17 日，首次使用是在 8 月 6 日。从事后的角度看，1945 年是一个分水岭，它标志着人类进入了核时代，一个在方方面面都将发生重要改变的时代。但这只是事后的看法。从当时人们的观点看，核武器就是人类漫长的武器进化史上的一个较为重要的事件而已，其意义也许尚不及大炮火枪取代中世纪骑士的佩剑。但是不出 10 年，不仅有识之士，就连普通人也认识到了，核武器是一种全新的武器，以往的观念、思维、战略已无法适用。

一
原子弹与"曼哈顿工程"

美国是在二战爆发之后着手研发原子弹的。1942 年，人类历史上第一个核反应堆在芝加哥的建成被认为是原子核科学技术应用的开端。但是科学界对核物理的研究从 19 世纪末就开始了。

1896 年，法国物理学家贝可勒尔发现天然放射性现象，此举标志着原子核物理学的开始，并直接导致了居里夫妇发现镭，为后来核科学的发展开辟了道路。20 世纪 30 年代，出现了一系列重大发现：1932 年 2 月，英国科学家 J. 查威德克发现了中子，德国科学家海森堡和苏联科学家伊万宁科独立地提出原子核是由中子和质子组成的；1934 年，法国科学家约里奥·居里夫妇用 α 粒子轰击原子核从而发现了人工放射性，意大利物理学家 E. 费米发现用中子轰击原

子核比 α 粒子更为有效，并通过中子与原子核的作用得到了 60 多种人工发射性核素；1938—1939 年间，犹太血统的科学家迈特纳与哈恩合作发现原子核裂变伴随释放出大量的能量。

但是，要使核能大规模地释放成为可能，问题的关键是裂变释放能量的同时是否会产生足够数量的中子，使裂变反应能够持续地进行下去，形成链式裂变反应。1939 年，意大利科学家费米与 H. 安德森在研究实现链式裂变反应时发现，核裂变时每消耗 1 个中子大约会产生 2 个以上的中子，由此看出实现链式裂变反应是可能的，也说明核反应具备了在军事上应用的前景。

20 世纪 30 年代，希特勒大肆迫害德国及东欧的犹太人。1933 年至 1941 年期间，约有 100 名难民物理学家来到美国，其中多数人来自德国和奥地利。因为深恐德国法西斯利用核科学上的新发现制造大规模杀伤性武器，犹太裔匈牙利物理学家西拉德、魏格拉和泰勒等说服爱因斯坦于 1939 年 8 月 2 日写信给美国总统罗斯福，指出："在大量的铀中建立起原子核的链式反应会成为可能……由此可以制造出极有威力的新型炸弹来。"在此信的推动下，1939 年 10 月，罗斯福总统决定成立铀顾问委员会，1940 年 6 月，铀顾问委员会被纳入新成立的国防研究委员会。该委员会的主席由著名物理学家万尼瓦尔·布什担任。1941 年 10 月 9 日，罗斯福总统做出了开展核研究计划的基本决定，1942 年 6 月做出生产核武器的决定[①]。促使罗斯福总统做出上述决定的根本动因是：务必要赶在希特勒之前拥有原子弹。

当时，欧洲已经爆发战争，美国虽然也身处战争之中，但远离主战场的特殊地理位置以及雄厚的科技、经济、人才及工业实力使其具有研发核武器得天独厚的优势。为了实施"曼哈顿工程"，美国直接动用约 60 万人，投资 20 多亿美元。在整个二战期间，美国没有像英国和德国那样遭到过空袭，也没有像苏联那样被敌人入侵和占领，更没有经历过日本在战争最后几年的绝望挣扎和

---

❶ 胡思德、刘成安编著：《核技术的军事应用——核武器》，上海交通大学出版社，2016 年 3 月第 1 版，第 141 页。

法国的迅速溃败，所以麦乔治·邦迪得出结论："在世界民族之林中，唯有美国处境优越，有希望在战争中制造核武器。"①

到 1944 年，各方面的情报都已经表明，除了少数科学家的理论研究外，德国并没有做研制原子弹的任何努力。1944 年之后，"曼哈顿工程"的目的已经变成用原子弹尽快结束战争。至二战结束前夕，美国共制造出 3 枚原子弹。1945 年 7 月 16 日，第一枚原子弹在新墨西哥州试验成功，威力为 1.9 万吨 TNT 当量。此时德国已经投降，尚在负隅顽抗的日本成为原子弹唯一可使用的对象。

"曼哈顿工程"是一个严格保密的事项，只有总统和直接负责的少数人知道，杜鲁门贵为副总统，也是在罗斯福去世接任了总统职务后才了解到相关情况的②。不知情的还有军方。因为研发过程及前景不确定，所以，盟国并没有把赢得战争的希望寄托在核武器上，战时美国的军工厂仍在开足马力生产和研发各种常规武器，在原子弹投入使用前后，对日本的战略轰炸一直按照计划正常进行。盟国的最终胜利主要是依靠强大的军工生产能力与巨大的人力资源的投入。

苏联是第二个下决心制造核武器的国家，虽然在核能的研究方面英国、法国、德国都走在了它前面。苏联制造原子弹的决定由斯大林在 1945 年 8 月中旬做出。他说："对你们的唯一要求，同志们，是在尽可能短的时间内为我们提供原子武器。你们知道，广岛事件震撼了整个世界，均势已经被破坏。提供这种炸弹——它将使我们免受巨大的威胁。"③ 1949 年 8 月，苏联核试验获得成功。

英国在核能研究方面起步较早，直到二战初期，在铀裂变研究的大部分领域，英国均处于世界领先地位。1941 年 10 月，英国政府正式成立了研制原子弹的机构，代号"管合金计划"。由于担心德国和苏联抢先制造出原子弹，以

❶❸ [美]麦乔治·邦迪：《美国核战略》，世界知识出版社，1991 年 7 月第 1 版，第 42—43 页，第 244 页。
❷ [美]哈里·杜鲁门：《杜鲁门回忆录》上卷，东方出版社，2007 年 1 月第 1 版，第 12 页。

及出于分享制造原子弹技术的考虑，英国决定与美国在研制原子弹方面进行合作。1943年8月，罗斯福与丘吉尔在加拿大魁北克签订了两国联合研制原子弹的"魁北克协议"。自此，英国终止其"管合金计划"而加入美国的"曼哈顿工程"。据一位英国高级科学家估计，"在洛斯阿拉莫斯的英国人所做的贡献很可能使造成第一颗原子弹的时间缩短了2—3个月"。而一位美国科学家的估计是："在研制第一颗原子弹的过程中，英国人所做的贡献肯定使原本需要的时间至少缩短了一年。"[①] 按照1945年夏天美国人对这项工程速度和时间期限的重视程度，即便能提前一个月都是非常重要的。如果原子弹再晚问世一段时间，那么对日作战以及整个远东战后的形势很可能呈现出完全不同的面貌。但是二战结束后，美国在1946年8月通过《麦克马洪法》，规定禁止向任何国家提供制造裂变材料和核武器的信息。1947年1月，英国政府做出独立研制原子弹的正式决定[②]。1952年10月3日，英国在澳大利亚的蒙特贝洛岛附近海域成功地爆炸了原子弹，成为第三个核武器国家。

法国在二战前就已开始进行核研究，并且取得了重大进展，但二战使研究工作中断。战后，法国国内对发展核武器存在较大分歧和阻力。除了戴高乐派以外，法国所有政党都联合起来反对军事利用原子能。在法国民意测验所1955年举行的一次民意测验中，参加测验的人中只有33%赞成法国生产原子武器。公众态度与党派立场结合的结果是法国政府在1955年4月13日做出了放弃原子能军事利用的决议，但可根据以后的发展再重新审查[③]。一年后事态就有了转机。在议会的辩论中，"除了共产党人以外……所有的发言人都一致认为只有两条途径，或是拥有核武器，或是放弃国防"[④]。显然，这与法国在印度支那战争和苏伊士运河事件中惨遭失败有直接关系。之后，法国内部在发展核武器问题上态度开始趋于一致。1960年2月13日，法国在撒哈拉沙漠的拉甘试

❶ ［美］麦乔治·邦迪：《美国核战略》，世界知识出版社，1991年7月第1版，第148页。
❷ 胡思德、刘成安编著：《核技术的军事应用——核武器》，上海交通大学出版社，2016年3月第1版，第142页。
❸❹ ［美］亨利·基辛格：《核武器与对外政策》，世界知识出版社，1959年10月第1版，第278—279页，第281页。

验场成功试验了原子弹，成为第四个核武器国家。

1964 年 10 月 16 日，中国第一颗原子弹爆炸成功，成为第五个核武器国家。

根据 1968 年签署、1970 年生效的《不扩散核武器条约》，上述五国均为合法有核国家。

二
核武器只是一种武器

美国发展原子弹的初心是为了预防德国研制成功而采取的保险措施。从起初的决定到获得成功并用于战场，核武器在当时人们的心目中只是一种武器而已，与人类以往和现有的各种武器并无本质不同，唯一区别就是它的威力很大。据 1940 年至 1945 年期间担任美国国务卿的史汀生回忆：整个二次大战期间，大家一致追求的目标是抢先造出原子弹并予以使用，目的就是要造出一件能用于军事目的的武器。如果不是为了这个，就没有理由在战时花费这么多时间和资金。直到 1945 年年中我们才知道研究在什么具体情况下，可以使用这种武器[①]。假如美国人事先就了解，他们花了 20 亿美元研究出的原子弹很难用于实战，他们肯定是无法接受的。

正是因为原子弹仅仅被看作一种普通的武器，负责"曼哈顿工程"的格罗夫斯将军在选择原子弹轰炸目标时完全从军事需要出发。他确立了如下原则：一经轰炸就会极大地影响日本人继续进行战争的意志；具有军事性质，里面有重要的司令部或部队集结地、军事装备和供给的生产中心；为能够准确评价原子弹的效力，这些目标应是以前未遭到空袭破坏的地方；第一个轰炸目标的面积应大到足以使全部破坏都限于其内，这样，就可以确切地判断原子弹的威

---

❶ ［英］劳伦斯·弗里德曼：《核战略的演变》，中国社会科学出版社，1990 年 10 月第 1 版，第 26 页。

力①。显然，按照上述标准，这样的目标只能是城市。此时，人们并不觉得用原子弹攻击平民有何不妥，这不过就是二战当中大行其道的战略轰炸的延续。在使用原子弹的问题上，核禁忌还没有出现。

最终，确定 1945 年 8 月 6 日和 9 日对日本实施轰炸。这两个日子是"曼哈顿工程"相关项目和太平洋战区空军指挥官们能够准备就绪最早的两天；轰炸目标是符合格罗夫斯将军和目标委员会确定的条件的城市；轰炸次数是能够供应多少枚原子弹就轰炸多少次。也就是说，以上决定完全是基于军事能力和需求做出的，基本不受军事以外因素的影响。

这个严格意义上的军事决策过程仅受到了一点儿干扰，那就是亨利·史汀生成功地阻止了对京都城的原子轰炸。在格罗夫斯看来，京都远比广岛更适合作为原子弹轰炸的目标，因为京都有 100 多万人口，在日本，任何这样大的城市必然承担着大量战争物资的生产任务，而且，京都的面积足够大，轰炸后更能够准确反映一枚原子弹的效力。而史汀生反对轰炸京都的理由是：京都是日本的古都，历史名城，对日本有着巨大的宗教意义，战后美国将占领日本，以任何方式损害美国占领地位的任何事情都将是不幸的②。显然，史汀生的干预并非基于对原子弹巨大杀伤力的顾忌，而是因为京都本身的特殊性。在这个问题上，起作用的不是他对京都作为一个人口稠密的城市的人道关怀，重要的是京都是一座历史和文化名城，以及这一点可能对美国日后占领日本产生的影响。

由于人们早已知道原子弹威力巨大（当然，对于它的确切威力还不是十分了解），而且只能用来轰炸城市，所以，在 1945 年五六月间，科学家们也讨论过是否可以用其他方法，既足以显示原子弹的威力令日本投降，同时又能避免直接用原子弹轰炸城市，比如"在沙漠或荒岛上在联合国代表的观察下"显示一番，作为警告。但是，从当时的情况看，设计一个既无害又有说服力的行动十分困难。试爆可能会失败，也可能会缺乏直接袭击所具有的说服力；口头

---

❶❷ [美] 麦乔治·邦迪：《美国核战略》，世界知识出版社，1991 年 7 月第 1 版，第 88 页，第 108—109 页。

警告更缺乏说服力，而且会与军事传统发生冲突，即一个秘密武器一公开就要尽可能发挥其突然袭击的震惊作用。

总的来看，对日本发动原子袭击的时间未受到技术和军事考虑之外任何因素的影响。即使那些提出替代方案的人，其前提也是：一旦这些替代方案无效，就允许用原子弹轰炸城市。到1945年夏，在经历了残酷的塞班岛和冲绳两次战役之后，美国人眼前压倒一切的目标就是以最小的代价早日赢得对日战争胜利。这个目标决定了他们当中的大多数人很自然地接受了这一观点，即用这种新武器发动突然袭击，越快越好，给日本的印象越深越好。

对广岛和长崎的轰炸完成后，国内外舆论对此普遍持赞成态度。对比后来美国任何动用核武器的念头都会遭到盟友、国会、民众以及国际舆论反对的局面，此时的原子弹在人们心目中的确就是一种武器而已，尽管对敌人造成了大规模的杀伤破坏，但并没有什么不妥。

既然原子弹是一种威力巨大但又很正常的武器，那么，就没有必要发展一个单独的核战略，而是可以在现存的战略之内使用它。一战之后，战略轰炸理论开始流行，但是因为轰炸的准确性差，常规炸弹的威力又极其有限，因此战略轰炸在二战当时并未起到人们预想的作用。而且，通过打击一个国家的经济社会目标而迫使其屈服本身也是一个极其缓慢的过程，轰炸不但未能打破僵局，反而变成了一种新的消耗战，是工业国家互相拖垮对方的又一种方法。现在，"核武器的运用把杜黑从他的首要也是最为严重的错误（即过分夸大投掷的每吨炸弹的实际效果）中拯救出来了，因而他的观点在今天看来比他在世时期或第二次世界大战时期更加适用于总体战了"[1]。尽管广岛被杀死的人数比用燃烧弹轰炸东京杀死的人数要少，然而广岛的可怕之处在于杀死他们所用的手段是那么简单省力：一架飞机，一枚炸弹。如果空袭东京的350架飞机都装备这种武器，可以把日本列岛上的全部生命都化为灰

---

[1] ［美］伯纳德·布罗迪：《导弹时代的战略》，军事科学院外军研究部译，内部参考资料，第79页。

烬 ①。所以，原子弹的出现让人们看到了战略轰炸一锤定音的希望，携带原子弹的战略轰炸机哪怕只有极少数成功突防，也可以给对手造成巨大的损失。

美国军方历来对战略轰炸情有独钟。这既是一战之后飞机开始用于作战后人们夸大飞机作用的反映，也体现了美国人一贯的军事思路和习惯，如偏爱技术而非人力、解决跨洋作战兵力投送不便的问题等。1947 年，美国陆军航空兵成为独立军种，这进一步强化了其利用原子弹进行战略轰炸从而独立完成作战任务、达成战争目标的意愿。

三
核武器是全新的武器

在早期与核武器直接有关的三类人群——科学家、政治人物、军方当中，科学家因其专业素养从一开始就认识到了核武器与其他武器的巨大差异，这种差异的基础是杀伤机理的变化及因此导致的杀伤破坏力的质的飞跃。

传统的热兵器如大炮、步枪依靠的是化学爆炸所产生的动能杀伤。随着技术的进步，坦克、飞机等机动作战平台出现了，但杀伤机理并没有本质的变化，变化的是火力投送的距离、速度和密度。在这一过程中，武器杀伤力增加了，战争空间扩大了，但消灭对手的有生力量和物质财富仍然是一个缓慢而艰苦的过程，即便是对手的实力远逊于己方时也是如此。

核武器的杀伤力与传统武器截然不同。它的威力来源是核反应（核裂变和核聚变），所产生的杀伤力也不是动能杀伤，而是冲击波（化学爆炸也产生一定的冲击波，但不足以致命）、光辐射、早期核辐射、核电磁脉冲、放射性沾染等。这些杀伤效应的威力与传统武器相比成指数增长，以至"原子能所具有的巨大破坏力远远超过了人类在编造生活和创造财富过程中的任何可立即实现

---

❶ ［美］迈克尔·沃尔泽：《正义与非正义战争：通过历史实例的道德论证》，社会科学文献出版社，2015年 2 月第 1 版，第 245 页。

的价值"①。而且，这一破坏力还会持续相当长的时间，并且波及爆炸地点之外的广大区域。

丹麦物理学家尼尔斯·玻尔参与了"曼哈顿工程"，他比那个时代的任何其他人都更早地（1944年）认识到核能的发现及核武器的发展所具有的巨大的社会和政治含义。他把这些事件（核能的发现及核武器的发展）视为人类历史上一座不祥的里程碑，此后的世界将会永远不同于往昔。他确信，如果人类要在这一发现的灾难性后果中幸存和继续生活下去，将会需要用全新的方法来解决世界的问题②。战后，科学家们积极要求对原子弹进行国际控制，反对美国带头研发更具毁灭力的超级炸弹（氢弹），认为"这项提议会给人类带来极大的危险，其程度远远超过了发展超级炸弹造成的军事优势，超级炸弹很可能成为一种灭绝种族的武器"③。

也有一些极具洞察力的学者在第一时间就发现了核武器的另类性质。布罗迪在《绝对武器》里这样写道："如果只是把它（原子弹）作为另一种武器来谈论，就会产生严重的误导。这种武器是一种革命性的发展，它改变了战争本身的基本特性。"④

政治家是另一个较早认识到核武器特殊性的群体，在某种程度上，这是原子弹巨大威力的直接后果。1945年10月3日，杜鲁门总统将关于原子能的咨文递交国会。咨文认为，"就国际关系方面来说，原子能的发现构成了一种新的力量，这种力量的革命性的确过于强烈，因此再也不能拿我们过去的旧观念来思考问题……人类文明的希望在于要靠在国际上作出安排，以期在可能的条件下放弃原子弹的使用和研究，同时引导和鼓励把原子能以及未来的一切科学知识用于和平的和合乎人道精神的目的……因此我建议现在就开始讨论，首先是同我们一道从事这一发现的朋友和加拿大进行讨论，然后

❶［美］伯纳德·布罗迪等：《绝对武器》，解放军出版社，2005年1月第1版，序言，第1页。
❷［英］约瑟夫·罗特布莱特等编：《无核武器世界探索》，当代世界出版社，1995年4月第1版，第26页。
❸［美］麦乔治·邦迪：《美国核战略》，世界知识出版社，1991年7月第1版，第289页。
❹［美］伯纳德·布罗迪等：《绝对武器》，解放军出版社，2005年1月第1版，序言，第2页。

再同其他国家讨论，争取在原子威力方面在以合作代替敌对的条件下，达成协议"①。1945年11月，美、英、加三国首脑发表联合公报。公报提出了一项特别建议，即在联合国下设立一个委员会，由它提出建议，"来彻底制止把原子能用于破坏性目的，并使它能最广泛地用于工业和符合人道的目的"②。1946年1月，联合国大会一致通过了一个提案——原子武器应当从国家军备中消除掉，这也是联大的第一个决议。没有任何一个国家有人发言反对这项提议。1946年6月，伯纳德·巴鲁克向联合国委员会提交了美国关于建立一个国际原子能开发机构的提案，这一提案涉及在武器中摒弃原子弹。随后，苏联也提出建议，要求将核武器宣布为非法③。

尽管此后的国际控制以失败告终，但是，政治家们寻求对原子武器进行控制本身就足以表明他们清楚地认识到了它的特殊性，以至于不能对这种武器采取像对待别的武器那样听之任之的态度。

而其他人，尤其是军方，是在试图将核武器整合进现有战略以及核武器的威力、数量不断增长和核垄断被打破的过程中逐渐认识到其特殊性的。起初，也就是在美国垄断核武器的时期，美国战略研究人员和军方面临的主要问题是核武器带给美国的实际军事优势远没有想象的那么大。一是美国核武器数量有限，轰炸机又存在突防和精度不够的问题，所以无法用核武器打击对战争进程和结果更具有决定意义的军事目标，对于国土广阔的苏联而言，核武器更是不能起到"一锤定音"的作用。二是直到20世纪50年代初，美国轰炸机不能做洲际航行，其航程要想覆盖苏联只能从位于苏联周边地区的美国盟友的机场起飞，而这些机场很容易遭到苏联的破坏。三是"尽管布罗迪对核武器进行了耸人听闻的描述，但世界上第一批核武器却不像他所说的那么'终极'。它们仍处在其他武器的火力能量范围之内"④。所以，后来困

---

①② [美] 哈里·杜鲁门：《杜鲁门回忆录》上卷，东方出版社，2007年1月第1版，第524—525页，第539页。

③ [英] 约瑟夫·罗特布莱特等编：《无核武器世界探索》，当代世界出版社，1995年4月第1版，第11页。

④ [英] 劳伦斯·弗里德曼：《战略：一部历史》（上），社会科学文献出版社，2016年11月第1版，第205页。

扰人们的核武器的巨大杀伤破坏力在当时军方看来更多是优点而非缺点。在上述背景下，即使美苏立即发生战争，原子弹也不能令美国有把握打败苏联，更不能阻止苏联对中西欧工业中心的征服。而且，在拥有核垄断的情况下考虑如何使用核武器，与双方都有核武器是完全不一样的，最重要的是不必担心遭到核报复。

20 世纪 50 年代初，两起事态改变了上述状况。

● 其一，1949 年 8 月，苏联进行了第一次核试验，成为继美国之后第二个有核国家

虽然布什和科南特等一大批科学家当初即认为，如果苏联人下定决心去做，他们可能大约在五年内造出原子弹。但很多美国人本能地拒绝了这个结论。1945 年 11 月 11 日，格罗夫斯少将在华盛顿举行的一次公众集会上说：原子弹对我们不是问题，而是对我们子孙后代的问题。他的这句话表达的意思是，包括苏联在内的其他国家将耗费多年时间才能取得美国已经取得的成就[1]。苏联首次核试验的迅速到来不啻当头一击。此后，苏联核力量发展迅速，显然，稍有理性的人都知道，"原子武器最终可以用美元，也可以用卢布买到"[2]，苏联很快就会赶上来。

一旦核游戏中出现了两个玩家，而且从发展的眼光看，必然是势均力敌的两个玩家，那么就得修改游戏规则。从此以后，任何建立在美国核垄断甚至单边核优势基础上的战略都是无法持续的，任何首先使用核武器的想法都会因可能遭到报复而受到约束。

● 其二，核武器既不再稀缺，其爆炸威力也大幅度提高

1947 年原子能委员会接手管理核武器时，美国的核武库几乎为零。"原

---

❶ ［美］伯纳德·布罗迪等：《绝对武器》，解放军出版社，2005 年 1 月第 1 版，第 42 页。
❷ ［美］马克斯威尔·泰勒：《不定的号角》，内部参考资料，第 20 页。

子弹的数目少得令人失望，而且已有的原子弹还没有装配起来。"① 当年，原子能委员会开始着手建立核储备。到1949年夏天，建成了一个大约拥有200枚核弹头的核武库。同一年，美国空军开始制订应急作战计划。到20世纪50年代中期，核武器已经不再是极为稀少和昂贵的武器了。

与此同时，热核试验也获得成功。1942年，美国科学家在研制原子弹的过程中就曾推断，原子弹爆炸提供的能量有可能激发大规模的轻核聚变反应。1952年11月1日，美国进行了世界首次氢弹原理试验，试验代号为"MIke"。相比原子弹，在核聚变的基础上研制出的氢弹导致人类获得了几乎是无限的破坏潜力。对此，丘吉尔1955年在议会发表的讲话中是这样评论的："在原子弹和氢弹之间有着巨大的差距。尽管原子弹非常可怕，但它还是给我们留下了控制和驾驭人类的思想和行动、和平和战争的余地。但是（随着第一篇全面评论氢弹的文章的发表），人类事务的全部基础已被彻底改变了，人类已被置于充满厄运而又无法控制的境地。"② 布罗迪则指出："一旦人们了解到不仅可以使用热核武器，而且大量生产热核武器并不需要支出大笔经费时，那么，就连人们与过去历史的细微联系也可能不存在了。"③

核武器数量与威力的大幅增长使这种武器具备了真正的可以毁灭一个国家人口和工业的能力，核武器对战争进程的影响不再是边缘的而是决定性的。

到20世纪50年代，除了一些还幻想打赢核战争的军方人士，几乎所有人都认识到了核武器的特殊性。显然，在现存战略的框架内，人们已无法找到一种恰当的使用核武器、打赢核战争的方法。摩根索就此指出："原子能的释放向我们提出了全新的问题，而这些问题的解决要求思想和行动方式的相应更新。"④ 也就是说，对核武器这种特殊的武器，需要专门的核战略去筹划其建设与运用。这是之前任何新武器都不曾享有过的殊荣。不仅如此，核武器还极

❶ ［美］哈里·杜鲁门：《杜鲁门回忆录》下卷，东方出版社，2007年1月第1版，第371页。
❷ ［美］麦乔治·邦迪：《美国核战略》，世界知识出版社，1991年7月第1版，第274—275页。
❸ ［美］伯纳德·布罗迪：《导弹时代的战略》，军事科学院外军研究部译，内部参考资料，第166页。
❹ ［美］汉斯·摩根索：《国家间政治：权力斗争与和平》，北京大学出版社，2006年11月第1版，第450页。

大地影响了战争的形态、战争与政治的关系以及政治本身。可以说，讨论战后时代的国际战略格局、大国关系、地区形势、局部战争，核武器都是一个绝对绕不开的话题。

　　所以，我们有必要对核武器时代的战争做一专门论述。

第一章　没有悬念的核战争

在战争中……一切行动都旨在很可能的而非确定无疑的成功。所缺的那种确定程度在每个场合都须留给命运、偶然性或别的——无论你喜欢怎么称呼它——决定①。

———— 卡尔·克劳塞维茨 ————

本来打算进行一场为期不长、耗费不大的战争，结果却引起第一次世界大战的那种计算上的错误，今天已经不可能发生了。即便像希特勒那样疯狂的领导者，在热核武器的破坏后果面前也会犹豫不决②。

———— 亨利·基辛格 ————

❶ ［德］卡尔·克劳塞维茨：《战争论》，商务印书馆，2016年5月第1版，第232页。
❷ ［美］亨利·基辛格：《核武器与对外政策》，世界知识出版社，1959年10月第1版，第136页。

国家为什么会选择打仗？用毛泽东的话说就是："政治发展到一定的阶段，再也不能照旧前进，于是爆发了战争，用以扫除政治道路上的障碍。"[1] 在任何一个时代，对任何一位统治者而言，走进战争都不是件轻松的事情，主动发动战争的双方或一方必定认为自己可以赢得战争，实现外交手段无法达成的政治目的，因此才会选择战争这种极具风险和代价高昂的政策手段。战争的魅力之处在于，它的结果往往是难以预测、出人意料的，这就为所有走进战争的国家都提供了某种希望和机遇，也使历代统治者乐此不疲、屡败屡战。假如有一天战争的结果变得一览无余、没有任何不确定性了，那么情况又会怎样？这就是核武器时代各国面临的新课题。

悬念重重的传统战争

在有战争以来的历史上，人类发动的战争几乎都充满悬念，从过程到结果都是如此。在克劳塞维茨看来，"没有任何其他人类活动如此不断地或普遍地与偶然性紧密相连。而且，经偶然性这一要素，猜测和运气前来在战争中起大作用"[2]。

影响一国战争成败的因素是多种多样的。按照摩根索的观点，国家权力要

---

[1] 《毛泽东选集》第二卷，人民出版社，1991年6月第2版，第479页。
[2] ［德］卡尔·克劳塞维茨：《战争论》，商务印书馆，2016年5月第1版，第116页。

素由地理、自然资源、工业能力、战备、人口、民族性格、国民士气、外交的素质、政府的素质等九个方面组成[①]。我们可以将上述权力要素笼统地分成物质的（或有形的）和精神的（或无形的）两个部分。战争结局不仅是这些要素复杂互动、此消彼长的结果，而且还受到无处不在的偶然性的影响。

所谓物质（有形）因素，包括地理、自然资源、工业能力、战备、人口等，精神（无形）因素包括民族性格、国民士气、外交的素质、政府的素质等。就从事战争而言，物质（有形）因素还可以进一步细化为军队的规模与编成、武器装备水平、训练情况，国家的战争动员能力，有无联盟（外援），内线还是外线作战等；精神（无形）因素可细化为军队的士气、各级军官的素质、领导人对战争的指挥与掌控能力，国民的爱国心及对战争的支持度等。除非战争双方力量悬殊，否则正确地评估一国权力要素从而准确地预测战争结局几乎不可能。

物质因素貌似一目了然又具有极大的稳定性、连续性，但事实上很多时候也不能或不易得到恰如其分的估量，谁能准确地说出它对战争到底能发挥多大的作用？在入侵俄国时，拿破仑显然低估了俄国寒冷的冬天和广阔的国土对作战行动的影响。但是，这一教训并未被后人汲取，希特勒又重蹈了拿破仑的覆辙。

欧洲近代以来的战争绝大部分是联盟战争，在这种情况下，评估一国物质力量的难度又进一步增大了，因为如果能够争取更多的国家与自己站在一起，弱者将不会像看起来的那样弱，而貌似强大的一方倒更可能成为孤家寡人，从而在力量对比中沦为弱势。相比其他国家，联盟一向是英国战略的核心。作为一个与欧洲其他国家在地理上隔开的岛国，没有盟友，英国是无法成功地在大陆从事一场地面战争的。所以，在二战的危难之际，丘吉尔一上任便意识到，要想得到令人满意的战争结果，唯一的出路是"把美国拉进来"，这一直是他的战略核心。珍珠港事件发生后美国一宣战，丘吉尔就激动地表示："我们肯定赢了！没有人知道战争会拖多久，会以什么方式结束，现在我也不关心这

❶ ［美］汉斯·摩根索：《国家间政治：权力斗争与和平》，北京大学出版社，2006年11月第1版，第九章。

些……我们不该被干掉。我们的历史不会终结。"①

如果说物质因素已然难以估量，精神因素更是如此。"战争不是一个活生生的力量作用于一堆无生命的物质（全不抵抗就全无战争可言），而总是两个活生生的力量的彼此冲撞"。②因此，一切军事行动都与心理、情感、情绪等精神因素交织在一起。以国民性格对国家权力的影响为例，摩根索认为，"俄国人的'基本力量和坚韧性'，美国人的个人主动性和创造性，英国人的不拘于教条的常识观念，德国人的纪律性和彻底性，是这些品质中的一部分，它们无论是起好作用还是起坏作用，都要在国家成员可能参加的所有个人的或集体的行动中表现出来"③。但是，不能正确地评估民族性格，在某种程度上导致了忽视第一次世界大战后德国的复原能力和低估1941—1942年苏联的支撑能力那样的判断和政策失误。而且，即便同一个国家也会有截然不同的表现。1918年11月，在局势并不十分严酷的情况下德国人民的士气却崩溃了，而1945年，在最不利的条件下德国士气仍然持续着。这说明了预测集体反应的困难。

正因为难以正确评估一国的物质力和精神力，在国际政治中低估一国实力就成为屡见不鲜的现象，其中以对美国的低估最具有代表性。美国在19世纪末20世纪初已成为一个工业化强国，但是1916年10月德国海军大臣却把美国加入协约国的意义估计为"零"。另一位德国大臣在美国已经加入协约国一方参战之后，在议院的一次讲话中宣称："美国人既不能游泳也不会飞，美国人永远过不来。"④在这两个例子中，德国领导人都只注意在特定时期军事力量的质量和规模，美国人性格中的反军国主义特质和地理上的距离等因素。他们忽视了美国人的个人主动性、创造力和技术能力等素质。这些素质与其他物质力结合起来，在适宜的条件下就可能远远抵消地理上的遥远和军事力量不健

❶ ［英］劳伦斯·弗里德曼：《战略：一部历史》（上），社会科学文献出版社，2016年11月第1版，第189页。
❷ ［德］卡尔·克劳塞维茨：《战争论》，商务印书馆，2016年5月第1版，第104页。
❸❹ ［美］汉斯·摩根索：《国家间政治：权力斗争与和平》，北京大学出版社，2006年11月第1版，第170—171页，第172页。

全等不利因素。

总的来看，在评估他国力量时，人们倾向于高估对手的物质力量，无视或低估精神力量。冷战时期美国子虚乌有的"导弹差距"就是一个著名的例子。在那几年，从未有人见到过苏联任何洲际导弹，但是，从中央情报局到战略空军，从记者到参议员，大家都在谈论"导弹差距"的存在。密苏里州参议员赛明顿甚至在 1959 年初预测道："在三年之内俄国人将向我们证明他们有 3000 枚洲际弹道导弹。"[①] 这些悲观论调主要是根据情报分析人员相信苏联将决定要做的事，而不是根据可靠而直接的证据所证明的苏联行动。事实上，当时的形势对美国是有利的。1960 年，美国情报机构估计，当年苏联的导弹只有 35 枚，到 1961 年才有 140—200 枚（实际数字比这还要少）[②]。但另一方面，人们又喜欢武断地认为对手的社会极其脆弱，民众对政府离心离德，稍有压力就会崩溃。杜黑的空权论即以此为理论前提。

战争不仅仅受物质力和精神力的影响，偶然性在很多时候也起到了甚至决定性的作用。"种种绝对的、所谓数学式的因素在军事估算中绝无坚实基础；从一开始，就有着可能性、或然性、好运气和坏运气的相互作用，来回穿梭于织锦的全部经纬。在所有各种人类活动中间，战争最像打牌赌博。"[③] 在七年战争中，正是偶然性使普鲁士的命运实现了惊人大逆转。当战争进行到 1761 年年终时，以一敌众的普鲁士已陷入绝境。腓特烈大帝对形势做了这样的概括："每捆稻草、每批新兵、每笔金钱、我能弄到手的一切都是，或者说都成为敌人的恩惠，或者证明他们的疏忽，因为他们实际上能把一切都搜刮殆尽。在这里，西里西亚的每个要塞都任凭敌人摆布。什切青、屈斯特林，甚至柏林本身都向俄国人敞开，他们高兴要怎么办就可以怎么办……如果命运继续对我如此无情，我毫无疑问只得屈服。只有命运能使我摆脱目前的处境。"就在这关键时刻，命运女神大发慈悲。反普联合的核心俄国女沙皇叶利扎维塔于 1762 年 1

❶❷［美］麦乔治 · 邦迪：《美国核战略》，世界知识出版社，1991 年 7 月第 1 版，第 460 页，第 467 页。
❸［德］卡尔 · 克劳塞维茨：《战争论》，商务印书馆，2016 年 5 月第 1 版，第 117 页。

月 5 日去世，其侄子彼得三世即位。这位新沙皇不信任奥地利，也讨厌法国，但他是腓特烈大帝的忠实崇拜者。彼得三世于 5 月 5 日与普王签订和约，归还所有被征服的领土，俄军撤离东普鲁士和波美拉尼亚的东部。根据 6 月 16 日签订的一项协定，一部分俄军交由腓特烈调遣。腓特烈于是重振军力，迅速反败为胜 ①。在七年战争中，普鲁士作为一个大国能够免于覆灭，运气所发挥的作用与腓特烈的军事才能不分伯仲。

正因为国家实力难以评估，加之偶然性在其中所发挥的常常是巨大的作用，所以，预测传统战争结果并不是件容易的事情。1868 年普奥战争爆发前，拿破仑三世把赌注压在奥地利的胜利上，他与皇帝弗兰茨·约瑟夫签署了条约，条约规定，在战争结束时，奥地利要割让威尼斯作为对法国保持中立的报答。结果普鲁士大获全胜。第一次世界大战爆发时，人们认为铁路和机枪的使用会使战争的节奏变得更快，战役将更具决定性，没有人做好打 4 年的准备。但事实却与人们预料的截然相反，战争最终演变成巨大的人力物力消耗战。整整 3 年的时间，西线战场几乎没有发生任何有意义的变化，无论双方投入多少兵力都是如此。

不仅势均力敌的国家之间的战争充满悬念，就是一些实力悬殊的对手，战争过程与结局也不是那么容易判断的。"军事胜利可以预见，而政治胜利却未必如此。战败国人民可能掀起抵抗和反叛运动，它们会很快让战场上的表面胜利化为乌有。"② 比如，西方大国在对弱小国家和民族发动战争时常常会遭遇出人意料的抵抗，美国 20 世纪六七十年代在越南，苏联 20 世纪 80 年代在阿富汗就是如此。

正因为常规战争的结局和过程难以预料，所以，"在常规武器世界，国家几乎总是企图先发制人，而这些行动经常是一厢情愿且片面估计的。1914 年，德国和法国都没有尽全力避免一场全面战争的爆发。即使它们相信，两大对立

---

❶ [英]J.O.林赛编：《新编剑桥世界近代史》7，中国社会科学出版社，1999 年 1 月第 1 版，第 605—606 页。
❷ [英]劳伦斯·弗里德曼：《战略：一部历史》（上），社会科学文献出版社，2016 年 11 月第 1 版，第 125 页。

集团之间的实力是势均力敌的，每一方仍寄希望本方取得胜利"。反之，"如果战争的结局能够被事先预见的话，那么很多战争就可能避免"[1]。

二
核战争一目了然

克劳塞维茨指出："战争是不确定性的王国；作战行动基于的种种因素大半掩藏在或大或小的不确定性这迷雾之中"；"战争是偶然性的王国。没有任何人类其他活动给偶然性更大的天地；没有任何其他人类活动那么始终不断和多有变化地与之打交道"。[2] 对于传统战争来说，这些都是真知灼见。这种不确定性导致人们对战争结局充满乐观情绪，以至"曾经有一段时间，对胜利的预期——错误的或正确的——使国家领导人不仅愿意从事战争，有时甚至对此充满狂热"[3]。

在以往决定战争前景的诸多因素中，武器只是其中之一，其他各种物质的、精神的因素都在以不同方式和程度影响着战争的进程与结局，变量越多，预测越难，不确定性也就越突出。尤其是与人相关联的各种因素，是最难以量化、评判和把握的，这是传统战争悬念重重的主要原因。

在传统战争中，武器之所以不那么具有决定性，主要是由两个原因导致的。

● 一是战争双方武器的技术水平差距不明显

在这种情况下，某一方如果能享有其他方面的优势，即使武器落后于对手也仍然有机会取胜。在我国革命战争时期，人民军队就是以劣势装备打败了优势敌人，我们的长处在于高超的指挥艺术、严明的组织纪律和高昂的士气斗志

---

[1] ［美］斯科特·萨根肯尼思·华尔兹：《核武器的扩散：一场是非之辩》，上海人民出版社，2012 年 10 月第 1 版，第 5 页。

[2] ［德］卡尔·克劳塞维茨：《战争论》，商务印书馆，2016 年 5 月第 1 版，第 140 页。

[3] ［美］托马斯·谢林：《军备及影响》，上海人民出版社，2011 年 1 月第 1 版，第 18 页。

以及人民大众全心全意的支持。假如战争双方的武器存在冷兵器与热兵器的差距，或者一方打机械化战争而另一方打信息化战争，那么要想超越武器落后的制约就不可能了。16 世纪之后欧洲国家在全球范围内进行殖民活动，以极少量的人口控制了世界大部分地区，靠的就是以军事技术为核心的技术优势。

● 二是武器本身的杀伤力有限

在核武器出现之前，尽管军事技术始终在进步，但武器的杀伤力并无本质提升，只能在有限距离、有限范围内杀敌和造成破坏，由此造成单次行动或少量行动影响有限，不足以产生重大或决定性后果，至于单个武器的威力更是可以忽略不计，战争的进程因此是逐渐而缓慢的，是一个从前线向后方不断推进的过程。以二战期间盟军对德国的战略轰炸为例，根据战后美国战略轰炸调查团的统计数字，德国军火生产指数由 1942 年 1 月的 100 逐渐提高到 1944 年 7 月的 322，而在这段时间内，美国对德国进行过多次城市轰炸[1]。由于武器的杀伤破坏力要经过较长时间才能发挥作用，在此期间，很多因素的变化发展都可以抵消武器上的优势。

如果有一天，技术的发展导致武器本身成为决定战争结局的唯一有意义的因素，那么，其他一切干扰战争进程的变量都将黯然失色或变得毫无意义，不确定性和偶然性将让位于确定性和必然性，所谓"战争的迷雾"也就不存在了。

核武器就是这种颠覆了以往军事信条的武器。

● 首先，与传统武器相比，核武器最大的特点就在于它单件武器的巨大毁灭力

1943 年 7 月盟军轰炸汉堡，该城 50% 的建筑被破坏，约有 3% 的人口遭到伤亡。但是，一颗 100 万吨当量以上的氢弹投掷在像汉堡这样的城市内，可能破坏的建筑物将大大超过 50%，除非人口事先已进行疏散，否则，伤亡的人

● [美] 伯纳德·布罗迪：《导弹时代的战略》，军事科学院外军研究部译，内部参考资料，第135页。

数比汉堡大轰炸中伤亡的人数要多得多[1]。20 世纪 50 年代，如果对美国 50 个最重要的都市区域进行一次成功的袭击，将使美国 40% 的人口、60% 的关键设施和 60% 的工业陷于火海之中[2]。对于那些国土相对狭小、人口密度较大的国家而言，在战争中哪怕有少量百万吨级核武器成功突防（在极端情况下甚至 1 枚核武器），也会带来毁灭性的后果。假如实力相当的敌对双方用核武器展开对攻，结果必然是彼此在极短时间内损失惨重，甚至毁灭。所以，核武器一问世，布罗迪就断言："以原子弹为武器的战争较之世界所曾经经历过的任何战争，将具有更加无法估量的破坏力和恐怖性。"[3]

在这一巨大的杀伤力面前，克劳塞维茨反复强调的"摩擦"，即"令看似容易的事情变得那么困难的力量"[4] 已经完全不重要了。以地理因素为例。空间优势曾经是美苏（俄）重大的战略资产，但是，在传统军事战略和安全战略中极为重要的地理因素在洲际导弹时代几乎丧失了价值。今天，"两洋之宽已不再能让美国沉溺于孤立主义这一奢侈，也不能再保护美国免于一场核大屠杀。同样，无论是领土的广袤，还是冬天的酷寒，都无法保护苏联免于类似的摧毁。苏伊士运河和巴拿马运河，守卫直布罗陀海峡和黑海海峡的坚固要塞，世界每个地区的陆海军基地和经济生产力中心，全都能在一场核战争爆发后的若干分钟内被搞得无用或全然荡平"[5]。

核武器的杀伤力当然也会受到各种因素的影响。比如，广岛被轰炸时，因为日本方面没有发出空袭警报让市民躲进防空洞（3 架袭击飞机——1 架载着原子弹，另 2 架载着仪器——太少了，没引起发出防空警报），所以奥本海默事前估计死亡 2 万人与轰炸后实际死亡 13 万人存在很大差别。另外，在轰炸长崎那天，多云天气造成的轰炸误差大大减少了伤亡人数（死亡人数 6 万到 7

❶［美］伯纳德·布罗迪：《导弹时代的战略》，军事科学院外军研究部译，内部参考资料，第 170 页。
❷［美］亨利·基辛格：《核武器与对外政策》，世界知识出版社，1959 年 10 月第 1 版，第 21 页。
❸［美］伯纳德·布罗迪等：《绝对武器》，解放军出版社，2005 年 1 月第 1 版，第 1 页。
❹［德］卡尔·克劳塞维茨：《战争论》，商务印书馆，2016 年 5 月第 1 版，第 168 页。
❺［美］诺曼·里奇：《大国外交：从第一次世界大战至今》，中国人民大学出版社，2015 年 8 月第 1 版，第 237 页。

万）。但是，无论受到何种因素影响，核武器的毁灭力与传统武器相比都有着质的区别。

● **其次，核武器的巨大杀伤力不是逐渐而是在极短时间内释放的**

谢林认为："那种认为这是人类历史上第一次有能力杀死大量的甚至是大多数人的观点是不正确的。核武器能够迅速地完成这一任务，这与之前的战争形式有相当大的差别。"①造成这一结果的根源在于单件核武器的巨大威力以及与之相关的核武器的使用方式，因为武器的破坏力越是迅速，其使用就越具有决定性，人们就会越倾向于在尽可能短的时间内行使最大程度的暴力。对此，克劳塞维茨有过非常精辟的论述。他说："假如战争由一项决定性行动或一组同时的决定性行动构成，那么战争准备将趋于完全彻底，因为没有任何疏漏能够得到补救。""如果一切手段都被同时使用，或能被同时使用，那么一切战争都将自动限于单独一项决定性行动，或一组同时的决定性行动，因为任何不利的结果必定减少可用手段的综合，而且倘若一切手段都已被投入首次行动，那就确实不可能有第二次。"不过，克劳塞维茨认为，这一点在实际上是做不到的，因为"有可能同时使用一切可调动的作战部队；然而，不可能就要塞、河流、山丘和居民等等做到这一点；简言之，不可能就整个国家做到这一点，除非它小得被战争的首次行动完全吞噬。"②但是，在核时代，人们恰恰具备了做到这些的条件，只利用现有的作战手段，无须进行任何动员或准备，甚至简单到只需按下按钮，就可以在极短的时间内毁灭一个国家。

在艾森豪威尔时期，美国的核武器和战略轰炸机已转交给战略空军司令部，当时的决定是，如果使用核武器，首要的任务必须是在一次猛烈的打击中使敌人丧失战斗力。曾经担任战略空军司令的李梅上将后来回忆道："当我领导战略空军司令部时，我开展工作的前提就是我们应该首先获知敌人准备进攻我们

---

❶ ［美］托马斯·谢林：《军备及影响》，上海人民出版社，2011 年 1 月第 1 版，第 16 页。
❷ ［德］卡尔·克劳塞维茨：《战争论》，商务印书馆，2016 年 5 月第 1 版，第 107—108 页。

的某些先兆……我随时准备着抢在对方前面采取行动，进攻对方所有的轰炸机和导弹基地。根据参谋长联席会议的决定，我的目标就是摧毁对方进行战争的能力，特别是在战略核领域方面的能力。"形成于 1960 年 12 月的统一作战计划（SIOP）是一个真正大规模的核战计划，其目标是直接摧毁敌人的"作战能力"[①]。

战争进程被极大压缩的一个重要后果是，一切可以在漫长的战争进程中发挥作用、改变敌我力量对比的因素都失去了意义，如防御优势、人心向背、民众支持、联盟因素、恢复重建等。布罗迪认为，在二战期间面对盟军的战略轰炸，"德国之所以能经受住这种打击并能对遭受的破坏采取弥补的措施，除了其他原因以外，主要因为它有足够的时间和意愿来采取这些措施……战争是逐步地达到其顶点的，就是在英美战略轰炸部队最强盛的时代，在六个月或一年的时间内也不能造成像现代战争中美国或苏联的远程轰炸部队用一天或一小时的时间所轻易造成的破坏"[②]。

● 第三，核武器是无法或难以防御的

历史上一个似乎不言而喻的公理是：任何一种新式武器或迟或早都会刺激一种用以防范它的对抗性武器的产生。在常规武器领域，矛与盾总是如影相随，每一次进攻性武器的进步必然会引起防御性武器的反弹，故进攻与防御之间大致保持了势均力敌的局面。然而，"核武器的大规模攻击肯定将导致巨大的毁灭，使任何防御不可能成功。在冲突中实施防御，这个传统的思维模式在此已不再令人信服"[③]。

在核武器用飞机投掷的年代里，"当一架飞机所载的武器就能毁灭一座城市的时候，对于空防系统就有了更大的要求。在给敌人造成重大的消耗上，必

❶［美］麦乔治·邦迪：《美国核战略》，世界知识出版社，1991 年 7 月第 1 版，第 437—438 页。
❷［美］伯纳德·布罗迪：《导弹时代的战略》，军事科学院外军研究部译，内部参考资料，第 175 页。
❸［美］威廉·J.佩里：《我在核战争边缘的历程》，中信出版社，2016 年 11 月第 1 次印刷，第 110 页。

须能够将敌人的进攻控制到社会组织不致被毁灭的程度"①。因此，成功的核防御面临着以往任何一种防御都没有的苛刻要求，即必须要达到近似百分之百的绝对水平。

当核武器进入到导弹时代后，核防御就更加不可能了。从主动防御方面看，20 世纪 60 年代之后美苏都开始发展弹道导弹防御系统，但是，"为了有效地对付 ICBM 的攻击，防御系统在第一轮就必须有超过 90% 的杀伤率！没有历史数据支持任何防御系统在实战中能达到如此高的杀伤率论点"②。在 1967 年 9 月的一次讲话中，美国国防部长麦克纳马拉断言："无论是现在美国手中已有的防御系统也好，或者是在可预见的将来防御技术的发展也好，都没有可能给美国提供一个无法穿透的盾。"③苏联很快也接受了美国的观点。到 20 世纪 70 年代初两国已形成明确共识，即建设一个有效的、能防范对手的弹道导弹防御系统是不可能的。之后，美国历经星球大战计划、NMD 计划乃至新世纪以来的陆基中段导弹防御系统，防御核武器一直在技术和工程上的不可行与政治、心理上的需要之间摇摆、纠结。就连支持里根"星球大战"计划的氢弹之父爱德华·泰勒也明确指出："彻底的防御纯属无稽之谈，依赖这样的防御更是荒谬绝伦。"④而消极层面的防御除非极大地改变一国人民的生活方式，否则也收不到明显效果。1961 年 7 月，肯尼迪总统向国会提出了一项计划，其目的是在已有的建筑物中确定并标明可以作掩蔽所的地方，在里面贮藏必要的食品。当时预计要确定约 5000 万个掩蔽所。由于敌人无须花很大代价就能使绝大部分防御手段失效，该计划于 1965 年取消。根据计算，无论是哪个破坏等级，守方的花费都 3 倍于攻方⑤。到 20 世纪 60 年代末 70 年代初，彼此都拥有大量核武器的两个超级大国开始进入一个既能毁灭对方又能不被对手毁灭的确保摧毁时期。

❶［美］伯纳德·布罗迪：《导弹时代的战略》，军事科学院外军研究部译，内部参考资料，第 100—101 页。
❷［美］威廉·J.佩里：《我在核战争边缘的历程》，中信出版社，2016 年 11 月第 1 版，第 109 页。
❸❺［英］劳伦斯·弗里德曼：《核战略的演变》，中国社会科学出版社，1990 年 10 月第 1 版，第 297 页，第 293—294 页。
❹［美］麦乔治·邦迪：《美国核战略》，世界知识出版社，1991 年 7 月第 1 版，第 765 页。

因为核武器无法或难以防御，使在估量核战争结局时无须考虑攻防对抗的因素，单凭进攻性武器的规模和质量即可得出结论。

●● 第四，核武器的毁伤力是可以量化和计算的

常规武器因为涉及平台或人之间的较量，即便可以用运筹学的手段进行火力筹划，但仍然有诸多无法量化、不可预测的影响因素。所以，在作战中应用运筹学方法受到了极大制约，其结果的科学性、准确性颇受质疑。核武器的毁伤力虽然也会受一些因素的影响，如核爆炸时是否有风、地形是盆地还是开阔地、目标的物理特征等，但总体上是能够预估和计算的，或者说，即使有误差，其影响在核武器的巨大毁伤力面前也无足轻重了。其中，人的因素、对抗的因素基本可以排除，气候、地理、目标、防御等因素可以在火力计算时就考虑在内，因此，对于核武器的打击效果可以得出相对准确的结论。换句话说，仅靠计算机，不必等到战争打响其结果就已经八九不离十了。

所以，在使用核武器的情况下，一方有核，一方无核，战争的结果可想而知；如果双方都有核（只要具备一定的规模，并不需要势均力敌），战争的前景同样也一目了然。这是人类有史以来第一次笼罩在战争上方的迷雾消失了，任何人无须专业知识和军事背景，就可以轻松预料到核战争毁灭性的后果。

国家是否会选择走进战争，对战争的结果预期是影响其决策的最重要因素，没有人会打一场注定要输掉或者被毁灭的战争。当然，任何一场战争都是有风险的，都有相当程度的不确定性，但是如果失败的后果并不伤筋动骨，如果战争的预期成本很低，那么就值得为胜利的前景而冒风险。回顾历史，针锋相对的大国为了争夺势力范围、各种利益没有不发生战争的，战争实乃大国关系的常态。从15世纪末到17世纪中叶，西班牙和法国之间的战争断断续续打了100多年，英法两国的战争则贯穿了整个18世纪。19世纪，欧洲大国受代价惨重的拿破仑战争的影响，决定致力于大国协调从而避免战争，但仍然发生了1853—1856年的克里米亚战争和1870年的普法战争。至于一战、二战更是以史无前例的规模进行的总体战。然而，在美苏争霸的近半个世纪时间里，尽管

两国在各方面针锋相对，并囤积了大量的核常武器，但只进行了冷战而非热战，个中的原因在于，"核武器因素的介入使得要误算战争的后果也难⋯⋯在核国家之间，战争中可能的损失绝对压倒了可能的收益。当主动使用武力面临巨大损失的威胁时，战争变得更不可能了。当核武器使得战争的代价大得无法估算时，哪个国家还敢于率先挑起战争？"[1]

由此可见，常规武器世界与核武器世界的逻辑和规则是不一样的，前者充满了不确定性和偶然性，而且无关生死，所以它容得下冒险、误判和失败；而后者是确定的、必然的，攸关生死，所以必须确保万无一失。

三

核武器时代的战争怎么打？

核战争的结局虽然一目了然，但并不等于从根本上排除了核战争的可能性，更不可能在核时代彻底消灭所有形式的战争，因为核武器无法消除国家对权势的角逐，只靠外交手段不能解决国家之间的矛盾与竞争，武力在很多时候仍然是必要的。那么，核大国之间能避开核武器打纯粹的常规战争吗？或者打一场不会有致命后果的有限的核战争？对于美苏来说，这是一个非常现实的问题，尤其是对常规力量逊色于苏联的美国而言。20 世纪 50 年代恐怖平衡的前景逐渐明朗后，为了解决在不得已的情况下打仗但又不会导致毁灭性后果的难题，学者，甚至包括曾经担任陆军参谋长的马克斯威尔·泰勒上将都纷纷主张美国应在核僵局时代加强打有限战争的能力，以有限战争增加核威慑的可信性，并在威慑失灵后付诸行动。在学界崭露头角的年轻学者基辛格博士更是断言，"如果我们反对有限战争，我们就只能在投降或全面战争中加以选择"[2]。

当时提出的有限战争可以分成两种类型：一是有限的核战争，一是有限的

---

❶ [美] 斯科特·萨根肯尼思·华尔兹：《核武器的扩散：一场是非之辩》，上海人民出版社，2012 年 10月第 1 版，第 38 页。

❷ [美] 亨利·基辛格：《选择的必要》，世界知识出版社，1962 年 4 月第 1 版，第 73 页。

常规战争。无论是哪种有限战争，都必须做到在手段和目标两个方面有限。手段有限是有限战争的内在要求，因为避免毁灭性的手段是有限战争在 20 世纪 50 年代出台的背景。布罗迪认为，"我们所说的有限战争是要有意地限制使用已经动员起来的强大力量，并且使这支力量时刻保持高度的战斗力，以便迫使敌人把自己限制在同样的限度内"[1]。而目标有限则是手段有限的保证和结果。"有限战争代表一种影响敌人的意志而不是摧毁它的企图，也就是使我们打算强加于敌人的条件比继续抵抗更有吸引力，即力求达到特殊的目的而不是把敌人全部歼灭。"[2] 有限战争与无条件投降的要求是不兼容的。

● 有限核战争也包含了两种类型

第一种是用使用常规武器的方式使用战术核武器，以加强传统的作战能力，这代表了一种"让核武器回到战场"的努力。整个冷战时期，西方盟国一直面临一个十分严峻的问题，即常规军力比不上苏联。艾森豪威尔总统在其回忆录里这样写道："我不愿意欧洲遭受 1940 年那样的蹂躏。但是，我们知道，苏联人在临近地区保持着力量，随时可以在欧洲行动的约 175 个师。而美国有 20 个师，只有 5 个师驻在欧洲。因此，鉴于敌对的地面部队力量上的悬殊，似乎很清楚，只有动用核武器，才能在这一地区很快地阻止共产党的大规模侵略，在我们方面再增加两个或者十个师，在对抗苏联地面部队上，不会有多大差异。"[3] 当时美国的研究计划认为，把地面小部队与战术核武器结合起来可以抵挡苏联红军的进攻，守住西欧。1954 年 12 月 17 日，北大西洋公约理事会决定，在欧洲的防御中将使用战术原子武器。核战略比常规战争廉价，此后，侧重核战略便成了北约战略的永久性特征。就连主张大规模报复战略的杜勒斯也注意到了战术核武器问题。在 1957 年 10 月号"外交季刊"一篇题为"美国政策所

❶ [美]伯纳德·布罗迪：《导弹时代的战略》，军事科学院外军研究部译，内部参考资料，第 331 页。
❷ [美]亨利·基辛格：《核武器与对外政策》，世界知识出版社，1959 年 10 月第 1 版，第 133 页。
❸ [美]德怀特·D.艾森豪威尔：《艾森豪威尔回忆录——白宫岁月》（上），三联出版社，1977 年 7 月第 1 版，第 510 页。

受到的挑战及反应"的文章里，他这样写道："今后有可能减少对大规模报复力量的威慑作用的依赖，而运用机动的或配置于适当地点的核武器来保卫国家的安全。机动的或配置于适当地点的导弹可以使以常规部队发动的军事侵略成为一种危险的尝试。例如，地形通常可使核炮兵能够决定性地控制入侵路线。"[1]

基于通过降低核武器的威力从而使其成为用常规方式操纵的大规模常规武器的考虑，20世纪50年代，美国发展了各种各样用于战场行动的所谓战术核武器并部署在欧洲。此时恰逢美国核武器由稀缺进入丰裕阶段，制造战术核武器不会影响到战略空军进行战略轰炸的能力，反而有利于其他军种也跻身于核时代，所以受到了军方的普遍欢迎。到1960年，美军部署在海、陆、空三军当中的战术核弹头已多达10000枚，产量约为7000万到8000万吨级当量[2]。苏联很快也构建起了自己的战术核武库。

有限战争的支持者们当然注意到了战术核武器可能造成的破坏。为此泰勒将军强调："重点应放在发展那些不会使友军和盟国居民遭受严重伤害和没有放射性微粒的极小的原子武器上面。"[3]

● 第二种类型是有限使用战略核武器打击军事目标（避开城市）

这是20世纪60年代初担任美国国防部长的麦克纳马拉设计的一种运用核武器的方式，其出发点是，如果威慑失灵，美国不会在发动毁灭性核报复和屈服让步之间做痛苦的选择，而是可以通过对苏联的军事目标进行有限的打击而显示自己打核战争的决心。这种可逆的和可中止的战略核打击能够起警告作用，通过使苏联更易受到全面打击的损害而迫使苏联回归理智，使它认识到坚持侵略方针的后果。如果苏联认真考虑这种警告而且也不愿意冒全面战争的危险，这种办法可能导致恢复原状的结果。在这里，使用战略核武器成为一种另类的讨价还价的外交行为。

---

❶❸ [美] 马克斯威尔·泰勒：《不定的号角》，内部参考资料，第46页，第103页。

❷ [美] 麦乔治·邦迪：《美国核战略》，世界知识出版社，1991年7月第1版，第439页。

克劳塞维茨认为，随着政治目标的变化，"战争可以有一切不同程度的重要性和烈度，从灭绝性战争往下，直到仅仅武装监察"[①]。但是从种种有限核战争的设想看，事情并没有如此简单、易操作。要想打有限核战争，就需要双方都这样想、这样做，所以必须为战争确定一些大家都认可的规则，以便双方能够在作战中有控制地使用核武器袭击某些目标。对有限核战争情有独钟的基辛格也承认："苏联对我们的措施的对策并不完全决定于我们的意图，而是将更多地决定于苏联领导者怎样理解我们的意图。"[②]考虑到美苏关系剑拔弩张、高度对抗的性质，双方正确理解并接受彼此的意图几乎是不可能的。以战术核战争为例，哪怕两国初始阶段都使用战术核武器，由于彼此的战术目标本质上不同，所以对于战争的理解就会南辕北辙。一方作为战术行为所采取的行动可能被另一方解释为战略行动，而另一方的反应也可能被一方或者从战术或者从战略方面做出解释；美国可能想只为有限的目标打仗，但苏联的意图到底是什么呢？美国可能希望把战祸局限于战场上，但扩大战场对核实力较弱的苏联更有利，苏联能接受不利于自己的有限核战争吗？在双方缺少信任和沟通的背景下，立足于最坏情况估计对手和事态就成为理性的行为。

至于有限战略性核战争就更危险了。谁能断言在进行一两次甚至十次打击之后双方是否会停战？谁又能说清随着恐怖的持续，目标选择会发生怎样的变化？无论任何一方的第一次打击如何有节制，核对攻扩大升级的风险始终存在，这是任何计划者和决策人都不能忽视的。"如果侵略者的报复力量是易于受到损害的，他除去发动先发制人的战争外，别无他法。因为他是易于受到损害的，他不能够等到确定打击的程度以后。如果他的力量是不易于受到损害的，结果将是采取你一来我一往的战略，这种战略所造成的破坏将和全面战争差不多"[③]。总之，冒着无法估量的风险，有限使用洲际导弹进行这种奇特的对话是难以操作的，也没有任何实质性意义，它所达成的最好的结局也只是新的均衡。正因

---

❶ [德] 卡尔·克劳塞维茨：《战争论》，商务印书馆，2016 年 5 月第 1 版，第 111 页。
❷ [美] 亨利·基辛格：《核武器与对外政策》，世界知识出版社，1959 年 10 月第 1 版，第 162 页。
❸ [美] 亨利·基辛格：《选择的必要》，世界知识出版社，1962 年 4 月第 1 版，第 76 页。

为如此，不久之后麦克纳马拉就转到确保摧毁上了。

相比有限核战争的危险和微妙，有限常规战争的规则却是简单明了。它只需要核国家按规则行事，容忍一定水平的武力，不超过这个水平就不使用核威慑。当时西方估计，在核僵持的局面下，今后共产党的侵略将采取区域性的、有节制的行动模式，大多是小规模的，除了不打大战以外，将使用政治、心理、经济和军事等一切可能的手段，如"灌木林火战争""色拉米战术"等。总之，核武器减少了发生大战的可能性，同时又增加了因区域性侵略蔓延滋生而打有限战争的可能性。

1950 年至 1953 年的朝鲜战争是核时代第一场大规模的没有使用核武器的有限常规战争。虽然"在朝鲜战争中未使用核武器是基于某些不一定是正确的原因无意中做出的"[①]，但它"再一次证明，强国间有时宁愿采取有限的暴力手段也不采取无限的暴力手段来进行较量和显示决心；并且还证明，为确保战争为有限战争，某些重要的克制还是很必要的"[②]。这种克制，表面上是暴力手段的克制，而实质上是放弃追求"无条件投降"式的胜利，只有这样，才能使暴力手段的克制成为可能。这也是新时代有限战争与 18—19 世纪有限战争的不同之处。从前的有限战争之所以有限，更主要是受制于客观条件，而核时代的有限常规战争是一种主动克制。朝鲜战争的最终结局是恢复原状，这说明，平局是大国之间有限常规战争最可能的结果。战争期间麦克阿瑟在给众议院少数党领袖约瑟夫·马丁的一封信中这样写道："我们必须赢，胜利之外别无选择。"而杜鲁门总统对此则评论道："有一类对的胜利和一类错的胜利，正如有为了对的事情打的战争和从每一种观点来看都是错的战争。"[③]

---

❶ 布罗迪认为，朝鲜战争没有使用核武器主要由于以下几个原因：第一，三军参谋长认为，朝鲜战争基本上是苏联的一种佯攻或声东击西的手法，因此我们就有一种强烈的动机，企图把当时数量还比较少的核武器节省下来以便在大显身手时使用。第二，战争指挥官不断报告，认为朝鲜战争中没有使用核武器的适当目标。第三，我们的盟国，特别是英国极力反对我们使用核武器。[美]伯纳德·布罗迪：《导弹时代的战略》，军事科学院外军研究部译，内部参考资料，第 340—341 页。

❷ [美]伯纳德·布罗迪：《导弹时代的战略》，军事科学院外军研究部译，内部参考资料，第 328 页。

❸ [美]诺曼·里奇：《大国外交：从第一次世界大战至今》，中国人民大学出版社，2015 年 8 月第 1 版，第 283 页。

在 20 世纪 50 年代，人们认为东西方之间的争论是根本性的，双方的立场不可调和，只是由于有可能同归于尽才使双方愿意实行克制。所以，新的有限战争是被迫而非心甘情愿的产物，是在军事现实与政治目标之间优先考虑了军事现实，低烈度战争成为不能打高烈度战争的补偿。

第二章

人已无关重要

一些评论者通常将所有精神素质排除出战略理论，只审视物质因素。他们将一切都简化为寥寥几项关于均衡和优势、时间和空间的数学公式，由几个角度和线条限定。假如那真的是一切，它就简直算不上一个可令一名中小学生为难的科学问题[①]。

——————————————— 卡尔·克劳塞维茨 ———————————————

　　打常规武器还可以讲点军事艺术，什么战略、战术，指挥官可以临时按照情况有所变化。用核武器的战争就是按电钮，几下就打完了[②]。

——————————————— 毛泽东 ———————————————

❶ [德] 卡尔·克劳塞维茨：《战争论》，商务印书馆，2016年5月第1版，第249页。
❷《建国以来毛泽东军事文稿》下卷，军事科学出版社、中央文献出版社，2010年1月第1版，第127页。

战争是由人来进行的，人的军事素质、士气、爱国心以及人的多少是决定战争胜负的重要因素。以重要性而论，人与技术之间是一个此消彼长的关系。虽然技术的进步为个人能力增添了越来越多的手段和平台，但总的来看是它缓慢但不可逆地削弱了人本身的作用，诚如塞万提斯所说的："一个卑贱怯懦的火枪手可以夺取最英勇绅士的生命。"[①]伴随着技术的发展，军人的职业也由高度专业化、需要长期训练的中世纪重装骑士、近代欧洲职业化军队转变成能够为普通人所胜任，全民皆兵、普遍义务兵役制即是这一转变的体现。当然，仍有一些岗位是需要艰苦和长期的训练与经验的，如飞行员、舰长等。进入核武器时代，至少在核战争这个范畴内，人的作用发生了一个断崖式的下降。

克劳塞维茨战争观中的人

虽然人一直是战争中一个极端重要的因素，但在克劳塞维茨之前，战争中人的因素主要是指将帅的指挥艺术、各级军官的管理和训练能力，至于构成军队主体的士兵则是完全不受重视，甚至是被忽视的。这与士兵的来源有很大关系。15—16世纪的雇佣兵自不必说，打仗完全是做生意，马基雅维利对此进行

---

❶ [英]J.F.C.富勒：《西洋世界军事史》卷二，广西师范大学出版社，2004年8月第1版，第43页。

过激烈的批判。他认为，"目前意大利的沦亡除了依赖雇佣军外，别无原因"，在战争中获胜的必不可少的先决条件——信心和纪律——"只能存在于这种地方：在那里部队由本国人组成，并且已经在一起生活了一段时间"[1]。17—18世纪，欧洲君主们虽然有了常备军，但其组成多是囚犯、流浪汉，也包括常年雇用的外国人，他们在训练和打仗时受严苛的纪律驱使，没有也不需要什么主观能动性，尤其是在线性战术占主导地位的情况下，每一个士兵不过就是一个整齐方阵中的毫无个性的零部件而已。18世纪流行的军事著作倾向于将战争当作一门如数学一样的科学，有规律和规则，有可以计算出胜败的方程式，战争只要遵循某一程序、步骤、方法，就一定能够获胜。至于普通民众，更是与战争毫无关系，战争在某种程度上就是几个王朝的家务事。当时几场重要战争都被冠以"继承战争"的称谓并不是偶然的。

克劳塞维茨的《战争论》是一部划时代的巨著，它基于作者在拿破仑战争中的亲身经历。从武器装备和战术的角度看，拿破仑战争与18世纪的战争相比并无本质不同，法国在战争中所使用的各类武器和相应的战术观点更多源自路易十六时期的发明家和革新家。但是从人的作用的角度看却大不一样。拿破仑战争最具颠覆性的特点就是以往默默无闻的士兵和民众受爱国主义热情的激励爆发出了在旧制度下从未有过的巨大能量，这几乎是法国人横扫欧洲最重要的资本。克劳塞维茨目睹和感受到了这一切，他所界定的军事活动的三个主要特征——精神因素及其效应、活反应、一切信息的不确定性——实际上都是围绕人展开的。他指出："精神要素跻身于战争中最重要的要素之列。它们构成弥漫于战争总体的气质，并且在一个早先阶段确立起一种与那驱动和引领整个大军的意志的紧密关系，实际上与之合为一体，因为这意志本身是一种精神要素。"[2]

强调精神因素的重要性是克劳塞维茨与过去军事理论家的最大区别之一。在《战争论》中，克劳塞维茨提出了著名的"三位一体"说，即"战争的各主

---

❶ 时殷宏编：《战略二十讲》，天津人民出版社，2008年1月第1版，第124页。
❷ [德] 卡尔·克劳塞维茨：《战争论》，商务印书馆，2016年5月第1版，第258页。

导情绪总是使之成为一个自相矛盾的、由下列三者构成的三位一体：原始的暴力、仇恨和敌意，那要被视为一种盲目的本能力；偶然性和或然性的作用，在其中创造性精神可以自由翱翔；它的作为政治工具的隶属性，那使它只从属于理性"[①]。克劳塞维茨就是从这三个方面论述人在战争中的作用的。

● 第一个方面——"原始的暴力、仇恨和敌意"——主要涉及人民

如果战争是一种暴力行动，那么它不可能不涉及激情，战争可以并非来自激情，但激情仍会在一定程度上影响战争。在克劳塞维茨看来，人民的激情使暴力趋向于无限升级，是战争非理性和能动性的体现，战争因此变得更加复杂和难以预测。

在 18 世纪，战争是职业化的军人之间的较量。"占人口大部分的新兴的资产阶级和农民，一般被免于参加战争的活动的……经济活动和军事活动的区别如此之大，以致这些阶级一般都接受和平所加给他们的一切条件。爱国主义和民族主义的时代还没有到来。这些人口只要能保住自己的财产，就毫不关心究竟由谁来统治他们所居住的国土。"[②] 所以，在当时的环境下，"人民的作用已被灭绝……战争因而成了仅是政府的关切，以致到了一个地步，即政府与其人民离异，以它们本身似乎就是国家的方式行事"[③]。

但是，1792 年之后革命的法国与反法同盟国家之间的战争改变了 18 世纪战争的性质，突然之间，战争成了人民的事业，三千万法国人民，不再认为自己是国王的臣民，而是新生共和国的公民。"人民成了参战者；是民族的全部分量被投入天平，而非前此那样是政府和军队。现在可供使用的资源和努力超过了一切常规限度……这基于全民族力量的摧垮一切的巨型战车如此自信和确定地行进，以致每逢遭到旧式军队抵御，就绝不可能对结果有须臾怀疑。"[④]所以，"将文明民族之间的战争想象为只是来自它们的政府方面的理性行为，

❶❸❹［德］卡尔·克劳塞维茨：《战争论》，商务印书馆，2016 年 5 月第 1 版，第 121—122 页，第 848页，第 852 页。
❷［英］J.O. 林赛编：《新编剑桥世界近代史》7，中国社会科学出版社，1999 年 1 月第 1 版，第 225 页。

并且设想战争逐渐解脱掉激情，以致最终将永不真正需要使用战斗部队的物质冲击——只需它们的兵力比较数字就够了"①是错误的。人民在战争中的激情既可是为理想所驱使，也可以是因为仇恨。这种"原始的暴力、仇恨和敌意"可以产生难以想象的力量。人民的参与使拿破仑战争具备了 20 世纪总体战的特点，其战无不胜也是因为拿破仑与对手从事的是完全不一样的战争：总体战对王朝战争，一个倾其国力，一个只靠军队。

法国在国外的巨大成功主要源自其政策和国家管理方面的激进变革，是由政府的新特征引起的，它们改变了法国人民的处境并进而导致国家在战争中有了全新的表现。对于这一巨大的力量，必须以相同方式回应才有希望取胜。奥地利和普鲁士仍然以 18 世纪的老办法，即有限战争去应对，这种战争不依靠人民，而是强调外交与职业化军队的运用，它们很快就发现了老办法的局限性。普鲁士的格奈泽瑙指出："革命调动了全体法国人民的民族力量……如果其他国家希望恢复力量的平衡，就必须开辟和利用同样的资源。"②最终，为了维护旧秩序而迟迟不愿意"全民武装"的欧洲其他王朝也走上了法国的道路。以拿破仑从莫斯科撤退为标志，欧洲战争的性质发生剧变。"在此以前，除了在西班牙以外，对抗他的都是一些旧有王室；从此以后，对抗他的却是一般的人民了……在莱比锡平原上的斗争，是的确可以称之为民族的会战。"③

激发民族间的仇恨是现代总体战的特征之一，站在 21 世纪回首过去，拿破仑战争不过是总体战的雏形而已。但是克劳塞维茨已经从中为 20 世纪两场最具破坏力的总体战做了精准的预言："现代战争难得在没有民族间仇恨的情况下进行；它多少作为个人间仇恨的替代作用。甚至在没有民族仇恨、没有敌意去发端的地方，战斗本身也会激起敌对感：根据上司命令施行的暴力将激起报复欲和复仇欲，针对暴力的施行者，而非针对下令施暴的权力。"④

①④［德］卡尔·克劳塞维茨：《战争论》，商务印书馆，2016 年 5 月第 1 版，第 103 页，第 188—189 页。
②［英］C.W. 克劳利等编：《新编剑桥世界近代史》9，中国社会科学出版社，1999 年 1 月第 1 版，第445 页。
③［英］J.F.C. 富勒：《西洋世界军事史》卷二，广西师范大学出版社，2004 年 8 月第 1 版，第 369 页。

● 第二个方面——"偶然性和或然性的作用"——主要涉及统帅及其
军队

克劳塞维茨花了很多笔墨强调战争中的各种偶然性、或然性，战争当中无处不在的"摩擦"和"迷雾"，这就为将帅和军队提供了发挥创造性作用的空间。

战争自古以来就是复杂的。"战争中，情势那么变化万千，而且那么难以界定，以致不得不评估数量巨大的种种因素——大多只依照或然性。负责评估整体的那个人必须以一个素质去应对自己的任务，那就是在每一点上都感悟到真理的直觉"。①无论战前怎样设计战争，无论运用什么军事理论，到了关键时刻，作战方式和作战指挥都更多地取决于统兵将领的个人判断。比起仔细的算计和筹划，将领自身的性格、眼界和直觉或许会起到更大的作用。所以，将帅在战争中的作用与战争一样久远。18 世纪，"由于所有的军队都是一个模式，开火和突击非常讲究平衡，所以天才一旦掌握了指挥权，它就能左右战场，激励平庸的部属奋进"②。在这种情况下，装备、武器和战术思想通常相同的部队是胜是负或是相持完全取决于将帅的指挥才能和兵员数量。这一世纪最伟大的将领查理十二、马尔伯勒公爵、腓特烈大帝对于他们各自国家所从事的战争发挥了堪称是决定性的作用，七年战争中普鲁士以寡敌众，除了运气，靠的也是腓特烈大帝的指挥天才。

尤其重要的是，直至拿破仑战争后期，整个欧洲国家的军队是没有参谋机构的，"因此，在作战中要有效地指挥各个兵种就更感困难……总司令以下没有设立军或师一级的指挥机构，只有少量的下级将领分管战地各个防区，因此总司令担负了作出所有决定的责任。命令是通过口信下达给校级军官的，由于浓烈的硝烟顷刻间便能淹没战斗的景象，因此总司令要恰当地观察整个战斗的进展情况是极其困难的。要取得作战的胜利，指挥官就要有克服当时各种局

---

❶ ［德］卡尔·克劳塞维茨：《战争论》，商务印书馆，2016 年 5 月第 1 版，第 156 页。
❷ ［英］J.O. 林赛编：《新编剑桥世界近代史》7，中国社会科学出版社，1999 年 1 月第 1 版，第 221 页。

限的能力，特别是协调部队的作用，充分发挥经过改良了的火力优势"①。这就更突出了杰出将领的个人作用。

在大革命中横空出世的拿破仑是杰出军事统帅的代表，"没有人比拿破仑更善于用伟大的军队赢得伟大的战争"②。在入侵俄国失败之前，他几乎是百战百胜。法国革命固然催生了全民皆兵，但如果没有拿破仑的军事天才，这支革命的军队也难以发挥出横扫千军的威力。拿破仑作为一个"伟大的统帅"的杰出之处在于，"他能调动非常庞大的、有时多达20万以上的军队，以过去无法想象的速度驰骋在欧洲大陆的广大地区。他能神机妙算地把这支大军运动到预定的阵地迎敌，把敌人各个击破。他还能在关键时刻为自己集中起绝对优势的兵力"③。

军队除了将领，还有作为其主体的士兵。克劳塞维茨认为，"依凭一支兵员取自以大胆著称的人民的军队，一支总是在其中培育勇敢精神的军队，就能比依凭一支缺乏这素质的军队成就得更多"④。由于欧洲国家军队在武器装备、训练水准以及纪律方面总体上处于同一水平，所以，"更大的余地被给了部队的爱国精神和战斗经验"⑤。如果想要军队发挥创造性，成为一支能动的、积极的力量，士兵的来源就必须是公民，法国大革命创立了这样一支军队。结果，当时欧洲最好的职业化军队都发现，在这支军队面前，自己的部分军事信条无效了。

● 第三个方面——"它的作为政治工具的隶属性"——主要涉及政府。在克劳塞维茨的时代，政府就是君主

"战争是一种暴力行动，对这暴力的运用不存在任何逻辑限制……它在理论上必然导向极端。"但为什么实际的战争不会走向极端呢？根本原因在于理

---

❶［英］J.S.布朗伯利编：《新编剑桥世界近代史》6，中国社会科学出版社，2008年8月第1版，第1028页。
❷［英］劳伦斯·弗里德曼：《战略：一部历史》上，社会科学文献出版社，2016年11月第1版，第100页。
❸［英］C.W.克劳利等编：《新编剑桥世界近代史》9，中国社会科学出版社，1999年1月第1版，第101页。
❹❺［德］卡尔·克劳塞维茨：《战争论》，商务印书馆，2016年5月第1版，第272页，第262页。

性①。统治者根据国家（王朝）利益做出决策，对战争进行符合政治需要的控制，使战争为政治服务。所谓战争是政治的另一种手段指的是君主的手段，政治在某种程度上就是君主及其所代表的国家（王朝）利益。君主作为人以理性为战争做出贡献。

如果说普通的士兵和基层的军官需要的主要是激情和大胆的话，那么"指挥链越是往上，大胆就有必要由深思熟虑去支撑，从而大胆不致蜕化为盲目激情的盲目爆发。指挥变得越来越不那么是一项个人牺牲问题，越来越多地关系到他人安全和共同目的"②。到了君主这个层面，理性就成为最重要的素质。比如普鲁士国王腓特烈大帝，克劳塞维茨认为他值得赞美的地方是"明智：以有限的资源追求一大目标，他没有试图去做任何力所不及之事，而总是去做恰好足够的事，以便获取他想要的东西"③。这就牢牢把握住了战争中的理性因素，使战争得以作为政治驯服的工具和手段，而不是反过来超越和毁灭政治本身。

在克劳塞维茨关于人的作用的三个层次中，领导人（君主）的理性是一个相对稳定的因素。一方面，战争结果直接关系到王朝利益，所以君主自然会对战争的发动和过程进行精心的计算和控制，确保战争服务于王朝政治；另一方面，即使是君主专制国家，大的决策也不可能是单独一个人的心血来潮，它通常是集团协商的结果，故理性程度较高。而将领的军事天才则类似于撞大运，优秀的将领总是可遇而不可求的。至于士兵与民众的激情，则必须靠动员、宣传，靠把战争的结局与每个人的切身命运联系起来才能激发出来。在战争中，哪个国家的民众越支持战争、士兵的爱国心和士气越高昂，哪个国家就越可能打赢战争。

---

①②③ ［德］卡尔·克劳塞维茨：《战争论》，商务印书馆，2016 年 5 月第 1 版，第 104 页，第 271 页，第 250 页。

二

毛泽东军事思想与人民战争观

毛泽东也是一位特别强调人的作用的伟大军事家，人民战争理论是毛泽东军事思想的核心。

每一位军事家都是他那个时代的产物。如果说拿破仑战争催生了克劳塞维茨，那么，中国现代史上的革命战争实践则造就了毛泽东，同时也印证了毛泽东军事思想的正确性。在土地革命战争、抗日战争和解放战争中，中国共产党领导的革命武装在武器装备、后勤供应、军队规模、训练水平等各方面都显著落后于对手，但结果是装备精良但缺乏群众基础的军队失败了，而依靠人民支持的革命武装则取得了最后胜利。

毛泽东的人民战争观主要包括三个方面的内容：

● 首先，在人和武器这两个决定战争胜负的关键因素上，毛泽东强调人的主导地位

1946 年 8 月 6 日，在会见美国记者安娜·路易斯·斯特朗时，毛泽东提出了他的军事名言："决定战争胜败的是人民，而不是一两件新式武器。"[1] 这句话是毛泽东对中国共产党领导下的革命武装长期以来发挥人的主观能动性、克服武器劣势、以弱胜强的光荣历史和作战经验的高度总结。

中国共产党建立革命武装的实践始于 1927 年 8 月 1 日的南昌起义。在土地革命战争时期，红军就与人数和装备均占优势的国民党军作战。但是，对于革命武装最大的考验则是抗日战争。中国是一个贫穷落后的农业国，而对手则

● 《毛泽东选集》第四卷，人民出版社，1991 年 6 月第 2 版，第 1195 页。

是一个现代化的工业强国。抗日战争爆发后，各种"亡国论"层出不穷，其依据就是中国武器装备不如人。针对这一谬论，毛泽东在《论持久战》中予以了强力批驳："武器是战争的重要的因素，但不是决定的因素，决定的因素是人不是物。"[①]"动员了全国的老百姓，就造成了陷敌于灭顶之灾的汪洋大海，造成了弥补武器等等缺陷的补救条件，造成了克服一切战争困难的前提。"[②]这一论断一扫笼罩在人们心中的悲观气氛，给全国军民带来了胜利的希望。在整个抗日战争期间，中国共产党领导的八路军、新四军等抗日武装和日军相比武器装备始终存在巨大差距，但是，通过充分发动群众，采用正确的战略战术，党领导的抗日武装取得了辉煌的战绩，共对敌大小作战 12.5 万次，消灭日伪军171 万余人，其中日军 52.7 万余人，收复沦陷敌手的广大失地，解放遭敌奴役的 8000 万同胞，组织了几千万民众和 200 万手执武器的民兵队伍。一场抗日战争，充分证明了毛泽东的话："有人说，武器是第一，人是第二。我们反过来说，人是第一，武器是第二。"[③]

● **其次，毛泽东十分强调理想和信念对于一支军队的重要性**

他在《井冈山的斗争》里这样写道："红军士兵大部分是由雇佣军队来的，但一到红军即变了性质。首先是红军废除了雇佣制，使士兵感觉不是为他人打仗，而是为自己为人民打仗。"[④]从古田会议到三湾改编，这支由农民和起义军、各种民间武装组成的革命队伍转变成了充满革命的理想主义、为解放全中国人民而战、拥有高昂士气和大无畏精神的人民军队。在抗战胜利前夕召开的党的七大上，毛泽东自豪地指出："这个军队之所以有力量，是因为所有参加这个军队的人，都具有自觉的纪律；他们不是为着少数人的或狭隘集团的私利，而

❶❷《毛泽东选集》第二卷，人民出版社，1991 年 6 月第 2 版，第 469 页，第 480 页。
❸《建国以来毛泽东军事文稿》下卷，军事科学出版社、中央文献出版社，2010 年 1 月第 1 版，第 248 页。
❹《毛泽东选集》第一卷，人民出版社，1991 年 6 月第 2 版，第 63 页。

是为着广大人民群众的利益，为着全民族的利益，而结合，而战斗的。"①

● 第三，毛泽东认为，"战争的伟力之最深厚的根源，存在于民众之中"②，有人民的支持就一定能赢得战争胜利

早在人民武装诞生之初，毛泽东就这样鼓励工农革命军第一师的全体官兵："我们有千千万万的工人和农民群众的支持，只要我们团结一致，继续勇敢战斗，胜利是一定属于我们的。"③ 在《论持久战》中他又进一步指出："军队须和民众打成一片，使军队在民众眼睛中看成是自己的军队，这个军队便无敌于天下，个把帝国主义是不够打的。"④

在土地革命战争时期，面对国民党的严酷封锁和多次"围剿"，正因为依靠人民，党领导下的人民武装才能聚以歼敌，分以隐蔽，出其不意，攻其不备，诱敌深入，分割包围，最终以少胜多、以弱胜强。如果没有人民的支持，人民军队在敌强我弱的形势下根本就不能生存，更谈不上发展壮大了。

在抗日战争时期也是如此。1936 年，结束长征到达陕北的红军三个主力部队只剩下几万人。但是，在随后的抗日战争中，特别是在战略相持阶段，共产党领导的人民军队抗击了 60% 的日军和 90% 的伪军，成为抗日战争的主力军，敌人一次次进行残酷的扫荡，但是抗日根据地却不断扩大。到抗日战争结束时，人民军队已发展到 120 余万人。这其中的奥秘在于，革命武装得到了广大人民群众的真心拥护。在很多敌后抗日根据地，男女老幼都是八路军、新四军的"耳目"，敌人来了很快就能知道。人民战争的深厚伟力是敌后抗日游击战争能够坚持下去并赢得胜利的根本原因。

在解放战争时期的淮海战役中，为补充主力部队兵员，解放区人民掀起了

❶《毛泽东选集》第三卷，人民出版社，1991 年 6 月第 2 版，第 1039 页。
❷❹《毛泽东选集》第二卷，人民出版社，1991 年 6 月第 2 版，第 511 页，第 512 页。
❸ 中共中央文献研究室第一编研部编著：《毛泽东军事箴言》下，辽宁人民出版社，2017 年 8 月第 1 版，第 423 页。

轰轰烈烈的参军热潮,涌现出许多父送子、妻送郎、母亲送儿上前方的动人场面。战役开始时,华东野战军有 42 万人,到战役结束时,兵力不减反增,发展到 46 万人。在整个战役期间,担负勤务的民工共计有 543 万人,与前线官兵的比例接近 9∶1;人民群众用小车向前线共运送了 300 多万吨弹药物资、5.7 亿斤粮食[①]。像陈毅元帅说的那样,淮海战役的胜利是人民群众用小推车推出来的。

因为人民的支持极端重要,毛泽东特别强调战争的正义性,强调人心向背,将战争目标与人民的利益紧密地联系在一起。在《为人民服务》的演讲中他这样说道:"我们的共产党和共产党领导的八路军、新四军,是革命的队伍。我们这个队伍完全是为着解放人民的,是彻底地为人民的利益工作的。"[②]在《论联合政府》里他又进一步总结道:"紧紧地和中国人民站在一起,全心全意地为中国人民服务,就是这个军队的唯一的宗旨。"[③]同时,毛泽东也特别重视军队的纪律,重视军民关系、民族政策,其出发点都是为了使革命武装能够赢得人民的拥护和爱戴;而农村包围城市的革命道路的选择从根本上看也是为了充分利用中国农村人口众多的特点,通过争取农民的支持,赢得中国人口的绝大多数。这也决定了毛泽东在革命战争中并不注重攻城略地和一城一地的得失,其关注点始终在争取人心上。在毛泽东眼里,真正的铜墙铁壁就是群众,是千百万真心实意地拥护革命的群众,"什么力量也打不破的,完全打不破的"[④]。

总的来看,毛泽东对人在战争中的作用的强调主要体现在其人民战争的论述上,强调正义战争必胜(人民是否拥护是战争正义与否的标准),强调人而不是武器装备对战争的决定性作用。不过毛泽东军事思想并没有明显地突出将领个人的作用,对军队本身亦是如此。也许突出个人或少数群体的作用与其重点在人民的人民战争观有内在的矛盾性。但毫无疑问,毛泽东本人高超的指挥

❶ 中共中央文献研究室第一编研部编著:《毛泽东军事箴言》下,辽宁人民出版社,2017 年 8 月第 1 版,第 502 页。
❷❸《毛泽东选集》第三卷,人民出版社,1991 年 6 月第 2 版,第 1004 页,第 1039 页。
❹《毛泽东选集》第一卷,人民出版社,1991 年 6 月第 2 版,第 139 页。

艺术是中国革命得以成功的关键性因素。与此同时，我们还拥有一支与一切旧军队都不一样的人民军队。

当然，毛泽东并非精神决定论者。在抗美援朝过程中，中共中央曾向苏联寻求更多的装备援助。毛泽东在给去苏联承担谈判任务的徐向前发电报时直接点明："没有现代的装备，要战胜帝国主义的军队是不可能的。"[1]中国在 20 世纪 50 年代即做出开展导弹核武器的研究工作也说明，毛泽东并未因强调人而忽略了武器的作用，他对于先进武器装备的研发是极其敏感和高度重视的。1958 年 6 月 21 日，毛泽东在中共中央军委扩大会议上说："还有那个原子弹，听说就这么大一个东西，没有那个东西，人家就说你不算数。那么好，我们就搞一点。"[2]在导弹核武器研发过程中，毛泽东一直给予了密切的关注和指导，中国第一次核试验的时间也是他亲自拍板决定的[3]。

三

人的作用在核战争中几近消失

回顾历史，人在战争中的作用逐步下降是一个大趋势。热兵器的出现是一个重要的分水岭。16 世纪意大利诗人阿里奥斯托的史诗《疯狂的奥兰多》讲述了奥兰多——他是英雄和所有骑士美德的化身——如何不得不面对一个拥有火器的敌人：

> 刹那间窜出闪电地动天惊，
>
> 城堡战栗发出巨响回音。
>
> 那害物绝不徒然耗费威力，

---

[1] 中共中央文献研究室第一编研部编著：《毛泽东军事箴言》下，辽宁人民出版社，2017 年 8 月第 1 版，第 466 页。

[2][3]《建国以来毛泽东军事文稿》中卷，军事科学出版社、中央文献出版社，2010 年 1 月第 1 版，第 387 页，第 266 页。

谁敢挡道叫它血肉横飞，

挺弹丸随风呼啸胆战心惊。

当奥兰多战胜了这个可怕的敌人之后，他将那件"威力无敌之器"抛入大海，为的是：

从此绝无武器，亦无懦夫小人

再靠你帮助和有利阵地

胆敢袭击高尚侠义之敌！①

奥兰多战胜拥有火器的敌人不过是诗人的一厢情愿。在现实中，即便如拿破仑一样的军事天才，到了战争的后期，其作为统帅的个人局限性也越来越明显了。拿破仑喜欢事必躬亲，亲自计划、指挥各次战役，如果不把全部细节交代清楚，他就连最有经验的元帅也不信任。"但是，随着各路军队规模增大，并且在几个分得很广的战区作战，他的战略控制就垮了。无论是在俄国，还是在德意志1813年春秋两季战役中，都无法指望他的元帅们按照不断变化的形势来解释他的命令……拿破仑晚期的庞大军队，加上他赋予它们的宏大使命，使19世纪初的技术能力绷紧到了极限。"②所以，拿破仑不能成功的一个重要理由在于，过去使他屡战屡胜的个人指挥体制已不再适用。"战争的条件已经改变。陆军的数量愈来愈大，作战的地区变得那样的广大，所以即令在内线作战时，一个单独的指挥官也都已经无法指挥全盘的部队运动。不仅是战略方面，而且连战术方面也是一样的。"③

与拿破仑同时代的普鲁士革新家们较早认识到个人领导的弊端，因此吸取经验教训，建立了常设的参谋机构。这一点是普鲁士军队在19世纪获得显著成功的奥秘之一。总参谋部在平时及战时制订作战计划，向各级战地指挥官提供专家顾问。这些参谋军官跟实际的指挥官共担责任，同时使后者从具体计划

❶❷ 时殷宏编：《战略二十讲》，天津人民出版社，2008年月第1版，第113—114页，第204页。
❸ [英] J.F.C. 富勒：《西洋世界军事史》卷二，广西师范大学出版社，2004年8月第1版，第370页。

工作中解脱出来。从此战争的指挥较之过去更具有集体性，原先主要是战地指挥官的个人能力来决定战局，他们本人的作战艺术较之集体本领更为重要。

20世纪的两次世界大战让人的因素进一步降低。在一战当中，由机关枪、堑壕、铁丝网所造就的西线的僵局是任何一个将领和勇敢的军队都无法打破的，最后的仲裁者是"饥饿"[①]。在二战，尽管德国有一大批杰出的将领和几乎是当时全世界最优秀的军队，但是在同盟国家巨大的工业能力和人力资源面前仍逃脱不了失败的命运。

而核武器的出现以及导弹与核武器的结合使人在战争中的作用进一步被压缩至可有可无的地步。

● 首先，在传统战争中对于消除战争迷雾、克服各种摩擦至关重要的将帅的指挥艺术不再重要了

武器与指挥艺术之间是一个相互促进、相互制约的关系。武器的特质决定了战术，如从冷兵器到热兵器的转变，战术变化可谓天壤之别，单枪匹马作战的重装骑士、整齐有序的步兵方阵以及骑兵之所以让位于莫里斯的新型纵短横长的方阵，是因为只有这样才能充分发挥出火枪的威力。反过来，一个优秀的指挥官可以将武器的效能最大程度地激发出来，拿破仑战术革新的一个重要内容是集中使用火炮，在开战之初即对敌形成强大的火力压制。

但是，核武器的巨大杀伤力却使其在与人的关系中占据了绝对优势地位，指挥和战术突然间变得无足轻重、可有可无。与传统战争相比，核战争的确没有给天才式的将领留下什么发挥才华和创造力的空间。如果说常规战争中的排兵布阵会极大影响作战效果的话，那么核武器无论怎样使用，战术是否合理正确，其毁灭力都是惊人的；对于双方都拥有二次打击能力的核大国而言，传统

● ［英］J.F.C. 富勒：《西洋世界军事史》卷二，广西师范大学出版社，2004年8月第1版，第199页。

战争中先发与后发的区别也不存在了，故无须为了达成突然袭击的效果而处心积虑寻找最恰当的战机；核武器打什么目标、用多少火力也不需要指挥官随机决策、灵活应对，因为全面战争中的目标都是事先就确定好了的，美国战略空军司令部的每一个人员实际上一直是针对着某一个特定的苏联目标进行训练。因此，在全面战争中，一切都取决于执行既定计划的效率。至于说一次作战或打击一个目标需要多少火力，通过计算机计算可以给出近乎完美的答案；核战争也不像常规战争那样是循序渐进、逐步推进的，核战争不仅短促，而且很可能是一次性的，双方所要做的就是在尽可能短的时间里将手中的核武器打出去（至少大家认为是这样），以免失去报复的机会。

而且，核武器的特殊性也导致敌对双方的战略战术趋于同质，所谓的差异则受制于各自核武器数量和性能的不同。从美苏核战略发展演变的历程看，某些阶段是大家必须经历的，某些所谓的"用兵之道"也是双方不约而同都选择了的。比如如何使用战术核武器，双方的构想几乎一模一样。再比如打有限的、可控制的核战争问题，美国因为在若干年里无论是核力量规模还是质量都超过苏联，故对有限核战争抱有浓厚兴趣，在核实力不对等的情况下，这显然不利于苏联，因此遭到苏联拒绝；随着苏联核实力的提升，其军方也开始考虑进行"可控制的核战争"的必要性，苏联军方的核计划中有了分场景的打击方案和多次核打击选项[1]。基辛格认为："核技术在战略上的意义一旦成为苏联军事杂志的恰当的讨论题目以后，苏联的军事领导人物（不同于政治领导人物）的反应，基本上同西方的军事领导人物并没有什么差别。苏联的军官只不过是在通过每个阶段时都比西方的军官落后五年而已，这差不多是正好反映了苏联在发展核技术上的时间落后。"[2]

---

❶ 胡思德、刘成安编著：《核技术的军事应用——核武器》，上海交通大学出版社，2016 年 3 月第 1 版，第 176 页。

❷ [美] 亨利·基辛格：《核武器与对外政策》，世界知识出版社，1959 年 10 月第 1 版，第 358 页。

●● 其次，士兵、基层军官的士气、激情甚至军事素质都变得无关紧要

假如核武器一直停留在用轰炸机投掷的阶段，那么个人素质的差别还是有意义的，因为它涉及飞行员投掷的准确性，涉及长距离飞行对飞行员飞行技术和体力的考验，涉及如何以高超的技战术突破敌方的防空火力和空中拦截等难题，一个胆大心细、技术精湛、经验丰富的飞行员可以极大地提升核轰炸的效果。但是，导弹时代的来临让人的作用变得微乎其微了。现在，相关的操作人员都待在加固的发射井里，接受遥远地方发出的指令，军事素质高低已无关紧要，发射核武器似乎真的就只剩下按电钮了。因为导弹核武器通常部署在国土纵深处，战斗人员不需要面对敌人，所以，战争不再是双方武装部队之间的较量，军人的激情、血性、勇敢也派不上用场，甚至这些可能是有害的东西——发射核武器事关千百万人的生死存亡，其行动必须是理性的，任何冲动都将导致无法弥补的后果。当然，人的数量多少、战时能否实现兵力集中也变得毫无意义。这一切都使得核战争与传统的军事实践完全不同。

总的来看，核武器减少了对军事专业人才的需求，技术人员的地位变得更加重要，而军事人员似乎只剩下操作的任务。

●● 最后，人民的支持与人心向背似乎也不重要了

20世纪的两次世界大战是典型的总体战，鲁登道夫认为，"总体战的本质需要民族的总体力量，因为总体战是针对民族的"[1]。核战争无疑是总体战的最高形式，但这只是就它所针对的是整个民族并最终毁灭民族而言，至于民族的总体力量对于核战争并没有多少价值，因为核武器不仅能在极短的时间内造成巨大的毁灭性后果，而且是无法防御的，一国的核力量可以对对手造成同

● [德] 埃里希·鲁登道夫：《总体战》，解放军出版社，2005年6月第2版，第13页。

样的损害，但其意义也仅限于惩罚而无助于缓解己方的痛苦和损失。基于同样的道理，从事正义战争的民族也没有机会等到翻盘的时刻，或者说即使翻盘也无实质性区别，世界舆论的支持、国际社会的援助都无法挽救一国于核打击的水深火热之中。

如果说人的因素或多或少还存在的话，那么它主要体现在三个方面：

● 一是军人的忠诚与服从

这仍然是极端重要甚至更重要的。军人不能自行其是，不服从上级的指令（非授权发射的可能性可以忽略，更可能是拒绝发射命令），或者对核武器和相关设施进行破坏，或者故意泄露机密信息。考虑到民间反核浪潮，这些并非不可能之事。对于当权者来说，必须要保证自己使用核武器的指令能够得到执行。

● 二是军人的判断力

随着各种天基、地（海）基预警系统的发展，特别是"预警即发射"能力的确立，核战争似乎具备了某种"自动化"的特点。一旦预警系统发出敌方导弹来袭的信息，己方就应立即将手里的核弹打出去，以防被敌人的导弹摧毁。这样一来，就产生一个十分严峻的问题：预警系统发生虚警怎么办？美国前国防部长佩里在卡特政府时期曾担任副国防部长，他回忆道："某天半夜我被北美防空司令部的一位值班军官的电话惊醒。这位将军清楚而直截了当地说，他的预警电脑显示有 200 枚 ICBM 正在从苏联飞向美国境内的目标……这位将军很快解释道，他的结论认为这是虚假警报……我们花了几天时间查明，这是一名操作员错误地把训练用的磁盘放进电脑，这是人为的错误。灾难性的核战争可能因偶然事故而爆发，这是我永远不会忘记的惊人教训。"①冷战时期，无论是美国还是苏联，都发生过类似的情况。幸好值班人员头脑冷静，避免了由于误解而将彼此推向毁灭的境地。所以，在核战争"自动化"的趋势面前，相关人员必须保持清醒的判断力，不能将核战争的爆发交给机器来决定。

●● **三是最高决策者必须保持理性和具备正常的道德水准**

在核战略当中，一个极其根本的前提是，决策者（国家）是理性的，受道德和良知的约束，他们不会选择与对手同归于尽，即使单纯毁灭别人也不会是其选项，因为核禁忌对他们是有效的。但是，谁也无法保证永远不会出现一个拥核的丧心病狂的独裁者，核武器为越多的国家所掌握，这种可能性就会越大。随着核武器的戒备状态越来越高，从决策到实施打击的时间也更加短暂，从而为冲动发射提供了契机。

● ［美］威廉·J.佩里：《我在核战争边缘的历程》，中信出版社，2016年11月第1版，第85页。

第三章

徒有虚名的胜利者

没有国家会将核武器国家逼上彻底失败的绝路……不能强求一个核国家宣布无条件投降。[①]

—— 肯尼思·华尔兹 ——

　　如果我们要想使暴力不致超过容许的限度，从而使我们所受的牺牲和所受的惩罚亦不超过容许的限度，我们就须对全面的胜利减低兴趣，这是我们必须付出的代价之一。[②]

—— 伯纳德·布罗迪 ——

❶ [美]斯科特·萨根肯尼思·华尔兹：《核武器的扩散：一场是非之辩》第二版，上海人民出版社，2012年10月第1版，第21页。
❷ [美]伯纳德·布罗迪：《导弹时代的战略》，军事科学院外军研究部译，内部参考资料，第334—335页。

　　战争之所以会成为国家的政策选项，是因为凭借最后的胜利，一国可以达成外交手段无法达成的目标。胜利者当然要为胜利付出代价，但总的来说是得大于失——至少在战争筹划阶段可以有把握地这样认为。胜利的一方能够将自己的和平条件强加给失败者而不必担心遭到报复。二战胜利后盟国对德国和日本的占领就是证明。但是在核武器时代，一个拥有核武器的国家哪怕是濒临灭亡之际也可以重创对手——只要它的核能力及指挥链路是完好的。所以，胜利者毫无顾忌的时代已一去不复返，追求全胜成为镜花水月。

一
胜利者不受威胁

　　在核武器之前的传统战争时代，胜利者是安全的，其可以将自己的意志强加给失败者而失败者却无力抗拒。古代的波斯人、希腊人及罗马人对待战败者的做法十分相似：处死所有兵役年龄的男性，将妇女和儿童作为奴隶出售，被击败的领土除了名字之外全部遭到毁灭。所以，"战争对于失败者而言常常是'整体战争'"[1]。当然，在近代以来的战争实践中，基于这样或那样的原因，胜利者通常都会自我约束，哪怕是20世纪的两场总体战，彻底失败的一方虽被强加了苛刻的和平条件，但胜利者仍然对失败者留有余地。

● [美] 托马斯·谢林：《军备及影响》，上海人民出版社，2011年1月第1版，第18页。

在传统战争中，胜利者之所以能够迫使失败者服从自己的意志，最重要的原因是失败者的军队丧失了继续作战的能力，暴力机器瘫痪导致统治者走投无路，为避免更大的灾难只能选择投降或接受对方的和平条件。对于胜利者来说，战后条约或和平条件基本反映了其意志、愿望和利益。为了使条约（和平条件）能够得到有效执行，胜利的一方也会选择占领失败方的部分领土。拿破仑战争之后反法同盟国家对法国的占领，普法战争之后德国对法国的占领，甲午战争后日本对中国的占领，都是这一办法的体现。由于战败国军队已经投降，大规模的、有组织的抵抗不复存在（零星的个体抵抗是有可能的，但无关大局），因此，战胜国军队进入战败国并不存在危险，反而因为控制了一些战略要地，随时可以威胁败方统治者的安全。甲午战争之后日军驻扎在山海关一带，保持着随时进军北京的态势，这是迫使清政府签订《马关条约》的重要原因。至于说在战争期间由于军事需要而进入一国领土作战，那更是司空见惯的事情。

当然，在王朝时代的欧洲，战争中的胜利者也是受到约束的。这一约束既有客观原因，也有主观原因。从客观上看，基于联盟作战和前工业化时代的物质条件、交通状况，优势的一方想在战场上取得压倒性的胜利，从而将苛刻的和平条件强加于战败者是不可能的。比如，三十年战争中在布莱腾费尔德会战获胜之后，瑞典国王古斯塔夫之所以没能继续进军维也纳，迫使皇帝费迪南屈服，客观的限制是第一位的原因。"通到维也纳的道路十分恶劣，它要通过厄尔士山森林和波西米亚的残破地区，而且冬天快要到了……古斯塔夫已经距离他的基地数百英里，若再冒险前进，后方一旦发生了变乱，后果将不堪设想。"[1]因此，即使是古斯塔夫这样的一代名将，一场会战的大获全胜也只能产生极其有限的影响。从主观上看，欧洲大国出于维持均势的需要，通常不会让任何一个大国或重要国家受到明显削弱，从而损害欧洲大国间的势力均衡，因为一国明显的削弱必然意味着另一国权势的增长，从而助长霸权的可能，而霸权，最终将是对所有国家主权与独立的威胁。此外，王朝之间千丝万缕的联系、共同

[1] [英]J.F.C.富勒：《西洋世界军事史》卷二，广西师范大学出版社，2004年8月第1版，第53—54页。

的利益和道德规范也使君主们"把目标定得适度；并且不把苛刻的条件强加给被打败的对手，他们意识到下一次可能会轮到他们自己"①。

所以，近代欧洲国家之间虽然战争频繁，但几乎没有一方全胜的情况，战争的结果通常是妥协基础上的局部调整和变化，其筹码就是弱小国家和海外殖民地，而大国本身是不受损害的。

进入 20 世纪，工业化使战争的势能得到了充分释放，均势原则也因大众政治时代的来临而被削弱，在总体战的背景下，无条件投降成为胜者对败者开出的和平条件。但从实际执行的情况看，大国间的利益博弈也使战胜国对战败国的处罚变得复杂起来。比如美国因为冷战的原因而改变了对日政策，对西德的重新武装也是基于冷战需要，这两国作为二战的战争策源地，尽管在战争中遭到彻底失败，但战后不但很快恢复正常国家身份，而且还得到了美国的大力扶持，迅速成为世界经济大国，在政治上也拥有较大影响力。

但是，总体战中对胜利者的约束是胜利者之间的交易、默契，或者是胜利者本身的想法发生了改变的结果，它们与战败者无关。战败者可以利用战胜国之间的矛盾，劝说战胜国接受有利于自己的观念，但其成效如何，最终还是要看战胜国的意志。总之，一国军队如果在战争中失败就意味着它的政府必须听命于人。结束一战的《凡尔赛条约》是在战胜国缔结了之后才交给德国的，德国只有两个选项：接受或拒绝——拒绝就意味着战争重启，而没有任何讨价还价的余地。二战涉及战后安排的几次重要会议和公报也是战胜国单方面的行为，德日两国唯一能做的就是接受。

二
失败者也可以反抗

过去，"由于技术和地理的原因，在向敌国领土施加破坏之前，一方的军

---

① [英] J.O. 林赛编：《新编剑桥世界近代史》7，中国社会科学出版社，1999 年 1 月第 1 版，第 225 页。

事力量通常不得不首先穿透敌方的防线，消耗和击溃敌方的军事力量，即首先实现军事胜利"[①]。二战当中出现的战略轰炸虽然可以绕过前线直接对敌后实施打击，但仍需以制空权为前提条件，否则飞机的战损率会高到令人无法忍受。

核武器的出现给那些在战争中即将失败或已经失败的一方带来了福音。当然，前提是失败者必须有核武器，并且在经历了战争之后核武器还处于完好无损或部分可用的状态，其指挥链路也能够正常运作。

核时代失败者的独特之处是，它们可以在最后的关头孤注一掷。核武器使得交战方能够在没有取得军事胜利的情况下对敌方实施恐怖的暴力。借助于核武器及先进的投放手段，一方无须等到赢得战争胜利便可以向敌方施加"不可承受的"破坏，胜利不再是伤害敌人的先决条件；另一方也不需要等到输掉战争才遭受破坏，在远程核打击面前胜利者同样脆弱。之所以出现此种局面，究其原因，在于核武器的巨大威力和难以防御，而这两个特点又是紧密联系在一起的。

因为威力巨大，少量甚至单枚核武器就可以造成重大破坏。尤其是核武器的打击目标并非像常规武器一样是以对等的平台为主，而是针对军事或社会民生目标，因此，质量的差距也不影响武器效能的发挥。"一枚1960年生产的核武器跟正在设计中的核武器一样，能够摧毁一个城市，动摇世界的稳定。"[②]如此一来，弱势方即使败局已定，也能够在最后的时刻发射导弹对强敌进行报复，从而给胜利者造成重大损失。

从防御的角度看，直到目前为止，包括美俄这样的军事超级大国，对于高速飞行的弹道导弹也几乎不存在任何行之有效的主动防御办法。失败的国家哪怕丧失了大部分空军、海军，只要核导弹安然无恙，照样可以对胜利方实施报复，有无制空权对于核打击来说并不重要。即使没有导弹，仅仅用飞机投掷核武器，处于劣势的空中力量只要愿意做出牺牲，也能突破防御到达敌人目标。以往的

---

❶ [美] 托马斯·谢林：《军备及影响》，上海人民出版社，2011年1月第1版，第18页。
❷ [英] 约瑟夫·罗特布莱特等编：《无核武器世界探索》，当代世界出版社，1995年4月第1版，第165页。

战争表明，某一方不管处于怎样的优势，都无法做到将敌人的飞机完全排斥在自己的领空之外，而区区 1 架飞机成功突防，就能造成巨大损失，并在全国上下引起恐慌。在最极端的情况下，当一国已全然失去向外投掷核武器的能力时，它也可以通过在自己国土上引爆核武器的方式阻止敌人。在这种情况下，胜利者即便能够占领失败的国家，自身也将遭受巨大的人员损失。

主动防御不可行，而被动防御虽能够减轻核爆炸的后果，其意义也极其有限，而且会带来其他方面的不良影响。诚如布罗迪早就指出的："要做到大后方无懈可击的是无法计价的，但是无论如何也不可能抱有这样的希望。城市疏散计划者要实现他们的主张需要作出巨大的努力和支出庞大的开销，并为了取得减小脆弱性的最佳效果而无情地压制不可避免地反对这种疏散的意见。这种计划根本没有被接受的可能性。"[①] 也就是说，除非彻底改变一个国家的社会和生活方式并花费巨资，否则核武器的破坏效果大部分是无法防止的。

虽然二战之后核武器并未用于实战，但是我们可以将真实发生的战争做一个条件变更，假设总体实力较弱但有核武器的国家（数量不多，质量技术水平也不高）与一个强大对手交手或濒临常规战争失败，在这种情况下，会出现怎样的结局？

比如在二战末期，如果德国和日本有核武器，那么盟国是否还敢于进入两国实施占领呢？或者说，能否在未受到重大损失的情况下实施占领？答案显然是否定的。德日两国完全可能在败局注定的情况下通过引爆核武器阻止盟军前进，或威胁用核导弹对盟国本土实施报复，这一报复虽不足以导致战争结局翻盘，但会让对手蒙受重大损失，以此就有可能达成威慑对手、影响其决策的目的。二战后期日本用神风特攻队对美军实施自杀式攻击，如果飞机携带的是核弹而不是普通炸弹，那么对美军的打击效果会完全不同。在上述情形下，战争的过程和结局绝不会像历史进程本身所显示的那样。更可能的是，慑于对手的核武器，盟军尽管在常规武器战场上占据了明显优势，也不会追求"无条件投降"

● ［美］伯纳德·布罗迪等：《绝对武器》，解放军出版社，2005 年 1 月第 1 版，第 78 页。

式的彻底胜利，战争可能会以有限的胜利而告终。

比如在伊拉克战争中，如果萨达姆手中有核武器，即使美国的核常军力均占压倒性优势，美国是否敢于以推翻萨达姆为目的进军伊拉克？美国的确可以赢得战争的胜利，但必定要为胜利支付高昂的代价，因为在政权乃至自身性命面临生死存亡的时刻，使用核武器才符合萨达姆的理性。对于美国政府和人民而言，如果战争不关乎国家前途命运与核心利益，他们愿意承受如此巨大的风险吗？美国的核报复能力的确可以铲平伊拉克、为死难的美国人报仇，但是，毁灭性的报复丝毫也不能减少美国人民遭受的伤害，此处报复的意义不过就是一种事后惩罚而已。在这种情况下，美国或许可以对伊拉克进行有限的外科手术式打击，但绝对不会以推翻萨达姆为目的，因为此举只会导致其采取极端行动；更不会派军队进入伊拉克，因为伊拉克哪怕是拥有小当量的战术核武器，也会令美军蒙难。

由此可以看出，"存在核武器的条件下，一国要取得重大胜利，就得冒遭受毁灭性报复的风险"[1]，因为失败和弱势的一方不再是待宰的羔羊，他们也有了强有力的反击手段，哪怕是最后时刻的自杀式攻击。所以，尽管战争的可能性依然存在，但是为获取胜利而发动战争是非常危险的。如果国家仅能得到很小的收益，并且由于强大的一方冒着遭受报复的风险，那么它们试图发动战争的动机就会大大下降。

三

胜利者无法追求全胜

核武器让注定失败的一方有了在最后的时刻进行报复的能力，胜利者的荣光因此而蒙上阴影。这对于核国家之间的战争行为必将产生深远的影响。

---

❶ [美] 斯科特·萨根肯尼思·华尔兹：《核武器的扩散：一场是非之辩》第二版，上海人民出版社，2012年10月第1版，第98页。

● 首先，无法追求全胜的核国家之间会如何操作常规战争？它们之间能因此而避免核战争吗

对于这个问题，学者给出的答案是打有限战争。"东西方的大国可以在战争期间实施大规模的超出第二次世界大战期间可获得的任何形式的针对平民的暴力，正是因为这一原因，国家在取得军事胜利或停战之前就需要保持克制。"①

按照克劳塞维茨的观点，战争有限与否，关键在于动机。"战争动机越强劲有力，越鼓舞人心，越厉害地影响各交战民族，且在爆发之前的紧张越强烈凶猛，那么战争就越趋近于它的抽象概念，摧毁敌人就会越重要，战争的军事目标与政治目的就会越紧密地彼此重合，战争也就会显得更多的是军事性而非政治性的，反之，动机越不那么强烈，军事因素之趋于暴力的天然趋势就会不那么与政治规定两相重合。"② 所以，核国家之间可以限制战争的目标，不追求所谓彻底的胜利，以此避免某一方彻底的失败，从而防止战争从常规状态升级到使用核武器。格伦·施奈德提出了"战略稳定／战术不稳定悖论"，打低烈度战争的可行性作为抵偿不能打高烈度战争的代价③。然而，从实际情况看，冷战时期针锋相对的美国与苏联并没有发生有限战争，无论是斯大林封锁柏林还是肯尼迪封锁古巴，其行动都是极其谨慎节制的，没有导致公开的军事对抗，西方也没有以军事方式回应苏联修建柏林墙。直到冷战结束，美苏两国的对抗始终没有发展成热战。长期敌对并发生过三次战争的印度和巴基斯坦，在1998年几乎同时跨过核门槛之后也再没有发生过规模较大的常规战争，尽管彼此间边界冲突不断。如果说美苏是势均力敌的对手的话，那么印度无论是在核力量还是常规力量上，都拥有对巴基斯坦的全面优势。如何理解这种核国家之间不再打仗的现象呢？

---

① [美]托马斯·谢林：《军备及影响》，上海人民出版社，2011年1月第1版，第26页。
② [德]卡尔·克劳塞维茨：《战争论》，商务印书馆，2016年5月第1版，第120页。
③ [美]斯科特·萨根肯尼思·华尔兹：《核武器的扩散：一场是非之辩》第二版，上海人民出版社，2012年10月第1版，第116页。

核武器当然不会消除国家之间的权势竞争，但是它极大地限制了这种竞争的方式。追求全胜的战争固然不可取，但是有限战争也并非那么容易控制和操作。如果战争无法得到一个明确的结果，甚至最终形成僵局或恢复原状，那么战争本身也就失去了意义；战争一旦开始，就有其自身的逻辑和势头。很多战争，在开始时的确是有限的，但是随着时间的推移却逐步演变成大规模的战争。欧洲国家在走进一战时，并没有二战前夕希特勒德国那样的战争蓝图，无论协约国还是同盟国，均是为了有限的目标而战，但是战争很快就演变成你死我活的总体战。美国在 20 世纪 60 年代发动越南战争，也是一步步升级扩大的，最终使美国在越南这个弹丸之地集中了超过 50 万人的大军。这两个例子说明，有限战争的初衷未必能够真正约束战争的发展势头，自然也就难以杜绝有限战争最后升级为动用核武器的军事行动。谢林认为："危险将随着有限战争的爆发而增大；也几乎可以肯定，危险将随着已经发生的有限战争的范围扩大或者暴力程度增加而增大"；"大战将如何发生是不可预测的。不论何种因素使得两个大国之间的有限战争成为一件冒险的事情，风险都是真实存在的，任何一方都无法排除这种风险，即使它想这样做。发动一场有限战争就如同开始摇晃船只，启动了一个并不完全可控的过程"[1]。

所以，在邦迪看来，美国和苏联在避免"核风暴"方面能做的更重要的事是确保它们彼此之间不发生任何种类的战争。避免战争意味着避免能将美国和苏联军事力量卷入相互公开冲突的一切步骤。在两个超级大国间，一方避免对另一方进行直接军事挑战，是双方的利益所在，而核危险的现实又令这一利害格外重大[2]。对印巴关系，华尔兹则是这样评论的："从（1999 年春夏）卡吉尔事件所得出的结论显而易见，核武器的存在能避免使重要的小规模冲突升级为全面战争。这与 1965 年血腥的第二次印巴战争形成了鲜明对照，当时双方

❶ ［美］托马斯·谢林：《军备及影响》，上海人民出版社，2011 年 1 月第 1 版，第 90—91 页。
❷ ［美］麦乔治·邦迪：《美国核战略》，世界知识出版社，1991 年 7 月第 1 版，第 789—790 页。

都只装备有常规武器。"①

核国家在常规作战方面的慎重表明,对核武器的忌惮不仅限制了总体战,也限制了有限战争,哪怕另一个有核国家处在弱势地位。正因为有核武器作为保底的手段,有核国家在面临一个实力比自己强大很多的对手时,也有了避免最坏结局的本钱。这导致有核国家之间即使发生了常规战争,也不能够再追求军事上的全胜,因为这很可能导致失败的一方铤而走险、孤注一掷,让胜利者蒙受不该有的损失。所以,军队大规模入侵、推翻一国政权、令对手遭受巨大耻辱等情形是很难发生在有核国家之间的。至少从统计数字看,美国作为超级大国,从未对一个有核国家大打出手。

● 其次,核国家之间无法追求全胜是否也会因此影响其代理人之间的战争

事实上,代理人战争常常是核大国之间既要进行权势争夺又要回避直接冲突的一种折中方式。

朝鲜战争是中美直接作战。当时的舆论认为,苏联是中国背后的支持力量,苏联是为了回避与美国交手才由中国出面。在战争过程中,苏联的确给了中国可观的援助,包括极其重要的空中支援、各种先进的武器装备等。不过在中国人看来,抗美援朝虽不能排除社会主义阵营的因素,但中国出兵主要是基于自身国家利益的考量,是保家卫国的行动。从双方在战场上的表现看,朝鲜战争的军事较量呈现出强烈的全力以赴的特征,战场厮杀空前惨烈。但实际上,两大阵营"仍然保持了一些令人印象深刻的限制:没有使用核武器、没有苏联人参战,没有涉及中国和日本的领土,没有轰炸双方战线中联合国一方的海上船只甚至机场。这是一场史无前例的受到针对平民的暴力威胁限制的军事较量"②。朝鲜战争的结局是恢复战争爆发之前的状态,这对双方来说都是可以

❶ [美]斯科特·萨根肯尼思·华尔兹:《核武器的扩散:一场是非之辩》第二版,上海人民出版社,2012年10月第1版,第98页。
❷ [美]托马斯·谢林:《军备及影响》,上海人民出版社,2011年1月第1版,第26页。

接受的。而某一方主导下的统一之所以无法实现，是因为另一方不可能接受这一结果，因而战争就会久拖不决甚至升级，到一定时刻，就有可能将核国家苏联卷入。

在 20 世纪 60—70 年代的印度支那，美国仍然是战争中的一方，苏联、中国则是越南背后的力量。这场战争同样以恢复原状结束（两个越南统一是在美国撤出之后于 1975 年实现的），因为这是美国和中苏双方唯一能够接受的结果。

这些说明，即使是所谓的代理人战争，也严格地受到核武器因素的制约，在幕后较量的核国家之间仍然无法在安全的状况下赢得全胜，只能退而求其次接受平局的局面。

总的来看，就像基辛格指出的那样："在核国家之间的战争中，即使没有使用核武器，双方都将必须考虑使用核武器的可能……今后每一次战争，不论有没有使用核武器，都会或多或少地带有核战争的性质。"[1] 核武器使弱者或失败的一方在绝望的时刻可以选择与敌人同归于尽或重创对手，所以，核武器的出现使核国家之间、核国家盟友之间的战争形成了一种难分胜负的僵持局面，哪怕双方实力不对等甚至悬殊。

● ［美］亨利·基辛格：《选择的必要》，世界知识出版社，1962 年 4 月第 1 版，第 84 页。

第四章

优势与胜利已
失去意义

当涉及绝对武器时，建立在相对优势基础上的争论便失去了意义。①

———— 威廉·T.R.福克斯 ————

由核武器所引起的战略改变是从这样的事实而来的，即"相对的损失"这一观念应用在全面战争中可能变得毫无意义了。因为即使是能以较强的力量进攻的一方，也还会受到能够使它的国家势力枯竭的那种程度的损失。②

———— 亨利·基辛格 ————

❶［美］伯纳德·布罗迪等：《绝对武器》，解放军出版社，2005年1月第1版，第145页。
❷［美］亨利·基辛格：《核武器与对外政策》，世界知识出版社，1959年10月第1版，第59页。

打仗是为了胜利，国家之间的竞争是为了谋求优势，这是几千年来国家关系中亘古不变的真理。一国投入重金和资源去发展新式武器，扩充军队规模，就是期望它们会改变己方相对于他国的军事实力，从而有助于其打赢战争。但人们没有料到的是，有一天，技术的发展反倒束缚了彼此的手脚，"现代人在原子武器出现后更加难以解决的主要问题就是，军事上的发明越进步，人类社会便越难适应它"[①]。假如在两三百年前战争频繁的欧洲，你告诉一个君主，一国最具威力的武器并不是越多越管用，数量与质量的优势已无法带来战争的胜利，甚至胜利本身都已经失去价值，那么，对方一定会认为你是个疯子。而这就是核时代的现实。至少在核武器与核战争的范畴之内，优势与胜利不再是有吸引力的目标。

一

追求优势乃天经地义

对于国家为什么要追求优势，摩根索是这样认为的："所有权力计算的不确切性不仅使权力均衡无法实际运作，而且事实上否定了权力均衡。鉴于任何国家都无法肯定它在每一历史时期中对权力分配的估算是正确的，它至少必须

[①] [美] 伯纳德·布罗迪：《导弹时代的战略》，军事科学院外军研究部译，内部参考资料，第2页。

保证，它的错误，无论是什么错误，都不会使自己在权力竞争中处于劣势。换言之，国家必须留有安全余地，以使自己在估算错误的情况下仍能维持权力均衡。为此目的，所有积极参与权力角逐的国家实际上必须以追求自己的权力优势而非权力均衡即权力的平等为目标。"①

一国军事力量的强弱是相对的，是与他国，特别是主要对手比较的结果。没有军事优势的国家无法打赢战争，而胜利是每一个主动挑起战争的国家必然要追求的目标，通常也是被动应战的国家的目标。没有胜利，战争就失去了意义。在传统战争时代，这都是最基本的常识。因为优势可以带来胜利，而劣势必然导致失败，所以，"在常规武器世界中，战斗方会使用最好的，也就是最具摧毁力的武器。常规战争的目标是将武力升级到比对手能达到的程度更高"②。无论是有限战争还是总体战，对于常规战争而言，建立在优势基础上的胜利似乎都是可欲的和可得的。

当然，也有国家在看似没有优势的情况下主动挑起对强国的战争，偷袭珍珠港、发动太平洋战争的日本即是如此。毫无疑问，日本人的偷袭行为是以卵击石，因为美日两国的经济规模、综合国力实在是相去甚远。富勒认为，日本在太平洋战争中谋求的，的确不是战胜美国，而是最终通过谈判获得和平，即日本在西太平洋占据优势的和平。日本的想法是采取消耗战略，尽可能用空间换时间，使战争无限期地拖下去。为了能有打持久战的把握，日本不仅要攻占荷属东印度，以使其在经济上支撑日本的战争机器，而且还应对太平洋地区中部做深入性征服，从而使美国人失去可以利用的海空军基地。即使届时德国失败了，英国人也势必精疲力竭，而那时哪怕日本仍未击败美国，它至少已经占领了一个如此坚强的防御阵地，足以使美国感到无利可图，

① ［美］汉斯·摩根索：《国家间政治：权力斗争与和平》，北京大学出版社，2006年11月第1版，第244页。
② ［美］斯科特·萨根肯尼思·华尔兹：《核武器的扩散：一场是非之辩》第二版，上海人民出版社，2012年10月第1版，第28页。

以至宁愿和谈接受一个谈判的和平，而不是继续做长期的苦斗[①]。当然，日本的如意算盘很快就在美国高速动员起来的战争机器面前破产了，珊瑚海海战之后，太平洋战争又持续了几年，但日本败局已定，其后的一切不过是绝望之中的苦苦挣扎而已。

克劳塞维茨对于优势问题有过很多论述。直至他所处的那一时代，欧洲各大国在军事实力上的差距并不明显，尤其在武器质量方面更是如此，没有任何国家能够独享一项技术革新，所以，克劳塞维茨才格外强调兵员数量上的优势。他指出："在现代欧洲，甚至最有才华的将领也会发觉很难击败一个兵力两倍于他的对手。当我们看到最伟大统帅的技能可以被战斗兵力的2∶1比例抵消时，我们无法怀疑在一般场合，不管交战规模是大是小，兵员数量方面的重大优势（它不必大于两倍）将足以保证打赢，无论其他境况是多么不利。"所以，"头号的规则应当是，将尽可能最大规模的军队投入战场"[②]。对于当时的欧洲国家，在战略层面获得兵力优势并不容易，这不仅涉及经济资源问题（前工业化经济难以支撑一支大规模的军队），更涉及旧秩序的稳定，因为实行全民皆兵对各国的王朝统治将是极大威胁。因此，所谓兵力优势，更主要的是指"在决定性的点上获得相对优势"，要实现这一点，当然要靠克劳塞维茨所说的"天才"，即杰出的将领。腓特烈大帝在七年战争中就是以总体上绝对劣势的兵力打赢了多个关键性战役。

当然，有限战争与总体战在对优势与胜利的追求上有着显著差异。从18世纪到19世纪（拿破仑战争是个例外），欧洲国家之间进行的都是有限战争，战争无论是在理论上还是在实践中，都是针对某个具体目标，最后以达成某种

● ［英］J.F.C. 富勒：《西洋世界军事史》卷三，广西师范大学出版社，2004年8月第1版，第398—399页。
● ［德］卡尔·克劳塞维茨：《战争论》，商务印书馆，2016年5月第1版，第279页。

平衡而告终。当时的战争之所以有限，除了均势原则①的制约外，同样重要的是，当时欧洲的五大强国——英、法、俄、普、奥——军队的实力差距不大。英国虽然自18世纪开始海军就占有明显优势，在19世纪更是独步天下，但海军在欧洲大陆难以发挥作用。尤其是在联盟战争的背景下，对立双方能够动员的兵员和武器通常势均力敌，所谓的差距无非是谁的财政能力更强大，并因此能够坚持得更久和雇佣更多的兵员，以及谁有更高明的军事指挥官。有限优势只能导致有限胜利。无论是西班牙王位继承战争还是七年战争，都不存在一方获得压倒性胜利的前景。拿破仑战争是一个例外，主要依凭的是政治革命带来的对军队结构和规模的颠覆性改变，而其他国家最终也通过类似的手段战胜了法兰西帝国。

所以，在有限战争时代，战争双方（通常是两个对立的国家集团，但其组合非常灵活）以有限的优势追求有限的胜利。一个很有说服力的现象就是，法国在18世纪与英国的作战中屡屡失败，但法国作为一个重要大国的地位与实力却几乎未受到任何影响，即使在极具破坏性的拿破仑战争之后，法国也依然保有战争之前的疆界，如果不是"百日政变"的插曲，法国的疆界甚至还有所扩大。

19世纪中叶之后，大众政治时代的降临使庞大军队成为可能，工业化令一国政府在发展军备上具备了过去君主完全不具备的条件，他们拥有了前辈所没有的财政收入、技术实力和制造能力。现在，以先进的武器武装一支公民军队不仅有了可能性，而且在民族主义兴起的背景下也成为一件十分紧迫的事，因为国家间的竞争越来越具有生死攸关的性质。19世纪末，国际社会开始进行限制军备的努力，但任何国家都不愿意受到约束，每个国家都想获得压过竞争对

---

❶ 当时大国之间有一个基本的共识——任何国家都不能追求过分的胜利，虽然这条准则常常是针对他国，能够自我约束的国家（君主）并不多，故有节制的胜利通常是他国干预、均势机制发挥作用的结果，如果这一点失灵，一国过分的胜利也是可能的，拿破仑治下的法国就是一个最好的例子。在均势原则的背后，是欧洲国家之间基于血缘、价值观、宗教等方面千丝万缕的联系。

手的军事优势。第一次世界大战的战争目标虽然还远未达到二战时期那种彻底征服和无条件投降的程度，但无论是同盟国还是协约国都是狮子口大开，都想以极大地削弱别国为代价扩张自己的领土，这与18—19世纪的温和与节制形成了鲜明对比。但是，欧洲国家幅员规模、经济实力以及技术水平近似，两大集团总动员的结果依然是僵持局面，最终靠美国这个域外大国决定了战争结局。从表面上看，同盟国在第一次世界大战中彻底失败并屈服于协约国的战后安排，但实际上，这场发生在欧洲大陆的总体战胜败双方几乎都是输家。富勒是这样总结一战结果的："1000年来的旧欧洲被击碎了，各国之间的平衡完全丧失了。三个帝国（德国、沙俄、奥匈）已经成为灰烬……同时，战胜国的情形也好不了多少。法国已经流血过多，精神衰败，变成了一个二等国家。大不列颠在战前是全世界的银行，现在却已经变成了一个负债的国家，而且国际联盟也代替了'不列颠和平'——这是一个幻想来替代现实。美国盲目地投入了战争，现在就由它来偿付战争的开销，也似乎咎由自取。只有并未出力的日本，却是一个真正的胜利者。"[1]

杜黑在一战结束后即对下一场战争做出了预测。他认为："先进的社会组织形式已经使战争带有一种全民特性，即国家全体居民和全部资源都被吸收战争的熔炉中……未来战争在特性和范围上都将是总体的。"[2] 果不其然，第二次世界大战是一场远比一战更加纯粹的总体战。战场空间达到了真正的全球规模，战争持续的时间也更长，尤其重要的是，无论是德国还是日本，其设计的战争目标都是洲际规模的大帝国，而同盟国家则喊出了"无条件投降"的口号。在三巨头会议的公开宣言和秘密协定当中，德国和日本的命运被最终决定，他们受到的惩罚远远超过一战结束时的同盟国。但是，二战之于欧洲国家而言，依然没有胜利者。英国和法国虽然成为安理会常任理事国，但其权势进一步衰

---

❶ [英] J.F.C.富勒：《西洋世界军事史》卷三，广西师范大学出版社，2004年8月第1版，第281页。
❷ [意] 朱里奥·杜黑：《制空权》，解放军出版社，2005年6月第2版，第6页。

落到无论是恢复经济还是谋求安全都必须依赖美国的地步，庞大的殖民帝国更是因为战争而在战后迅速瓦解了。

　　一战和二战的结局说明，在战争双方都倾尽了全部资源的总体战中，一定的军事优势并不是胜利的保证，因为战争考验的是国家和国家集团的总体实力。以二战为例，德国虽然因为备战较早而在开战之初享有一定的军事优势，但未能解决经济动员的种种问题"意味着到 1941 年夏天德国就已输掉了对英美两国的'工厂战争'。正如第一次世界大战已表明的那样，'工厂战争'就长期而言是决定性的"①。不仅军事优势导致不了确定的胜利，就连胜利本身，都很难用传统的标准衡量了。英国和法国作为两次世界大战的战胜国，国力却以不可逆的趋势快速衰落，战争极大地消耗、透支了它们的国力。总体战无情地显露出它难有赢家的一面。

二
优势与胜利无关

　　战争胜败的区别在人们的意识中是根深蒂固的，因为它源于几千年的历史经验。但是，总体战揭示了一个令人沮丧的新现象：军事优势不再像看起来的那样确定了，而是充满了模棱两可的意味，所谓的胜利也只是形式上的或只对个别国家而言，大部分的胜者和败者都在总体战中耗尽了力气从而成为战争的输家。当核武器时代来临时，美国拥有核垄断而核武器的威力又尚未大到难以使用的事实一度使人们认为，原子弹可以缩短战争进程，以更小的代价赢得战争胜利，并且为美国击败苏联提供了可能性。总之，折磨人的总体战的僵局可以由携带原子弹的战略轰炸机迅速打破。

---

❶ ［美］威廉森·默里等编：《缔造战略：统治者、国家与战争》，世界知识出版社，2004 年 5 月第 1 版，第 410 页。

当然，也有人即使在核武器时代之初就认识到了这种新武器的独特之处。珀西·E.科比特指出："更可怕的是战争对战胜者和战败者都是一样的。"[1] 然而，在1946年得出上述结论更显得是预言而非现实。随着苏联拥有了核武器并迅速扩大自己的核武库，特别是氢弹在美苏两国研制成功后，学者们的预言应验了。当核战争不再是美国单方面使用核武器的时候，它就变成了总体战中的总体战，是绝对的、极端的战争。全面的目标需要赢得全面的胜利，而全面胜利是根本无法赢得的。所以，对于美苏两个超级大国而言，核战争变成了一种毫无意义的非理性行为。"军界人士必须接受这样一个事实，那就是除了热核武器大屠杀以外，纯粹的军事上的胜负再也不可能了。"[2] 更多的核武器不仅带不来核战争的胜利，而且对优势和胜利的追求将成为极度危险的事情。

● **首先，相比常规武器丰富多样的用途，如攻城略地、监视封锁、渗透隔离等，核武器是一种典型的只能用于毁灭的"伤害性力量"[3]**

摩根索认为："大当量的核武器是一种不加区别地进行大规模破坏的工具，因此它不能被用于理性的军事目的。威胁使用核武器来彻底毁灭敌国，可以阻遏战争；但是若用它们进行理性的战争则是不可能的。"[4] 以英法为例，虽然两国为研发核武器支付了不菲的代价，但这些核武器并未在国际事务中发挥任何行之有效的作用。在它们面临重大挫折和失败的关头，如苏伊士运河战争、阿尔及利亚独立，核武器没有成为舰队和军队的替代品，因为"你不能用原子弹派出一支登陆部队，戍守一块殖民地或抓住一个恐怖分子，这一点人人都了解"[5]。除非到了危机的最后关头，核武器的毁灭性特性使它的现实作用受到

❶ [美]伯纳德·布罗迪等：《绝对武器》，解放军出版社，2005年1月第1版，第117页。
❷ [美]亨利·基辛格：《核武器与对外政策》，世界知识出版社，1959年10月第1版，第214页。
❸ [美]托马斯·谢林：《军备及影响》，上海人民出版社，2011年1月第1版，前言第1页。
❹ [美]汉斯·摩根索：《国家间政治：权力斗争与和平》，北京大学出版社，2006年11月第1版，第160页。
❺ [美]麦乔治·邦迪：《美国核战略》，世界知识出版社，1991年7月第1版，第674页。

严格限制。

核武器作为只能毁灭而无法用于建设性目的的军事手段，只要战争双方都无法拥有第一次打击能力但同时又都有可靠的二次打击能力[①]，那么其当量大小和数量多寡所带来的后果就不是实质性的了，因为谁也不敢轻举妄动。

所谓"第一次核打击"，指的是用突然袭击的方式解除敌人核武装的潜在能力。它必须悄悄策划，秘密执行，不能让对手有任何察觉；它使用的武器从未经过实战检验，必须在极短的时间内全部或大部分消灭对手以各种方式部署的核武器，同时利用同样未经过实战的防卫手段拦截对手的报复性还击；从理论上看，它是人类有史以来最具毁灭性和决定性的军事行动，是第一次也是唯一的行动，属于真正意义上的"毕其功于一役"；它对成功的要求是百分之百，否则就会招来灭顶之灾。美苏两国在进行了几十年的军备竞赛和拥有了数万枚各种高质量的核武器后发现，彼此都无法拥有第一次核打击能力。所以，两个核国家之间核力量即使存在一定的差距，也不会增加突然进攻的危险，因为进攻方不可能把一次进攻进行得如此彻底、突然和绝对，以至于对手毫无还手之力，对手保留下来的核力量仍然能够进行使攻方难以承受的报复。这一能力就是所谓的"二次核打击能力"。不仅是核大国之间无法实现第一次核打击，即使面对中等有核国家，美苏同样也没有实现第一次核打击的把握。所以，核国家之间核武器一定的数量优势与所谓的战略优势之间并无必然联系。

从二次核打击能力的角度看，在毁灭性的核战争中，交战双方毁灭程度的差异并没有特别重要的意义。尽管冷战高峰时期美苏各自都囤积了超过3万枚的核弹头，但是华尔兹认为，"数量并不是很重要。要获得第二次打击力量，一国无须拥有大量武器。少量武器就足以克敌制胜"。麦克纳马拉也认为二次

● 第一次打击能力和第二次打击能力是美国兰德公司在20世纪50年代提出的概念，第一次打击不仅仅是指打响一场核战争的首次袭击，而且袭击的目标是敌人的核力量，意在使其无法报复。第二次打击的力量是指即使在承受了敌人第一次打击后仍能确保进行有效报复的能力。第一次打击需要对付敌人的军事力量，而第二次打击只要能打击敌人的社会财富就可以了。［英］劳伦斯·弗里德曼：《核战略的演变》，中国社会科学出版社，1990年10月第1版，第158—159页。

打击能力所需的核武器数量并不多，他在 1985 年曾写到，2000 枚弹头足以使美国与苏联和谐共处，而当时两国共拥有 50000 枚弹头；1992 年春，在加州大学伯克利分校的演讲中，麦克纳马拉将美国所需的数字降至 600 枚。曾任劳伦斯·利弗莫尔国家实验室主任的赫伯特·约克在该实验室演讲时曾推测，100 枚战略弹头大约是合适的数量[1]。总的来看，二次核打击能力是一个定性而非定量的概念，对于任何一个国家领导人来说，可以用自己 1 座城市的毁灭换来对手 10 座城市的毁灭绝对不是挑起核战争的理由。

● 其次，核打击的效果呈边际效益递减的趋势

对一个目标用太大的核武器会因超出必需而变成"超杀"，所以，核武器并不是威力越大毁灭力就越大。在肯尼迪总统执政的第一年，美国核武库中的总爆炸当量大幅减少。战略空军由过去在每架飞机上安放 1 枚 1500 到 2000 万吨当量的炸弹改为放置 4 枚每个约为 100 万当量的炸弹。这样每架飞机就可以打击相当于 4 倍的目标，还可以避免一次巨大爆炸在军事上造成的不必要的过度杀伤。这种巨大爆炸对莫斯科以外的任何目标来说都属于"超杀"。最终，战略空军核武库的总爆炸当量几乎削减了一半，减少到 940000 万吨级，总的摧毁能力却成倍地增长[2]。

另外，一个国家适合核打击的目标也不是无限的，到一定程度之后，就难以再找到适合的目标了，比如用核武器去攻击人口和经济资源极度分散的乡村几乎就收不到什么效果。20 世纪 60 年代初，毁灭苏联人口 20% 及其工业能力 50% 被说成是"无法接受的破坏水平"。事实上，20% 和 50% 并不像人们通常认为的那样是经过实际计算得出的精确数字，而是因为超过了这个数字之后，再增加核武器数量打击效果已不明显。苏联的社会只集中在若干有限的大目标

❶ [美] 斯科特·萨根肯尼思·华尔兹：《核武器的扩散：一场是非之辩》（第二版），上海人民出版社，2012 年 10 月第 1 版，第 124 页。
❷ [美] 麦乔治·邦迪：《美国核战略》，世界知识出版社，1991 年 7 月第 1 版，第 482 页。

中，如果把美国的一百万吨级核弹头翻一番，从 400 个增加到 800 个，只能再多毁灭苏联人口的 9% 和工业的 1%[1]。所以，核武器的数量（当量）显然不是越多越好，数量上的优势很难在军事上和政治上产生显著影响。摩根索曾尖刻地指出："只有无知之辈才不懂得常规武器与核武器之间的区别，因而也才会对超出军事最适度之外所拥有的核武器赋予重大的军事或政治意义。"[2] 而邦迪则认为："在计算核弹头时，主要的数量级——10 倍——是重要的。从 10 到 100 到 1000 到 10000 之间的差别是关键的，从 150 到 200 之间的差别是无关紧要的。从这个角度讲，原子武器不同于装甲师和装甲舰。"[3]

核武器无法防御从另一个方向否定了数量优势的意义，因为无论一国可以给对手造成怎样的伤害，都无法抵消自己所受到的巨大损失。如果一个国家在核战争中丧失了大量的人口和城市，赢得战争又有什么意义？强大不再是强者免受战争摧残的保护伞。

核武器不仅数量没那么重要，其质量水平也是如此。常规武器主要是平台之间的较量，如飞机对飞机、坦克对坦克、军舰对军舰，所谓打赢战争首先就意味着消灭对手的平台，这就要求己方的平台要拥有对对手的数量和质量，尤其是质量优势。1906 年，英国的"无畏"号战列舰凭借其主炮射程和威力的增加使其他军舰立即过时了。所以，德国迅速修改造舰计划，宣布之后新造军舰全部是"无畏"级的。而核国家之间发生核战争，作战行动不是在平台之间展开，双方核武器打击的对象是彼此的城市目标或洲际导弹，无论是城市还是导弹，都不具备对抗能力。所以，一方的导弹并不会因为对方导弹的改进而失去效力。时至今日，美俄都保有大量冷战时期部署的核武器，对核武器进行延寿处理是有核国家的普遍做法。冷战时期，美国一直致力于在核武器的质量上领先苏联，但其技术优势对美苏战略稳定几乎没有影响。

---

❶ ［英］劳伦斯·弗里德曼：《核战略的演变》，中国社会科学出版社，1990 年 10 月第 1 版，第 289 页。
❷ ［美］汉斯·摩根索：《国家间政治：权力斗争与和平》，北京大学出版社，2006 年 11 月第 1 版，第 452 页。
❸ ［美］麦乔治·邦迪：《美国核战略》，世界知识出版社，1991 年 7 月第 1 版，第 281 页。

同样，中国早期的核武器虽然质量明显落后于核大国，但其核威慑与核反击能力也未因此受到任何质疑。

总之，在核武器时代，传统的、靠军备数量和质量领先求得安全、赢得胜利已经过时。在美国尚垄断核武器的1945年10月，奥本海默就对美国参议院陈述：在今后几乎肯定要发生的军备竞赛中，美国的成败都不重要。一个国家不一定非得制造出更多、更大、威力更强的炸弹。但只要它决定独立实施自己的原子弹研制计划，无须几枚原子弹就可将包括美国在内的任何国家淘汰出局[1]。这与当时举国沾沾自喜、一派乐观的气氛形成了鲜明对比。摩根索也表达了类似的看法："与常规武器不同的是，核武器数量上的增长并不必然表明国家权力的相应增长。一旦一个国家拥有了全部必需的核武器，足以摧毁它选中的所有敌方目标，并考虑了所有可能发生的偶然情况，如敌人的首先攻击，那么额外的核武器就不会增加那个国家的权力。"[2]上述观点直接挑战了决定性胜利的理念。到20世纪50年代中期，学者们在谈到核战争时已经习惯于给"打赢"一词加上引号。

但是，传统思维的惯性是巨大的，"核战争必然以僵局而告终或以交战国的同归于尽而告终的观点，是那些声称筹划胜战的人们所不能接受的"[3]。在疯狂的军备竞赛使核武器数量达到了一个令人瞠目的程度之后，美国的政界和军方才不情愿地接受了这一结论：核武器的一定优势并无意义，核战争没有赢家。在美国参议院1979年举行的关于第二阶段限制战略武器会谈的听证会上，参议员詹姆斯·埃克森提出质询：经过全面的核战争两个超级大国还能留下什么？战略空军司令理查德·埃利斯将军对此作出了权威性的答复："那将是一场惨绝人寰的悲剧，我认为人类根本想象不出它的规模……简直无法区分……

❶ [美]伯纳德·布罗迪等：《绝对武器》，解放军出版社，2005年1月第1版，第145页。
❷❸[美]汉斯·摩根索：《国家间政治：权力斗争与和平》，北京大学出版社，2006年11月第1版，第160页，第455页。

究竟谁是胜利者，谁是失败者。"① 就这样，到 20 世纪 70 年代末，先发制人以夺取胜利的幻梦在美国寿终正寝了。

苏联的军界和政界精英同样也认识到了这一点。苏军少将赖伊·西蒙尼扬所说的话同美国国内许多人的言论相差无几："尽管战略核力量具有重要的地位，但是当双方拥有的武器都能够反复多次消灭地球上所有生命时，无论是增加新武器还是加强武器的破坏力都不可能在军事上得到很大的好处——在政治上得到的好处就更少了。"②

摩根索认为："国际政治像一切政治一样，是追逐权力的斗争。无论国际政治的终极目标是什么，权力总是它的直接目标。"③ 但是在核领域，国家却无法追求优势与胜利，甚至追求本身也会带来极大的危险。20 世纪 50 年代以来，美、苏两国领导人都认识到，超级大国之间的核战争将是一场共同的灾难。既然如此，对于核大国而言，剩下的选项一目了然，那就是接受确保相互摧毁的局面，通过核军控控制核武器的发展，并在此基础上维护彼此间的战略稳定。

三
确保摧毁与核军控是核大国的必然选择④

军备竞赛几乎是核军备竞赛的同义词。进入工业化时代后，国际关系的紧张虽然也曾导致大国竞相发展某种武器，如一战前夕的英德海军竞赛，但是，这些所谓的竞赛都是局部的、短时间的，通常是战争准备的一部分。核军备竞赛却成为战后两个超级大国关系的主旋律，是冷战时代军事对抗的主要体现。

❶ ［美］麦乔治·邦迪：《美国核战略》，世界知识出版社，1991 年 7 月第 1 版，第 734 页。
❷ ［英］劳伦斯·弗里德曼：《核战略的演变》，中国社会科学出版社，1990 年 10 月第 1 版，第 428 页。
❸ ［美］汉斯·摩根索：《国家间政治：权力斗争与和平》，北京大学出版社，2006 年 11 月第 1 版，第 155 页。
❹ ［德］卡尔·克劳塞维茨：《战争论》，商务印书馆，2016 年 5 月第 1 版，第 511 页。

　　为什么军备竞赛在战后世界里占据了如此重要的地位？这既取决于核战争与核武器的特殊性，也与两级对抗的国际政治格局有关。一是人们普遍认定，核战争将会突然爆发并在极短时间内造成大规模的破坏，因此"决定战争胜负的唯一因素是双方现有兵力的对比"①。这样一来，工业基础和战争潜力变得不重要了，国家在和平时期就必须囤积足够的核武器。二是核武器的巨大威力使一国有可能无须对外发动战争、扩张领土，而仅靠在自己领土内扩张核武库就能改变势力均衡，所以形成了军备竞赛而不是战争。三是战后的大国关系既前所未有地高度对抗，同时使用武力也从未受到如此之严格的抑制，但是，"使用武力的各种害处并没有终止我们与苏联之间的革命性竞争；它们把这种竞争变成了军备竞赛"②。核军备竞赛的结果必然是毁灭性武器的迅速积累，导致对抗双方出现相互确保摧毁的局面。

　　1952 年，在苏联热核爆炸还没有发生、美国拥有压倒性优势的情况下，以奥本海默为首的顾问小组就向国务卿艾奇逊提交了一份令人悲观的报告，题为"军备和美国政策"。奥本海默小组的报告严峻地描写了其成员所预料的核世界：双方非常迅速地扩大储备，发展到双方都拥有成千上万件核装置，而任何一方都不可能希望占据任何可使用的优势。报告指出："任何理智的预测必须假定，在我们这个时代，苏联的原子武器可能以五位数计算。"在这种形势下，每个超级大国都能给对方造成巨大的毁坏，但是得"冒遭到同样可怕打击的巨大危险"③。此后，美国战略研究人员也提出了"恐怖平衡"即将到来的预言。基于苏联的报复和实力，无人怀疑这一前景。

　　杜勒斯在 1954 年 11 月 7 日提出一份重要文件，对美国的安全政策作了全面评估。其中指出："国家目标不可能通过全面战争来实现，即使赢得军事上

---

❶ ［美］伯纳德·布罗迪：《导弹时代的战略》，军事科学院外军研究部译，内部参考资料，第 385 页。

❷ ［美］亨利·基辛格：《核武器与对外政策》，世界知识出版社，1959 年 10 月第 1 版，第 191 页。

❸ ［美］麦乔治·邦迪：《美国核战略》，世界知识出版社，1991 年 7 月第 1 版，第 393 页。

的胜利。对全面战争的相互威慑局面将出现。"①

到 1956 年时，美国政府已经接受了"恐怖平衡"的观点。当年 8 月，空军部长唐纳德·夸尔斯提出"充足的实力"论。他认为，战争已变成了难以想象的灾难。在战争中，哪一方都不能凭借飞机或其他方面的些微优势而逃脱战争的浩劫。"充足的实力"是指保有实行基本的报复任务所需要的军事力量，美国的军事力量已经达到这个水准。只有出现技术上的意外突破，例如防空技术上的突破，"充分的实力"所要求的军力水平才会发生变化②。

核僵局的本质是两个最大的核国家由于都能迫使对方为胜利付出过高的代价，因而都不敢发动全面战争，这一恐怖平衡使西方将核武器作为全面威慑手段的效用受到了威胁。到 20 世纪 60 年代，麦克纳马拉正式提出确保摧毁的概念。原先的提法是确保报复（过于温和），使用确保摧毁这个颇为刺激的提法，是为了指出一种在核时代各方无法逃避的悲惨结局③。在 1968 年离职时的演说中，麦克纳马拉对确保摧毁下了如下定义："我们战略政策的基石依然是制止对美国或其盟国的蓄意核攻击。我们实现这一目的的手段是维持一种高度可靠的能力，在战略核交锋过程中的任何时候给某一侵略者或两个以上侵略者无法忍受的打击，即使受到突然的第一次打击之后，也不例外。这就是我们确保摧毁能力的定义。"④

● 确保摧毁的内涵远比其乍看起来更丰富。接受了这一概念，首先意味着接受了"核战争没有赢家"的结论，从而否定了在核时代追求核武器的优势、谋求打赢核战争的意义和可能性

艾森豪威尔在 1956 年 8 月 23 日的共和党全国代表大会上断言："我们现

❶ 石斌：《20 世纪 50 年代美国政府关于核报复战略的内部争论》，《史学月刊》，2004 年第 11 期，第 90 页。
❷ ［英］劳伦斯·弗里德曼：《核战略的演变》，中国社会科学出版社，1990 年 10 月第 1 版，第 183 页。
❸ ［美］亨利·基辛格：《核武器与对外政策》，世界知识出版社，1959 年 10 月第 1 版，第 287 页。
❹ ［美］麦乔治·邦迪：《美国核战略》，世界知识出版社，1991 年 7 月第 1 版，第 729 页。

在正处在热核炸弹的时代，这种炸弹能夷平城市，飞越大洲。有了这样的武器，战争已成为不但是悲剧性的而且是极端荒谬的事情。有了这样的武器，谁也不能取得胜利。"①恩索文和史密斯则指出："美国所拥有的这种'核优势'毫无意义，因为我们不知道怎样利用它来实现我们的国家安全目标。换句话说，由于苏联拥有确保摧毁美国的能力，美国核力量的'优势'极难转化成真正的政治力量。不可回避的事实确实是，苏联在承受美国第一次核打击的全部破坏之后，仍然能够有效地摧毁美国。反之，美国也有能力在同样的条件下摧毁苏联。"②当然核武器多了，可以给对方造成各种不同程度的损害，但是对一位国家领导人来说，1000万人的伤亡同1亿人丧生又有什么区别呢？

● **其次，相互确保摧毁也意味着在核战争中用报复替代防御更能杜绝核战争，因为你若想活，那就也得让别人活，相互确保摧毁的最终目的是相互确保生存**

布罗迪在1954年就提出，假设敌对双方都有执行第一次打击的能力，好战就会变得很有意义。正如美国西部神枪手决斗时那样，先动手的一方会干净利落地获胜。然而，万一双方都没有一招制胜的能力，那么先扣动扳机就等于自杀，克制才是谨慎的做法③。麦克纳马拉则认为，"确保摧毁是整个威慑概念的核心。我们必须拥有切实的确保摧毁能力，这种能力必须是可以信赖的。如果美国想制止对本国或其盟友的核攻击，它就必须拥有切实可靠的确保摧毁能力"④。也就是说，确保摧毁要达到的是慑止对手不敢发动核战争的目的。

❶ [美] 德怀特·D.艾森豪威尔：《艾森豪威尔回忆录——白宫岁月》（下），三联出版社，1977年7月第1版，第17页。
❷ [英] 劳伦斯·弗里德曼：《核战略的演变》，中国社会科学出版社，1990年10月第1版，第420—421页。
❸ [英] 劳伦斯·弗里德曼：《战略：一部历史》（上），社会科学文献出版社，2016年11月第1版，第221页。
❹ [美] 麦乔治·邦迪：《美国核战略》，世界知识出版社，1991年7月第1版，第729页。

● 最后，相互确保摧毁也为核力量的合理规模确定了限度

"只要弹头的数量并不影响相互确保摧毁原则，用以相互摧毁的手段的数量和质量就是无关紧要的……相互完全摧毁的能力……并不依赖于数量上和性能上的平等，而仅仅依赖于不管敌人可能拥有的核武器的质量和数量怎样都能将其摧毁的能力。"[1] 那么，"究竟多少才算足够"呢？按照"确保摧毁"的要求，它应该是即使遭到苏联最为猛烈的第一次打击也足以幸存的第二次打击力量标准。事实上还有另外一个思路，即当数以千计的重要的目标被击中后，其余弹头的价值将受到边际效益递减的影响。不管哪一种思路，核力量规模都不是越大越好。至 1962 年，美国已经形成了三位一体的核力量结构，由 1000 枚民兵导弹、656 枚北极星潜艇发射的导弹和约 500 架轰炸机组成[2]。在 1965—1966 年期间，有迹象表明苏联在大力建设导弹基地，但麦克纳马拉对此十分淡定，他坚信，导弹数量的多少并不能说明什么问题，关键在于能否确保摧毁对方[3]。

虽然苏联起初并不接受相互确保摧毁，但是双方在 20 世纪 70 年代能够就战略核武器的上限达成协定，就足以明了美苏均已放弃在核领域追求单边优势的企图。从实际情况看，美苏核武库规模在 20 世纪 60 年代末达到了巅峰之后，直至苏联解体基本没有变化，技术水平的进步也远没有 20 世纪 50 年代人们认为的那样迅速和具有根本意义。事实上，通过长期的理论争论和实践认识，越来越多的人了解到了核武器与核战争的特殊性，传统思维的惯性在核时代的现实面前逐渐瓦解。1985 年，美国里根总统与苏联戈尔巴乔夫总书记在联合声明

❶ [美] 汉斯·摩根索:《国家间政治: 权力斗争与和平》, 北京大学出版社, 2006 年 11 月第 1 版, 第 451 页。
❷ [美] 麦乔治·邦迪:《美国核战略》, 世界知识出版社, 1991 年 7 月第 1 版, 第 481 页。
❸ [英] 劳伦斯·弗里德曼:《核战略的演变》, 中国社会科学出版社, 1990 年 10 月第 1 版, 第 401 页。

中明确宣布：核战争是打不赢的[1]。

从相互确保摧毁的概念中必然要得出要进行军备控制的结论。军控是一种通过增加军事稳定来巩固国际和平的努力。从历史上看，它在核领域取得了有限的成功而在常规武器方面完全失败。根本原因在于，常规武器的数量和配置对军事权力的分配有直接影响。由于有关国家要竞争军事优势，所以，一项管制常规武器的协议就意味着竞争的结束和军事权力现状的冻结。但是，军事竞争的终结更依赖于对政治问题的解决而非仅仅是"缴械"，即剥夺彼此的竞争手段。而"核武器的管制之所以至少在理论上是可能的，是因为主要核大国有能力达到确保摧毁的最适度，超越这个最适度是不理智的。这个最适度可以界定为摧毁未来敌人的军事设施、工业和人口中心所需要的核弹头的可用数量和坚固的发射系统的可用数量。一个具有这种能力的国家在威慑和实际从事核战争的意义上便已达到了其最大的军事潜力。获得额外的弹头和发射装置是浪费，因为这样做一点也不会增加它的军事权力"[2]。

美苏从20世纪70年代开始进行军控谈判并不是偶然的，这是因为双方都认识到了稳定核武器数量的必要性，并最终在事实上接受了确保摧毁这样看起来很残酷但对彼此来说更安全、更有利的结果。现在看来，"如果没有国家确信能发起进攻并一举解除对方的武装，那么武装力量间的实力对比就是无足轻重的。威慑战略具备如此巨大的优点：在很大的区间范围内，任何一方都无须对另一方增强军事力量的举动做出回应"[3]。既然彼此都能摧毁，既然谁也无法改变这一局面，那么放任军备竞赛就是无益的也是危险的。以往支配国家间军备竞赛的逻辑因为核武器的特殊性而改变了。而且，经过20世纪60年代的高速扩张，美苏核武库都达到了"超杀"水平，进一步增加核力量只会造成不

❶ 胡思德、刘成安编著：《核技术的军事应用——核武器》，上海交通大学出版社，2016年3月第1版，第175页。
❷ [美]汉斯·摩根索：《国家间政治：权力斗争与和平》，北京大学出版社，2006年11月第1版，第448页。
❸ [美]斯科特·萨根肯尼思·华尔兹：《核武器的扩散：一场是非之辩》（第二版），上海人民出版社，2012年10月第1版，第22页。

必要的经济负担。

美苏进行战略武器会谈的建议在 1967 年首次提出，会谈于 1969 年 11 月开始举行。1972 年 5 月 26 日签署的《关于限制进攻性战略武器的某些措施的临时协定》（SALT-Ⅰ）冻结了双方核武器的数量。同时签署的《关于限制反弹道导弹系统条约》则规定对双方反导系统的部署进行限制（后来双方都没有达到条约规定的规模）。1979 年 6 月 18 日，两国又签署了《关于限制战略性进攻武器条约》（SALT-Ⅱ）（条约未获批准）。

20 世纪 80 年代中期之后美苏关系的缓和以及戈尔巴乔夫的新思维为美苏削减而不是限制核武器提供了契机。1987 年 12 月 8 日，美苏签署《苏联和美国消除两国中程和中短程导弹条约》（中导条约），从而使中导作为一个武器类别从美苏的核武库中消失了。

冷战结束后，美俄核军控从重在规定战略核武器限额转为削减战略核武器数量（包括弹头和运载工具）。两国先后签署了《第一阶段削减战略武器条约》《第二阶段削减战略武器条约》《美俄削减进攻性战略武器条约》以及新的《削减和限制进攻性战略武器条约》，核武库比起冷战高峰时刻已经减少了 80% 以上。有的军控条约虽然没有被批准或美国中途退出，但并未引发美苏（俄）之间的所谓核军备竞赛。这说明，无论是美国还是苏联，抑或是今天的俄罗斯，都已经彻底放弃了对所谓核优势的追求。

第五章

防御是

危险的 ①

❶ 1964 年，曾任美国政府国防顾问的两位著名科学家杰罗姆·威斯纳和赫伯特·约克首次正式提出"防御是危险的"这一论断。

［英］劳伦斯·弗里德曼：《核战略的演变》，中国社会科学出版社，1990 年 10 月第 1 版，第 294 页。

依靠防御这个长期以来的"规则"，在核战争中已成为一个自我欺骗，一个最显示人性并可以被理解的自我欺骗，一个固执地无视新现实的自我欺骗[1]。

————威廉·J.佩里————

在核武器世界中，防御仿佛就是进攻。星球大战计划原应被称作战略进攻倡议。有盾才使矛大显身手[2]。

————肯尼思·华尔兹————

❶［美］威廉·J.佩里：《我在核战争边缘的历程》，中信出版社，2016年11月第1版，第110页。
❷［美］斯科特·萨根肯、尼思·华尔兹：《核武器的扩散：一场是非之辩》（第二版），上海人民出版社，2012年10月第1版，第128页。

防御既是一种作战行动，也可以单纯指一种武器的功能。防御性的作战并不排除使用进攻性武器，也不排除局部的进攻性行动，所谓"防御"，更多是从后发（不打第一枪）和维持现状的战争目标来界定的。我国积极防御的军事战略即是如此。而防御性武器或设施则指用于化解进攻的特定武器装备或工程建筑，比如防空导弹、反导系统、人防工程等，但它们与进攻性的作战行动是兼容的，一个国家完全可以而且也必须在采取进攻性作战行动的同时使用防御性武器或行动保护自己，如攻击能力强大的航母编队要以强大的防空能力作为生存和作战的前提条件。由此可以看出，防御本身是一个相对的概念，防御与进攻不仅不矛盾，而且可以相互促进。但是在核时代，就核战争而言，防御的地位和作用发生了变化，防御不仅不可行，而且还会产生危险的后果，相比之下，进攻性武器和核报复更可能带来稳定和安全。

—

"战争的防御形态依本性强于进攻形态"[1]

在18世纪，欧洲国家之间的作战都以防御为主，偶尔采取进攻也极其慎重。由于部队调动困难，无法绕过对方的防御阵地，同时又由于当时火炮打击距离近、火力不足，因而正面攻击处于明显不利的地位。英国作家笛福写道："现

---

[1]［德］卡尔·克劳塞维茨：《战争论》，商务印书馆，2016年5月第1版，第511页。

在各有 5 万人的交战双方常在能见到的距离内相对峙，在整个战役期间彼此回避，或用当时雅致一些的话来说，彼此观察，最后拔营回去过冬。"军事上的限制加上王朝战争的政治特性决定了当时各国"指挥官勇敢者少，谨慎者多，因而偏重于防御战的趋向便得以发展。而且他们的政府也常常要求他们实行防御战"①。

当然，在防御占主导的氛围当中，也有善于进攻、喜欢搞突然袭击的，普鲁士的腓特烈大帝就是典型代表。在腓特烈的带领下，纪律良好、进攻意识强、具有新战略思想的普鲁士军队在某种程度上突破了 18 世纪的防御性战法。无论是奥地利王位继承战争，还是七年战争，腓特烈都采取了先发制人的进攻性作战行动。当时，所谓"进攻"或"防御"主要体现在谁先挑起会战上，是就作战层面而言的。至于武器本身，并不存在是进攻的还是防御的分类，火枪与火炮在防御性作战和进攻性作战中的使用方式没有区别。

总之，在 18 世纪，"战争要进行得尽量符合节约；要采取谨慎和防御为宜，而不要靠大胆和进攻。保存兵力是首要的目的，其次才是战果"②。

克劳塞维茨很重视防御。尽管利德尔·哈特批评克劳塞维茨（或者至少他的追随者）所固守的决战至上理念，认为一战西线战场上徒劳的大规模攻势和令人发指的流血场面都是克劳塞维茨这个"邪恶的军事思想天才"惹的祸，因为后者认为战斗的唯一宗旨就是通过正面进攻打垮地方部队③。事实上，克劳塞维茨并未轻视或贬低防御，他认为，"与进攻者相比，防御者更能指望外界的援助；他的生存对其余国家越重要——也就是说他的政治军事状况越健全越有力——就越肯定他能帮助它们"④。这一点，在均势理念盛行的近代欧洲得到了证实。发动战争的强者，无论是路易十四还是拿破仑，都遭遇了联合起来的欧洲的抵制。克劳塞维茨也认为，在防御的过程中可以改变实力对比，因此，

❶ [英] J.S. 布朗伯利编：《新编剑桥世界近代史》6，中国社会科学出版社，2008 年 8 月第 1 版，第 1015—1016 页。
❷ [英] J.O. 林赛编：《新编剑桥世界近代史》7，中国社会科学出版社，1999 年 1 月第 1 版，第 212 页。
❸ [英] 劳伦斯·弗里德曼：《战略：一部历史》（上），社会科学文献出版社，2016 年 11 月第 1 版，第 177 页。
❹ [德] 卡尔·克劳塞维茨：《战争论》，商务印书馆，2016 年 5 月第 1 版，第 535 页。

"防御的目的必须体现等待这个观念——等待毕竟是它的主要特征。不仅如此，这个观念蕴含一个意思：形势能够演化，它本身可以改善，也就是说倘若改善无法从内部实现——即通过单纯的抵抗——那么它只能出自外部；出自外部的改善意味着政治形势的一种变化。要么追加的盟友前来帮助防御者，要么敌人的盟友开始遗弃他"[1]。

法国大革命改变了18世纪那种以防御为主的作战方式，拿破仑的霸业就是建立在进攻基础上的。这一转变与其说是技术带来的，不如说是由政治因素导致。相比其前辈，拿破仑"拥有一支由征来的兵组成的并受全国人民拥护的军队……指挥官可以在战斗中更无情地运用这支军队，因为他可以得到不断的补充"[2]。以往制约进攻的一个重要因素——兵员的拮据问题得到了解决。

自拿破仑时代开始，军事原则就充斥了"进攻精神"。枪炮技术的改进、铁路的运用似乎使进攻作战占了上风，各国追求的更加积极的战争目标也使得进攻作战变得必不可少。普鲁士在统一过程中的三次进攻性作战的胜利从实践角度证实了进攻的优越。到一战前夕和一战期间，各国对进攻的崇尚达到顶点，这不仅因为进攻更能体现一个民族积极向上的精神面貌，而且人们也认为工业化时代的武器和各种技术进步有利于进攻，战争将速战速决。法国政府在1913年10月颁布的新《野战条例》一开头就这样写道："法国陆军，现已恢复其传统，自今而后，除进攻外，不知其他律令。"[3]

但是，第一次世界大战的进程表明，"火器的新发展对防御一方比对进攻一方要有利得多"[4]。杜黑正确地分析道："在那场持久的冲突中，发动进攻而没有适当的兵器。这些进攻浪费了大量时间、金钱和人力，结果或是完全失败，或是只取得部分成功……假定在那场战争中，军队装备的仍然是前膛枪，可以肯定既不会出现钢筋混凝土堑壕，也不会有带刺铁丝网障碍物；战争可能几个

---

❶ ［德］卡尔·克劳塞维茨：《战争论》，商务印书馆，2016年5月第1版，第885页。
❷ ［美］伯纳德·布罗迪：《导弹时代的战略》，军事科学院外军研究部译，内部参考资料，第32页。
❸ ［美］巴巴拉·W.塔奇曼：《八月炮火》，上海三联书店，2018年8月第1版，第41页。
❹ ［意］朱里奥·杜黑：《制空权》，解放军出版社，2005年6月第2版，第11页。

月便见分晓。然而，我们看到的却是有威力的进攻武器与更有威力的防御堡垒的持久对抗。"①这种持久战有利于协约国，它们凭借制海权得以有时间获得新盟国、新军队（主要是美国）。但是，持久战也完全拖垮了欧洲大陆主要强国。

飞机在一战当中一出现，即被各方认定为一种专门用于进攻的武器。杜黑在《空权论》里大肆吹捧飞机的作用。他认为："新武器改变了局势，扩大了进攻的优势，同时缩小了（即使不是取消）防御的优势，并且剥夺了那些对突然爆发战争没有做好充分准备的人的准备时间。"②"空中进攻的打击力和规模，无论从物质上或精神上来考虑，要比已知的其他任何一种进攻都更有效得多……这种空中进攻不但能切断敌陆海军与其他作战基地的联系，还能对敌国内地进行毁灭性的轰炸，使其人民物质和精神的抵抗趋于崩溃。"③在二战当中，盟军正是按照杜黑的思路对德国进行了战略轰炸，但并没有收到杜黑预期的效果。德国也把飞机当作进攻的利器，但主要不是用于战略轰炸，而是与地面的坦克配合形成"闪击战"的作战模式，在战争初期取得了重大胜利。虽然后来的空战实践证明，飞机不仅可以用于进攻，同样也可以用于防御，但正是在对付飞机进攻的过程中，诞生了真正意义上防御武器，即高炮、雷达，加之同样可以用于空中拦截的飞机，这三者构成了独立的防御作战——防空。

回顾战争历史可以看出，在早期的接触性作战中，对武器是无法做进攻与防御区分的，所谓"防御"，实际上只是作战当中的防护而已，比如军舰上的装甲，陆战中的堑壕、铁丝网。那些专门用来防御的武器是随着飞机的出现而出现的，在这种非接触作战中，发展出了专门针对攻击行动的防御装备，从高炮到 20 世纪 50 年代之后的防空导弹。弹道导弹的出现又催生了反导系统。与专门用于防御的武器发展相适应，防空、反导一类独立的防御作战也诞生了。但是此种防御，仅仅是战术层面的，完全不同于战略层面的防御战，它们不仅与进攻战兼容，而且可以从根本上有利于进攻。

从冷战后美军的战争实践看，在精确作战、非接触作战、非线性作战的时

❶❷❸ [意] 朱里奥·杜黑：《制空权》，解放军出版社，2005 年 6 月第 2 版，第 14 页，第 16 页，第 27 页。

代里，防御性武器已经与进攻性武器难解难分地融合在一起了。以美军的航母编队为例，它实现防空导弹、反导拦截弹这些所谓的防御武器与反舰、反潜、制空、对地攻击等进攻性武器的高度整合，彼此不仅共享一套预警侦察指挥控制系统，而且还使用单一一种发射装置（MK-41垂直发射装置），是真正意义上的攻防兼备，但最终的目的在于攻而不在于防，防御是为了更好地进攻。美国在保持了世界最大规模核武库的同时，还构建了陆基中段反导系统，这一系统虽然名义上是防御性武器，但是与美国强大的核进攻能力结合在一起，就可以发挥"助纣为虐"的作用。所以，"武器在本质上无所谓进攻性还是防御性，它们之所以有进攻性和防御性之分，取决于它们所服务的目标"①。

二
核防御是危险的

20世纪，两次世界大战的惨重后果让进攻失去了昔日的光环，战争本身成为人们谴责、批评和千方百计要避免的对象，在饱受战争摧残的欧洲，这一点更加明显。与此相关，国际法开始限制国家的战争权，从1919年的《国联盟约》到1928年的《非战公约》再到1945年的《联合国宪章》，战争已经从主权国家合法的政策选项变成除非自卫（或集体安全）否则被禁止的行为，主动发动战争者在舆论和道义上面临极为不利的局面。

在这一大的时代背景下，防御被罩上了合法外衣，防御性武器和作战比起进攻性武器和作战具有了神圣和正义的色彩。能够减少千百万人的伤亡的武器和作战难道不是在战争无法避免的情况下最大的善吗？对核打击的后果进行被动防护，如修建庇护所，难道不是在核时代减轻核战争灾难的明智选择吗？

对于常规战争而言也许的确如此，但是核武器恰恰就是一种颠覆了传统军事信条的绝对武器、特殊武器，表现在防御问题上，那就是防御是危险的。

● [美] 汉斯·摩根索：《国家间政治：权力斗争与和平》，北京大学出版社，2006年11月第1版，第446页。

关于核武器无法防御前面已经反复谈到。无论是核武器的航空时代还是导弹时代，防御核袭击都是不可能的，前者主要的问题是少量甚至个别的漏网之鱼就足以造成巨大损失，而任何防空系统都做不到 100% 的拦截率，后者的问题在于弹道导弹飞行速度快、时间短，有效拦截的难度太大，即使能够拦截少部分导弹，对于减轻总体损失也无济于事。

问题是，大力建设立足于积极防御的反导系统或消极防御的民防系统远不只浪费钱财、挑战不可能那么简单，它们还是十分危险的行动，会破坏核国家之间的相互信任、刺激突然袭击、诱发军备竞赛，甚至令人产生核战争可以承受的幻觉。

● 首先，核大国之间战略稳定的基础是相互确保摧毁，正因为彼此都有在任何情况下毁灭对方的能力，所以发动核战争就变得难以想象了

一方大力建设防御系统和各种民防设施，哪怕是基于防御的目的，也会令对方怀疑其准备进行第一次核打击或在认真准备核战争，从而破坏双方的信任。在高度对抗的背景下，美、苏两国对任何可以导致对方占据哪怕是暂时的战略优势的事态都十分敏感，而且倾向于从最坏处猜测对手，立足最严重情况预判实力对比。进入新世纪以来，美国部署陆基中段反导系统成为美俄关系恶化的主要诱因。即使事实真的如美国说的那样，有限的弹道导弹防御系统是为了对付无赖国家少量的技术落后的洲际导弹或者核大国的非授权发射、意外发射等，俄罗斯也不可能将自己的国家安全建立在美国的善意和单方面保证上。

● 其次，无论是积极的反导系统还是被动的民防设施，它们对于核大国来说都不是孤立的存在，而是与大量进攻性核武器并存

在这种情况下，对反导系统的定性就不能再局限于防御的范畴了（对无核国家这样定性是可以的），因为它与进攻性导弹结合在一起，会起到削弱对方攻击（报复）能力、增强己方进攻（报复）能力的作用。如果说核大国之间不

会介意彼此在进攻性武器数量方面的微小差距，那是因为他们都清楚，相对于彼此几万枚核弹头、几千件运载工具的核武库来说，一定范围内的数字变化没有任何意义。但是，谁也无法断言部署防御系统会对双方的战略稳定与平衡带来何种影响。特别是如果核战争真的是有限的——像美国人在 20 世纪 60 年代初设计的那样，反导系统是有可能发挥抵消对方核打击的作用的。受核大国发展反导系统影响最大的应该是那些核力量比较弱小的国家，因为他们面对核大国攻防兼备的核能力，很可能会丧失报复手段，这会加剧核弱国在危机时刻的不安全感和绝望心理，从而鼓励其孤注一掷抢先采取行动。

● 再次，"导弹防御，即使无效，会重新引起军备竞赛"[1]

一国发展反导系统，不管现实当中有多大的作用和意义，它都必然在其他国家引起连锁反应，从而诱发军备竞赛。这一军备竞赛可以在两条线上进行。

一是增加进攻武器并改善核导弹技术水平

既然对手发展反导系统，那么，增加进攻性武器就是最本能也是最经济的反应了，不仅因为进攻性导弹数量越多，反导系统拦截难度越大，而且也因为进攻性武器系统比防御性武器系统成本更低。对此，麦克纳马拉指出："如果我们在全美部署严密的反弹道导弹系统，就显然会大大激发苏联人提高他们的核进攻能力，以便抵消我们的防御优势。""美苏双方的战略计划是相互影响的……这种作用——反作用的现象给军备竞赛火上加油。"[2]麦克纳马拉得出的结论是，部署战略防御系统只会导致超级大国的剧烈竞赛，争先恐后地部署各式各样的系统，其结果将使双方处境更糟。在 1967 年的葛拉斯堡罗首脑会议上，麦克纳马拉努力说服苏联领导人柯西金接受反弹道导弹系统对双方都毫无益处的观点[3]。近年在美俄反导博弈当中，俄罗斯的回应方式就是扩充核武库规模、提高进攻性导弹的突防能力。

---

❶［美］威廉·J.佩里：《我在核战争边缘的历程》，中信出版社，2016 年 11 月第 1 版，第 108 页。
❷［英］劳伦斯·弗里德曼：《核战略的演变》，中国社会科学出版社，1990 年 10 月第 1 版，第 297 页。
❸［美］麦乔治·邦迪：《美国核战略》，世界知识出版社，1991 年 7 月第 1 版，第 735 页。

二是竞相发展反导系统

当针锋相对的核国家之间的战略平衡可能因为一方发展反导系统而被破坏时，另一方几乎必然要以反导系统进行抗衡。20 世纪 60 年代苏联率先部署反导系统，尽管当时美国主流意见认为反导系统并无实质性意义，但是在苏联已经部署的情况下美国还是选择迅速跟进。这既是担心对手有而我无可能会影响双方在核对抗时的心理、特别是影响对手的心态，也是因为坐视对手发展反导系统将在国内政治中引发的风险。事实上，美国当时部署反导系统的目的更主要是谋求谈判地位的对等从而使苏联接受美国限制部署反导系统的提议。在 1972 年的《反导条约》中，美苏将各自的反导系统限制为 2 套 100 枚，后来又进一步削减到 1 套。到 20 世纪 70 年代末，美国撤除了全部拦截弹。美国前后历时 10 余年，花费了重金，主要目的就是让苏联认识到导弹防御不可行，为两国最终限制部署创造条件。

- 最后，也最根本的一点是，发展对核武器进行防御的武器和设施其隐含的前提是，核战争是可能爆发的，故需要对核战争进行准备和防范

一个国家越是热衷于核防御，就越给人以准备打核战争、打赢核战争的感觉。如果有人自以为可以打核战争而又能避免双方都被毁灭的结果，那么相互摧毁的危险就会增大。而在核时代，"我们优先要做的不应是把资源倾注在无用的防御核攻击上，而应是防止发生核攻击""唯一有意义的防御是防止发生核攻击"[1]。也就是说，我们不能设想核战争爆发了之后怎么办，如何减少核战争的危害，而是要在军事态势中放弃对大规模杀伤性武器的依赖，让这些武器退居幕后，成为真正最后使用的武器，以达到从根本上杜绝和禁止核战争的目的。所以，传统意义上的防御与杜绝核战争的理念是无法兼容的。

基于防止核战争的考虑，1964 年，曾任美国政府国防顾问的两位著名科

---

[1] [美]威廉·J. 佩里：《我在核战争边缘的历程》，中信出版社，2016 年 11 月第 1 版，第 24 页。

学家杰罗姆·威斯纳、赫伯特·约克首次正式提出"防御是危险的"这一论断。他们认为，"在技术上没有任何办法解决美国（或苏联）在核进攻面前脆弱性问题"。双方谋求解决这个问题的努力只会使局势恶化[①]。这一观点代表了战略研究者和科学家对核防御的态度，他们的立场从过去到现在一以贯之，而其他人的态度，如行政部门高官、国会议员、公众则呈现出周期性反复的特点。核防御在20世纪70年代事实上被否决之后，80年代初里根政府又提出"战略防御倡议"，但其结局与此前的卫兵、哨兵系统相比更加暗淡，后者毕竟进行过部署，而战略防御倡议从未走出基础研究阶段。1987年，美国物理学会公布了一份权威性报告，估计"即使一帆风顺，也得花费十年或更多的时间进行大力研究"，才可能获得必要信息"就射线武器系统的潜在效能和幸存能力做出决定"[②]。进入20世纪90年代，受海湾战争的影响，美国导弹防御的重点转向战区导弹防御，即拦截战术弹道导弹。2001年，小布什上台之后又重启战略反导，其国防部长拉姆斯菲尔德在20世纪90年代就是导弹防御的大力提倡者。2003年12月，美国开始部署陆基中段反导系统。时至今日，部署规模只有64枚拦截弹，并未达到起初100枚的目标，弹道导弹防御依然是一个未能真正得到解决的难题。

三
核报复是最好的防御

在传统武器和传统战争的背景之下，所谓"防御"，其立足点是战争无法避免或已经爆发，其目的是尽量抵消、减轻对手进攻行动所造成的伤亡和损害。核武器条件下的防御之所以危险和不可取，不仅因为它会破坏核国家的战略稳定，更重要的是，它把核战争视作可能爆发的、意在通过防御使核战争变得不

[①] ［英］劳伦斯·弗里德曼：《核战略的演变》，中国社会科学出版社，1990年10月第1版，第294—295页。
[②] ［美］麦乔治·邦迪：《美国核战略》，世界知识出版社，1991年7月第1版，第765—766页。

那么具有毁灭性，从而可以被接受。而"一旦我们有了对付核武器的防御手段，那我们也就排除了对核战争的主要威慑力量……假如人类指望在核战争之后存活下来，那么，进行还是不进行核战争的考虑就与对常规战争的考虑相似，即基于权宜的实用主义估算"①。

核防御是危险的，并不等于在核时代我们要从根本上放弃防御从而一心进攻，而是要调整核防御的目标，将其从战争爆发之后如何减少伤亡转变成防止核战争爆发，因为核战争只要爆发，任何防御就失去了意义，而和平时期加强防御的种种举动又会产生多方面的不良后果。

如何防止核战争爆发呢？显然，只有对核战争毁灭性后果的恐惧才能从根本上杜绝核战争。相互确保摧毁理论的基本设想是，在可预见的将来，报复将比防御优越，更能达到防止核战争的目的。因此，一方为了防止另一方进行使其瘫痪的毁灭性打击，最好的办法是以报复相威胁，使对方在核报复的灾难性前景面前放弃核战争的念头。所以，对核武器和核战争的防御应立足于核报复。核国家之间通过发展进攻性武器建立恐怖平衡，彼此互为人质，以此达成慑止对方发动核战争的目的。核报复的意义在于，它解除了核对峙的双方通过先发制人或预防性战争消灭彼此核武器的能力，使第一击对于战争的整个进程不再具有决定性意义。在这里，进攻性力量扮演了防御的角色，它的目的不是在核战争中攻击对手，而是通过造成这一攻击的姿态威慑对手不敢采取类似的行动。像毛泽东说的那样："我们的国家将来可能生产少量的原子弹，但是并不准备使用。既然不准备使用，为什么要生产呢？我们是用它作为防御的武器。"②

在核武器问世之初，即使科学家也认为它有利于侵略。罗伯特·奥本海默形容原子弹是"一件侵略的武器、突然袭击的武器和恐怖的武器"。大卫·利连撒尔认为，"武器的效能越高，突然袭击的价值也就越大。有了原子弹，突

---

❶ [美]汉斯·摩根索:《国家间政治: 权力斗争与和平》，北京大学出版社，2006 年 11 月第 1 版，第 455 页。
❷《建国以来毛泽东军事文稿》下卷，军事科学出版社、中央文献出版社，2010 年 1 月第 1 版，第 260 页。

然袭击的价值达到了巅峰"①。但是后来人们发现，在相互确保摧毁建立起来之后，一方的核武器成为威慑他国发动核战争的最好手段，相互确保摧毁最终带来的不是摧毁，而是生存。因此，与打着防御旗号的反导系统相比，立足于核报复的进攻性武器才是对核战争、核武器的真正防御，才能达成杜绝核战争的目的。如果说在核战争中仍然存在防御的话，那么这个防御的对象也应该是己方的报复力量，其目的不是想方设法令对手的核打击失灵或减少其危害，而是使报复力量更安全，更不容易被摧毁。美苏（俄）发展潜射导弹和公路、铁路机动发射的洲际导弹就是基于这一考虑。

然而，迷恋防御从而幻想打赢核战争或在核战争中能安然无恙地活下来一直是美国战略传统的一部分，他们对这种互为人质的恐怖平衡有一种周期性的焦虑，不甘心接受永远易遭攻击并被彻底摧毁的前景。在 1969 年关于反弹道导弹的辩论中，唐纳德·布伦南说："我们应当是要美国人或活而不是要俄国人死，我们不应当处心积虑地偏要选择永远在达摩克利斯的'核'剑下生活。"他认为，购进武器系统应该侧重于防御②。尼克松政府在 1969 年上台时对发展防御的主张很重视，但很快就发现，反导系统在技术和所需资金上存在诸多问题，而且缺少可行性。尼克松政府后来的做法实际上是回到了麦克纳马拉的主张上，取消了防御性武器的发展，再次肯定以进攻性武器为主。

20 世纪 80 年代，核防御的想法又一次卷土重来，区别在于在新技术的加持下，美国政府的雄心比过去更大。1983 年 3 月 23 日，里根总统宣布了"一个以防御措施对付苏联的可怕的导弹威胁的计划"。他号召美国科学家"向我们提供使这些核武器失去威力和使之作废的手段"，"我们今晚所做的努力有希望改变人类历史的进程"③。然而，"战略防御倡议"最终也没能逃脱被抛弃的命运。这说明，同归于尽的能力是由两个超级大国的技术现实和战略需要所决定的，而不是源自历届政府不明智的政策选择。事实上，最早提出确保摧

---

❶ [英] 劳伦斯·弗里德曼：《核战略的演变》，中国社会科学出版社，1990 年 10 月第 1 版，第 51 页。
❷ [英] 劳伦斯·弗里德曼：《核战略的演变》，中国社会科学出版社，1990 年 10 月第 1 版，第 405—406 页。
❸ [美] 麦乔治·邦迪：《美国核战略》，世界知识出版社，1991 年 7 月第 1 版，第 762 页。

毁的麦克纳马拉也曾经热衷于打赢核战争。从尼克松开始历届美国政府都试图改进作战学说，确定新的战略目标选择原则，但是，这些调整对于双方相互易受攻击的现实没有任何影响，战略僵局依然比战略防御和改进作战学说更顽强、更持久，这就是人们在核时代必须面对的现实，用基辛格的话说："现代武器的威力已经给我们的政治家提出了一个历史上前所未有的问题，绝对的安全已经不再可能了。"①

---

❶［美］亨利·基辛格：《核武器与对外政策》，世界知识出版社，1959年10月第1版，第128页。

第六章

非战斗人员是主要的攻击目标

在当前时代，非战斗人员不仅是刻意的攻击目标，而且是主要的攻击目标[1]。

—————— **托马斯·谢林** ——————

[1] ［美］托马斯·谢林：《军备及影响》，上海人民出版社，2011 年 1 月第 1 版，第 22 页。

自古以来，战争都是武装部队之间的较量，平民固然也会成为战争的牺牲品，但他们通常不是作战行为的主要打击目标，因为只有击败一国军队，才能赢得战争胜利。克劳塞维茨将这一能够决定战争全局的力量称为"重力中心"："所有力能和运动的枢纽，一切都有赖于它。我们全部力量应当前去针对的正是这一点。""就亚历山大、古斯塔夫·阿多弗斯、查理十二和弗雷德里克大王而言，重力中心就是他们的军队。"[①]进入20世纪，随着大众政治时代的来临，民众由政治上无足轻重的角色逐渐变成有重要影响力的因素，由此导致民众与战争的关系发生变化。人们开始认识到，通过在战争中对有关国家平民造成苦难，可以影响其政府行为，比如停止抵抗、接受和平甚至无条件投降，一战之后的空权论即以此作为其理论基础。但是，受制于技术条件，直至第二次世界大战，战争对平民的伤害都是有限的，哪怕是二战当中的战略轰炸，其影响面所及也只是相关国家的小部分人口。真正的变化是在核时代，一国的城市成为核武器的主要目标，这不仅与打击军事目标的能力不足有关，更是一种深谋远虑的战略选择。

● [德] 卡尔·克劳塞维茨：《战争论》，商务印书馆，2016 年 5 月第 1 版，第 857 页。

战争与平民无关

1618—1648 年的三十年战争是战争与平民关系的重要分水岭。在这场战争中，"狂热主义和道义上的愤慨使暴行的数字增加了"。在作为主战场的德意志，受到的损毁程度史无前例。据说平民死亡总数达 800 万，此外在战场上被杀死者为 35 万。在图林根的一个地区，1618 年，19 个村落共有房屋1717 栋，而到了 1649 年，只剩下了 627 栋；原本有 1773 户家庭，现在只剩下 316 户。在同一地区，本有牛 1402 头，现在只剩下了 244 头；本有羊4616 只，现在 1 只都没有了。在波西米亚，原有 3.5 万个村落，幸存的只有6000 个；其人口由 200 万减到 70 万。在亨纳堡一地，人民死亡了 75%，牲口死亡了 80%[①]。

三十年战争的恶果使人们对战争中的暴行产生了极度反感和排斥，加上欧洲各国对宗教狂热的摈弃，此后直至整个 18 世纪，战争都是在平稳和理性中进行。一种新观念已经被各国统治者普遍接受：战争不是全体人民之间而只是交战国军队之间的事。普鲁士腓特烈大帝曾经说过，他的理想是：如果他打一场战争，百姓应不感到战争状态的存在[②]。由于平民不再是武装对抗的目标，战斗人员与非战斗人员之间的区别变成了约束交战国行动的原则之一，不故意攻击、伤害或杀死非战斗的平民被认为是交战方的道德和法律义务，战争的罪恶因此大大减少，这与此前以道义为目的、你死我活的战争截然不同。虽然有的战争规模并不小，但由于各方严格遵守战争规则、惯例、法则以及公认的 18 世纪战术方法，因此破坏和不必要的流血都受到了限制。以法国为例，其人口在战争中伤亡的比例，以每 10 年为单位进行计算为例，从 1630

❶ [英] J.F.C. 富勒：《西洋世界军事史》卷二，广西师范大学出版社，2004 年 8 月第 1 版，第 61 页。
❷ [英] J.O. 林赛编著：《新编剑桥世界近代史》7，中国社会科学出版社，1999 年 1 月第 1 版，第 214 页。

年到 1789 年，伤亡比例的最高数字为 0.85%，最低数字为 0.01%①，呈现出显著下降的趋势。

正因为如此，18 世纪的战争被人说成是国王们的游戏，而不是后来那种民族之间的纷争。参战的君主们把他们的行动保持在一定限度之内，他们的军队不是靠征兵征集的，他们不依靠被他们占领的国家供养，也不破坏和平的成果。"劫掠敌人的国土，将它扫荡一空，已经不再符合时代精神……它被正确地认作不必要的野蛮，会诱发报复，而且是一种伤害敌国臣民而非敌国政府的做法——因此是一种无效的、只经久地促成阻碍普遍文明进行的做法。因此，不仅在其手段也在其目的上，战争愈益变得限于战斗兵力本身。"②

这种相对来说比较节制的战争阶段到美国独立战争末期和法国大革命时期结束。战争更加普罗化，成为一场全国性的努力，宣传变成一种战争工具，军队与军队的较量最终演变成民族之间的搏斗，平民与战争的关系发生颠覆性改变。在 1813—1814 年，德意志和沙皇俄国将大约 100 万人投入反法战争。从此，人民由战争的中立者和旁观者变成战争的参与者，并因此成为战争的受害者。

二
平民失去庇护

从拿破仑战争开始，三十年战争之后直至整个 18 世纪那种严格区分平民与战斗人员的惯例遭到破坏。当然，参照第二次世界大战的标准，不仅 19 世纪，甚至第一次世界大战，平民、包括一国大后方的其他经济、民生目标所受到的冲击也是极其有限的。早期平民卷入战争，更主要体现在他们对战争的参与和关注上，并影响了有关国家政府的战争决策，当然也包括武器杀伤力提高和战

---

❶［美］汉斯·摩根索：《国家间政治：权力斗争与和平》，北京大学出版社，2006 年 11 月第 1 版，第 411 页。
❷［德］卡尔·克劳塞维茨：《战争论》，商务印书馆，2016 年 5 月第 1 版，第 850 页。

争规模扩大给平民带来的伤害。

法国大革命爆发后，首先被卷入战争的是法国平民。国民公会1792年发布的通告宣布了"全民皆兵"时代的来临，在这个新的时代，有的人参加战斗，有的人制造作战工具，有的人生产食品，有的人照顾孩子，总之，他们都是正在作战的国家的一个组成部分。此后，随着战争规模的不断扩大，随着战争的赌注突破了王朝之间的得失而变成民族之间的生死决斗，整个欧洲的人民都卷了进去。这是20世纪总体战的预演，而"总体战不单单是军队的事，它直接涉及参战国每个人的生活和精神"[①]。从1790年到1819年这段时间，法国人口在战争中伤亡的比例，10年为单位的数字分别急剧增加为0.48%、1.19%、1.54%[②]。这是平民卷入战争的直接后果。

当战争成为一个关系举国的重大事业后，当人民都在以不同方式为战争出力时，政府对战争进程和结局的完全掌控就不可能了。19世纪，是大众政治兴起的时代，选举权的扩大、报纸的普及、政党及竞选的出现，使平民崛起为一支重要的政治力量。无论是克里米亚战争还是普法战争，平民的战争激情都是政府最终参战的巨大推动力。以普法战争为例，其近因实际上只是一个偶然事件。俾斯麦修改了普王要求他发给法国的电报，使之看起来有侮辱的味道，结果电报在巴黎公布后，巴黎群众的情绪开始沸腾，唱起了原来被禁止的《马赛曲》，并且高喊着"战争万岁，打到柏林！"的口号[③]。面对巴黎民众的激情，拿破仑三世对他的一位英国朋友说："法国已经脱离我的掌握。我若不领导，我就不能统治……我别无选择，只好走在我既不能阻止也不能控制的舆论的前头。"[④]在平民成为影响战争的重要力量后，他们也因此失去了曾经的中立和因中立而带来的保护。"如果平民可以对战争是否继续进行以及停战协定的具体条款发挥影响，那么使战争对平民造成伤害就是有价值的。"[⑤]现在，对平

---

❶ [德]埃里希·鲁登道夫：《总体战》，解放军出版社，2005年6月第2版，第5页。

❷ [美]汉斯·摩根索：《国家间政治：权力斗争与和平》，北京大学出版社，2006年11月第1版，第411页。

❸ [英]J.F.C.富勒：《西洋世界军事史》卷三，广西师范大学出版社，2004年8月第1版，第89页。

❹ [英]J.P.T.伯里编《新编剑桥世界近代史》卷10，中国社会科学出版社，1999年1月第1版，第820页。

❺ [美]托马斯·谢林：《军备及影响》，上海人民出版社，2011年1月第1版，第25页。

民的伤害成为影响战争进程的重要筹码。

在另一个方向，工业化从技术上摧毁了长期以来庇护平民免遭战争摧残的壁垒。铁路出现了，大规模的作战行动成为可能，用富勒的话说，"火车头使全国人民都变成了军队"[1]；在1830—1870年的40年期间，战争手段，不论是陆上还是海上，都发生了比近代史上过去整个时期甚至比有史以来更为巨大的变化[2]，后膛枪、后膛炮、机关枪相继出现，枪炮打得更远、更准了，发射的速度也更快，其威力已经远远超过100年前。现在，装备了更先进、更具杀伤力武器的庞大的军队既具有极大的破坏力，也更加高度依赖一国的工业，工业因此密切地与军事需要结合起来。所以，工业化一方面使大规模的武装和战争成为可能，同时它本身也成为战争的目标，打击一国的工厂、经济中心，破坏一国的工业生产渐渐变得与前线作战同等重要。

1868年的《圣彼得堡宣言》是风向发生改变重要的信号。《圣彼得堡宣言》指出："各国在战争中应尽力实现的唯一合法目标是削弱敌人的军事力量。"[3]此话在18世纪是不言自明的真理，而在19世纪就成为需要明确宣示的规则了。1907年《海牙第四公约》第25条规定："不得以任何方式攻击或炮击不设防城镇、乡村或住宅。"[4]不分青红皂白的攻击成为国际法明令禁止的对象。

在第一次世界大战中，尽管战争显著地影响了许多国家整体，实际上只有少数人真正卷入战斗和因战争而死亡。"在战线后方，或在地面武器最大射程之外，交战国平民并不直接感受到战争。任何地方进攻都不能威胁该距离之外的人们。平民生活仍能安全地、比较平静地进行。战场是有严格范围的，军队和平民之间有明显的区分……而这种情况的出现是由于，如果不首先突破敌人防线，就不可能侵入敌人领土。"[5]战争手段的局限使作战行动只能在近距离进行，非接触、非线性作战尚需航空时代来临才能做到。此时，一国军队所打

❶ [英] J.F.C.富勒：《西洋世界军事史》卷三，广西师范大学出版社，2004年8月第1版，第116页。
❷ [英] J.P.T.伯里编：《剑桥世界近代史》卷10，中国社会科学出版社，1999年1月第1版，第413页。
❸ [美] 托马斯·谢林：《军备及影响》，上海人民出版社，2011年1月第1版，第22页。
❹ 梁西主编：《国际法》，武汉大学出版社，1993年4月第1版，第435页。
❺ [意] 朱里奥·杜黑：《制空权》，解放军出版社，2005年6月第2版，第11页。

击的，仍然是敌国的军事力量，而不是其人民，因为他们在突破对方防线之前没有能力接近彼此的平民以及国家的各类经济目标。

但是，平民在一战当中通过另一种方式受到了巨大伤害，这也成为最终影响战争结局的重要原因。在这场战争中，作战很快就丧失了机动性而蜕化成为消耗性的围城战。"在西线上的决定性战果逐渐地不靠军队而要靠工业来寻求了，此外还有海权，它可以保护和切断工业上资源补给。"[①]在最后两年的封锁中，德国一共有80万非战斗人员直接死于因饥饿和营养不良而导致的疾病，这一数字比英国船上死于潜艇攻击的人数大约多了50倍以上[②]。此种因封锁而导致的饥饿、营养不良使总体战的战场由前线扩展到了交战国的全部领域，"人民都不同程度地直接承受着战争行动的苦痛，受着粮食禁运和宣传等活动的间接影响……总体战不仅是针对军队的，也是直接针对人民的"[③]。

与此相关的是，总体战使"工厂之间的战斗变得与军队之间的战斗具有同样的重要性。兵器的生产要比人员的征召在会战之中更具有决定性。上帝是站在最大工业的一方，而不是站在最大兵力的那方，战车和火炮胜过了步枪和刺刀"[④]。一战的经验表明，经济资源和动员经济资源的能力已成为决定性因素，并且具有极其复杂的政治和军事后果。对于一国从事战争而言，单纯的军事人员和武器装备及军事设施已经没有以往那么重要了，这一变化预示着未来以轰炸城市目标为重点的战略轰炸的兴起。

平民在一战中受到的直接和间接伤害促使国际红十字委员会在1920年给国际联盟的信函中表示："委员会认为如下事项是非常值得拥有的：战争应当恢复它之前的特征，即它应当是军队之间而不是民众之间的对抗。平民必须尽可能地处于斗争及其结果之外。"[⑤]

一战之后，新生的航空工业获得巨大发展。"由于出现这种新武器（飞机），

①④ [英]J.F.C.富勒：《西洋世界军事史》卷三，广西师范大学出版社，2004年8月第1版，第199页，第284页，第285页。
③ [德]埃里希·鲁登道夫：《总体战》，解放军出版社，2005年6月第2版，第6页。
⑤ [美]托马斯·谢林：《军备及影响》，上海人民出版社，2011年1月第1版，第22页。

战争的影响范围不再局限于地面大炮的最远射程之内，而将在交战国数百英里的陆地、海洋范围内直接感受到。安全和平静的生活区域不再存在，作战也不再局限于实际战斗人员。相反，战场已扩大到交战国整个国境，全体公民都将成为战斗人员，因为他们都将暴露在敌方空中进攻之下。士兵和平民之间不再有任何区分。"[1] 包括杜黑在内的热衷于空中打击的人都认为，"打败敌国不一定非要先击溃其武装力量。有了空中力量就可以省去这个中间步骤了"[2]。他们相信空中打击具有关键性的重要意义，主要不是因为它所造成的物质破坏，而是基于它的心理影响，认为民众的心理恐慌和崩溃以及斗志的丧失能够促使战争尽早结束，而此时敌方的战斗物资生产可能还没有完全被破坏，军队可能尚未失败。

飞机的出现的确使交战国平民大受其苦，二战时期盟军对德国城市、美国对日本东京的轰炸不仅导致大量平民伤亡，也重创了两国的经济。1945 年 3 月 9—10 日夜，美国战略空军对东京商业区一个人口稠密的地段投掷燃烧弹，点燃了以竹楼木屋和塑料棚房为主的建筑物，后来登记的死亡人数为 8.4 万，25 万多座建筑物被烧毁，约占东京建筑物总数的四分之一[3]。

但实际情况与空权论者的预计并不完全一致。"盟国从这一战争中获得了一个教训：用轰炸破坏敌人的斗志，一般说来是浪费炸弹，这样的浪费约占投弹总数的二分之一。"[4] 在第二次世界大战中，轰炸对平民的斗志所造成的影响确实很大，但是，低落的斗志对德国的政治决策或战时经济支持前线作战的能力并没有起决定性影响。其中的原因是多方面的。第一，"意志和行为之间有着区别……意志对行为的影响要比一般人所设想的影响慢得多，间接得多"[5]。尽管从 1944 年初起，德国人就开始对纳粹领导集团不抱任何幻想了，但是，养家糊口的需要、对高压政治的恐惧、长期养成的服从权威的习惯以及

❶ ［意］朱里奥·杜黑：《制空权》，解放军出版社，2005 年 6 月第 2 版，第 11 页。
❷ ［英］劳伦斯·弗里德曼：《战略：一部历史》（上），社会科学文献出版社，2016 年 11 月第 1 版，第 166 页。
❸ ［美］麦乔治·邦迪：《美国核战略》，世界知识出版社，1991 年 7 月第 1 版，第 92 页。
❹❺ ［美］伯纳德·布罗迪：《导弹时代的战略》，军事科学院外军研究部译，内部参考资料，第 113 页，第 144—145 页。

政府对战败后果的恐怖宣传等，使他们在可能情况下还是坚持工作，而不是起来反抗或消极怠工。第二，民众士气确实比军队士气更好打击，但是军队士气一旦崩溃，其影响远远超过民众士气崩溃的后果，可以立即导致国家战争失败。第三，仅仅就平民的士气而言，也没有那么容易就垮掉。二战结束后美国战略轰炸调查团的一个惊人的发现是：遭受最严重轰炸的城市的斗志不一定比那些遭受不大严重的轰炸的城市的斗志低。经过比较轻微的轰炸以后，再投掷更多炸弹，与政治情绪的进一步低落，没有任何重大联系①。

总的来看，从19世纪直到第二次世界大战，平民虽然失去了从前的庇护和中立，成为国家战争努力的重要组成部分，并因此受到战争的伤害，但战争仍然局限在交战国的军队之间，打败一国军队是赢得战争胜利的根本途径，其他方法，诸如对平民施加伤害、破坏一国工业，只起到了间接的作用。空权理论家们认为的人民心理崩溃会令政府结束战争的预言没有得到证实。

三
打民用目标更可取

20世纪20年代，杜黑曾经提出了"不久将来战争将是什么样"的问题。他的预测是："在这场斗争中赢得制空权的一方将享有决定的优势。它将是一场非常激烈、可怕的斗争，目的是要打击敌人的精神抵抗；这场斗争将是速决的，因此经济上将不是很耗费的。在这场斗争中没有做好准备的一方将没有时间准备，因此将由冲突开始时已做好准备的部队来决定胜负。"②但是，以第二次世界大战中常规轰炸的技术水平和实际能力，想通过打击一国集中在城市里的人口和经济从而令一国屈服是不可能的，杜黑过高地估计了每吨炸弹投下后所

① [美]伯纳德·布罗迪：《导弹时代的战略》，军事科学院外军研究部译，内部参考资料，第148—149页。
② [意]朱里奥·杜黑：《制空权》，解放军出版社，2005年6月第2版，第212页。

产生的效果和对敌人士气的影响。二战的结果表明，战争过程的演进必须经过消灭武装力量这一关键步骤才能实现所谓的"无条件投降"的目标。

但是，核武器的出现使事情看起来突然不一样了。布罗迪指出："杜黑据以得出结论的某些基本前提在第二次世界大战的条件下是错误的。但是，其中有一些前提在现代和未来的新条件下，尤其是核武器条件下可能又是正确的了。"[1]

核武器让人类第一次拥有可以在短时间内大规模摧毁一个国家人口和社会、经济目标的能力（在广岛、长崎得到验证），用战机或导弹搭载核武器进行远程轰炸不仅可以带来更大的精神冲击，还能够直接造成远超过常规轰炸的物质上的毁灭。也就是说，在核打击面前，敌方的物质和精神都将一败涂地，以往战争中影响打击城市的种种障碍已不复存在。

起初，人们对核武器的定位是打击民用目标，这主要是受到主观以外因素的制约。至少在20世纪50年代初之前，美国的核武器数量很少，打军用目标对战争结果不会造成决定性的影响，而打击城市似乎可以直接导致对手精神上的崩溃和财富上的巨大损失。战略空军认为此举可以省却地面作战，直接达成战争目标。至于打击城市所带来的道德问题，在美国认为苏联必然是主动发动进攻的侵略者的思维定式之下也得到了解决。20世纪50年代中期之后，核武器因数量急剧增加而不再是稀缺武器，但巨大威力和较差的打击精度决定了它的最佳用途仍然不是打击军事目标，而是轰炸充斥了人口和工厂的城市。对于这类目标而言，精准与否无关紧要。

由于核武器无法像传统武器那样有控制、有分寸地使用，所以，很多人对这一点都极其反感和不安，以屠杀千百万人为代价赢得一场战争对于政治家、职业军人以及科学家来说并不是一个轻松的选择，对于民众来说似乎更难以接

---

❶ [美] 伯纳德·布罗迪：《导弹时代的战略》，军事科学院外军研究部译，内部参考资料，第112页。

受。艾森豪威尔本人就不喜欢把城市作为目标。在任职初期，他在与高级军事官员讨论时就对选择城市为目标提出过尖锐的质疑："如果我们把苏联城市轰炸得稀巴烂，我们有什么好办法来控制形势，并把形势掌握好，以达到我们作战的目标？"[1]

不过，由于苏联在20世纪50年代的大部分时间里尚难以用核武器威胁美国本土，此时用核武器打城市还是一个单向的问题，美国自己的城市并没有面临迫在眉睫的危险。所以，反对用核武器打击城市更多是基于一种军事上的传统和习惯，也有道德感在起作用。毕竟，美国自诩代表了正义和公正，如果以消灭敌人的审判官的姿态出现在全世界面前，是不利于争取民心和舆论支持的。此时，虽然学者已经预见了"恐怖平衡"迟早会出现，但在很多人眼里，美国城市的对等毁灭还十分遥远。美国对核打击尚有免疫力。

那些反对用核武器袭击城市的人极力寻找在核时代按传统方式进行战争的方法，即只打敌人的军事力量而不打老百姓。1949年10月，以奥本海默为首的资深科学家组成的美国原子能委员会下属的总咨询委员会提交了一份报告，在反对研制"超级炸弹"（即氢弹）的同时，科学家们建议今后的发展方向应当是研制在"战术"上使用的小型原子弹[2]。奥本海默等人主张发展战术核武器的初衷是"让核武器回到战场"，因为这种小型化的原子弹似乎可以协调保持传统作战方式与使用最新军事技术之间的矛盾，使战争继续是职业化军队之间的交战而不是不分青红皂白的破坏。

除了发展战术核武器，美国还设想了用战略核武器打军事目标的有限战略性核战争的方式。此时苏联已经有了对美国本土进行核打击的能力，所以，避免毁灭城市对美国来说就具有了突出的现实意义。国防部长麦克纳马拉在1962年6月的演讲中说道："美国已经决定，在可行的程度上，在一场可能的总体

---

[1] ［美］麦乔治·邦迪：《美国核战略》，世界知识出版社，1991年7月第1版，第438页。
[2] ［英］劳伦斯·弗里德曼：《核战略的演变》，中国社会科学出版社，1990年10月第1版，第84页。

战争中，其基本的军事战略应当是继续使用过去所重视的更加传统的军事行动方式。也就是说，主要的军事目标……应当是破坏敌方的军事力量，而不是其居民……向可能的对手提供可以想象到的最强烈的激励，以使其保持克制，避免攻击我们的城市。"[①] 为此目的，麦克纳马拉先是提出打军事目标，后来又提出避开城市。二者看起来相似，但内涵并不完全一样，因为军事目标与城市在有些情况下很可能重合，比如一些军港也是重要的人口、经济中心，而避开城市的立足点则是不打哪怕是有重要军事价值的城市，这意味着要牺牲核打击的军事效果。为了避免所谓的打军事目标给人要发动第一次核打击的印象，麦克纳马拉一再强调军事目标并非特指核导弹。

但是，无论是用战术核武器打有限核战争还是使战略核武器避开人口经济中心，这些将核武器用于战场、回归武器传统用途的设想都很难实现。在美苏双方都有战术核武器的情况下，有限核战争的破坏程度不可能是战术性的，雷蒙·阿隆在思考欧洲的有限核战争时写道："这样的战争付出的代价与可能获得的效果将有天壤之别。"[②] 而且，它比完全不使用核武器更容易导致战争升级为核大战。用战略核武器打军事目标（避开城市）同样不现实。即使抛开为什么打此类核战争、此类核战争的目的是什么、有什么意义等根本性问题，就战争操作而言，也面临一系列的难以逾越的障碍。比如，无论美国如何努力澄清，打军事目标或避开城市还是无法与第一次核打击划出清晰明确的界限，那么苏联会相信美国的保证吗？美国固然只想打苏联的军事目标，但苏联会作何反应呢？对方的还击很可能不会局限于军事目标，而是大规模的核报复。考虑到遭到核袭击之后一国上下可能受到的震撼、惊慌、恐惧，着眼于最坏情况不是没有可能，甚至可以说是理性选择（基于"囚犯的困境"），不能设想在核

[①] ［美］托马斯·谢林：《军备及影响》，上海人民出版社，2011 年 1 月第 1 版，第 21 页。

[②] ［美］迈克尔·沃尔泽：《正义与非正义战争：通过历史实例的道德论证》，社会科学文献出版社，2015 年 2 月第 1 版，第 252 页。

战争已经开始的氛围下双方还能够对核打击进行心平气和有条不紊的控制。再比如，打军事目标对核武器有更高的要求，这对有技术优势的美国固然有利，但是对苏联却并非如此。苏联为什么要接受一个于己不利的规则？即使对美国而言，当时军事力量的水平也根本无法达到"摧毁敌人的军事力量"的满意程度，打击一个导弹发射井可能需要2—3枚导弹。在这种情况下，美国愿意先攻击军事目标从而造成第一轮打击过后对方可能拥有明显超过自己的核导弹的局面吗？如此一来美国社会将面临更可怕的核报复前景。

所以，麦克纳马拉很快就发现他的想法可望而不可即。在1963年2月的一次国会听证会上，他表示，他看到了任何一方都无法指望"防止毁灭性的报复打击"的时代即将来临。同月，他又对咨询委员会发表了下述评论：今天任何一方都不拥有在核交锋中足以保护本国免受沉重打击的力量，而且在可预见的未来，任何一方都不可能现实地指望获得这种力量。麦克纳马拉断言，由于核武器的性质和两个超级大国优先发展的重点，正确的道路是各自致力于自己的确保摧毁的第二次打击手段，同时接受对方的平行手段。[①]就这样，打击军事目标（避开城市）的计划还不到一年的时间就被放弃了。

如果说核武器在早期打击城市目标是一种无奈的话，那么经历了20世纪50年代至60年代初徒劳的打击军事目标（避开城市）的努力后，60年代中期再次回归打击城市绝非表面上看起来的那样不人道。

一方面，这一转变最直接的原因当然是避开城市战略难以实施。通过打军事目标从而限制损失似乎很有吸引力，但它与对手的确保摧毁能力是不兼容的，没有什么苏联攻不破的限制损害措施。

另一方面，它也反映了美国对于核战争态度的转变。避开城市是为核战争确立一个可行的模式，解决怎么打核战争的问题，其前提是，核战争可以打，

---

❶ [美]麦乔治·邦迪：《美国核战略》，世界知识出版社，1991年7月第1版，第731—732页。

而且要打赢，为此，消灭对手的核力量是必须的，而且要保存自己的人口和财富，否则赢了核战争也没有意义。由于在战争爆发后再去动员国内的工业基础已不可能，因此，战争一开始立即袭击敌方当时存在的军事力量，使其大大减少，就有望取得决定性的结果。而轰炸城市的后果只会是招致敌人对美国城市实施报复。因此，袭击敌方的全部军事力量，而不仅仅是核力量，是一种以可接受的代价打赢核战争的办法。所以，打军事力量就是发动核战争。而麦克纳马拉后来提出的主张出发点在于如何避免打核战争。强调用核武器打击城市而不是打击军事力量的能力实际上是在表明一种态度，是为了让人们注意核战争的危险，而不是要说明在不得不打核战争时究竟应该怎样进行核战争。因为使用核武器能够造成无法想象的痛苦，并且会威胁整个民族的生存，所以在核时代，任何打核战争的念头都是危险的，对于有核国家来说，最重要的是避免核战争。用核武器打军事目标貌似人道，但它却可能使核战争成为现实。而确保摧毁虽然指向双方以平民为核心的社会、经济目标，貌似惨无人道，但是，打平民只能是报复核袭击。如果双方都立足于打平民，那么任何一方都不会主动挑起核战争，最后就达到了不打核战争的目的。谢林早在1960年就极具洞察力地指出："只能伤及民众而无法打击侵略力量的武器属于防守性武器。"其使命主要是为了惩罚进攻者，即事后对进犯者予以沉重打击，而非事前迫使对方解除武装。而那种为了摧毁"军事目标，为了打击敌人的导弹和轰炸机而设计和部署的武器才有可能利用先发制人的优势，因此会诱使人首先发动进攻"[①]。

20世纪70年代之后，技术的发展似乎又使打击军事目标成为可能。最初的洲际弹道导弹曾是进行第二次打击（核报复）的好武器，因为每枚导弹只有1个弹头，而且准确度较低，任何一方从攻击另一方核武器当中都不会捞到好处。分导式多弹头的出现和导弹精度的提高出现了用1枚导弹消灭多枚导弹的可能。

---

❶ [美] 托马斯·谢林：《冲突的战略》，华夏出版社，2011年5月第1版，第196页。

当双方都在发射井中贮存了大量的陆基分导式多弹头导弹时，这些导弹就成了极大的不稳定因素，它们既可以是厉害的杀手，同时又容易遭到打击，所以会助长先下手的倾向。不过这只是一种理论上的推导。洲际弹道导弹固然易遭摧毁，而整个战略威慑力量却并非如此。在美苏"三位一体"的核力量中，还有大量隐蔽性极佳的弹道导弹核潜艇、一接到导弹发射警报就可以升空待战的战略轰炸机以及在苏联率先发展起来的机动式洲际弹道导弹，所以，技术进步的确带来了改变和挑战，但是"三位一体"保证了稳定的持续，确保摧毁所造成的僵局依然不可撼动。

第七章 威慑是核武器的主要运用方式

这个东西（核武器）是不会用的，制造得多，核战争就越打不起来。①

————— 毛泽东 —————

威慑的问题在军事政策的历史上是新出现的。在过去，对军事组织的要求是为战争做准备；对军事组织的考验是战斗；如果胜利了，就证明这种军事组织是对的。但是，在核时代，胜利已失去它的传统的重要意义了。战争的爆发越来越被认为是最不幸的灾难。今后，任何军事组织是否适当，将要根据它有无维护和平的能力来鉴别。②

————— 亨利·基辛格 —————

❶《建国以来毛泽东军事文稿》下卷，军事科学出版社、中央文献出版社，2010 年 1 月第 1 版，第 127 页。
❷ ［美］亨利·基辛格：《选择的必要》，世界知识出版社，1962 年 4 月第 1 版，第 17 页。

是武器就要使用，任何一种武器的研发都是为了在战场上克敌制胜、谋得优势，而不是仅仅为了做政治上的摆设和工具。美国作为第一个研发核武器的国家，其初衷也是如此：先是为了赶在纳粹德国之前掌握这种大杀器，后来则变成用它尽早结束战争。但是，这种威力巨大的武器很快就令人类面临着前所未有的困惑：作为一种在战术上无法阻断敌人陆海军但足以毁灭所有城市的武器装备，核武器到底应该扮演怎样的角色？不管人们是否情愿，他们最终还是无奈地得出结论：核武器只能用来慑止核战争，威慑是它唯一合理的用途。

一
是威慑而不是实战

威慑古而有之，上兵伐谋、不战而屈人之兵，在某种程度上都包含了威慑的思想。

为什么会有威慑的存在？谢林认为，这是因为"军事力量在实现夺取、持有、解除武装、限制、渗透和阻碍等目标之外，还可以被用来造成伤害。除了用于获得和保护有价值的东西之外，它还可以用来破坏价值。除了在军事上削弱敌人之外，它还可以使敌人遭受巨大的痛苦"。"施加痛苦不能直接获得或挽救任何东西，它只能促使人们努力避免被施以痛苦这种情况的发生。所以它唯一的目的，除非是为了娱乐或报复，否则必然是影响他人的行为，并迫使其做出决定或者选择。"①古代战争中的胜利者往往会进行大规模的屠城，毁灭失败者的所有物质财富，这种用军事力量造成伤害的行为其实就是一种威慑行动，目的在于降低其他国家、民族或部落的反抗意愿，使后续征服行动更容易。

在核武器出现之前，威慑主要与威逼联系在一起，其目的是劝行而非劝阻，即通过显示或有限使用武力迫使对方采取行动迎合或屈从于自己的意志。所以，威慑多半是积极的、主动响，是强者对弱者的运用，往往是为了达成富有侵略性和进攻性的目的，虽然这一目的未必一定能够实现。兵临城下，大军压境，局部动员、最后通牒……这些都是常用的以劝行为目的的常规威慑行动。

核武器的出现使威慑的内涵发生了重大变化，由重在劝行变为以劝阻为主，即通过向对方展示实力（表现为核报复力而非其他实力）和决心，达成慑止对方使用核武器、避免核战争的目的，它通常是弱者对强者或在势均力敌的对手间运用。威慑战略的重点是惩罚，它要表达的是："即使我们毫无防御力量，但是假如你胆敢发动进攻的话，我们给予你的惩罚将远远大于仅仅剥夺你的战争受益。"②从这个角度看，纯粹的防御力量由于没有惩罚手段，故没有威慑力，而纯粹的威慑力量则不提供防御。在积极意义上使用核威慑，即所谓的劝行，通常被称作核威逼，我国也将其称为核讹诈。

常规威慑（无论是威逼还是慑止）通常只是军事行动的一个辅助的和不重要的组成部分，而且成功概率并不高。以海湾战争为例，从 1990 年 8 月 2 日危机爆发到 1991 年 1 月 17 日战争正式打响，在 5 个多月的时间里，美国向海湾地区调入大量的军队和武器装备，进行外交努力建立多国部队，在联合国安理会通过要求伊拉克撤军的决议（实际上就是最后通牒），这些都可理解为是威慑。如果伊拉克面对大军压境和国际社会的压力而撤出科威特，战争就可以避免，威慑就生效了。但最终，美国还是靠军事手段解放了科威特。多国部队与伊拉克实力悬殊，但仍未能通过威逼令对方屈从于自己的意志。反过来，伊

---

❶［美］托马斯·谢林：《军备及影响》，上海人民出版社，2011 年 1 月第 1 版，第 2 页。
❷［美］斯科特·萨根肯尼思·华尔兹：《核武器的扩散：一场是非之辩》（第二版），上海人民出版社，2012 年 10 月第 1 版，第 3 页。

拉克也对多国部队实行了旨在劝阻的威慑，其中既有军事实力的展示，也有抗敌决心的宣示，更有让美国陷入第二个越战的宣传攻势，但这些丝毫没有动摇美国把伊拉克赶出科威特的决心，战争仍如期打响。海湾战争的例子说明，常规威慑基本不能作为一种独立的军事力量运用样式。究其原因，主要在于常规武器毁伤力较小，又受到诸多因素限制，故战争前景充满不确定性，而且无论是胜利还是失败，其结果都是有限的，这就极大地影响了人们对战争风险的评估。"当战争的失败——即便它会最终降临——显得遥不可及，并且估计战争只会导致有限的损失时，那么一国会更倾向于冒发动战争的风险"。① 尤其愿意维持现状的国家通常又处于相对弱势，这就使它更难以有足够的筹码使执意改变现状（恢复原状）、发动战争的一方因预估战争得不偿失而放弃使用武力。所以，常规威慑只能依附于战争，在战前或战争进行中使用，而一旦失灵或达不到目的，则必须有实战作为后续。

核武器则完全不同。常规武器有可能劝行，但很难劝阻，而核武器相反，可以劝阻但难以劝行。从劝行的角度看，动辄用核武器以毁灭对手相要挟是缺乏可信性的。核武器作为一种典型的伤害性力量，可以把使用它看作一种不得已而为之的坏事，之所以做这件坏事是为了要除恶，但它不能比它要除的恶还坏，更不能用这种毁灭性的手段来伸张正义。这就决定了只能在最极端的情况下，也就是在国家面临直接的、可能遭到灭亡的威胁时，才可以使用核武器。艾森豪威尔在 1959 年 3 月 11 日记者招待会上曾这样说道："把那样一种核战争作为一般的手段来使用，在我看来对我们大家来说都是一种自找失败的方法。毕竟，在全世界上百次地引爆那种核武器，我不知道它对整个世界特别是对北半球会带来什么样的影响；而且我认为不会有谁这么干的。"②

所以，在国际关系和常规战争中，使用核威逼以达成劝行的目的基本上是无效的。一方面是威慑者不敢用，下不了使用核武器的决心，另一方面，被威

● ［美］斯科特·萨根肯尼思·华尔兹：《核武器的扩散：一场是非之辩》第二版，上海人民出版社，2012年 10 月第 1 版，第 5 页。

❷ ［美］麦乔治·邦迪：《美国核战略》，世界知识出版社，1991 年 7 月第 1 版，第 509—510 页。

慑者也不相信威慑者有这个胆量。在 1958—1963 年的柏林危机中，赫鲁晓夫企图利用苏联的核力量强制中欧政治地图发生变化，但是，他几年的努力只是证明了核讹诈的无效。

而用核武器来进行旨在维持现状的劝阻就完全不同了。首先，威慑方想劝阻他国不对自己发动核战争，并不需要比被威慑方强大的核力量，在自身核武器规模显著小于对方的情况下，只要核力量不能被对手第一次核打击全部消灭，就可以达成避免核战争的目的。在若干年里，中国较小的核武库对超级大国发挥了等效的核威慑作用，防止了核战争的爆发，就已充分地说明了这一点。

第二，常规战争更注重的是首先发动攻击，在初始阶段即奠定优势地位，但是在核武器的世界，首先发动进攻并不意味着就可以抢占军事先机、赢得战场主动。"如果核力量中的某一部分无懈可击，整个核力量亦无懈可击。即使能摧毁核力量中的绝大部分也于事无补，因为一小部分得以生存的核弹头仍能造成毁灭。"[1] 所以，在双方都有第二次核打击能力的情况下，先发就失去了意义，立足于后发的威慑战略更适合核武器的特点。

第三，劝阻只是令被威慑的一方放弃侵略意图，即不做想做但还未开始做的事情，而不是中止已经开始的行动或按照威慑者的要求做某事，故其目标并不高，威慑成功可以完全没有任何外在标识（被威慑方可以否认自己有相应的意图），因此，被威慑方面临的国内国外压力较小，不存在"丢脸"的问题。反之，如果要求一国做出积极的动作以回应、顺从威慑方的压力和要求，则多半不容易成功，即使是弱国的统治者也不愿意采取这种政治上的自杀行为，海湾危机期间萨达姆在大兵压境的情况下拒绝从科威特撤出就是证明。

第四，劝阻核战争对当事国来说是可以接受的。"现代战争具有可怕的直接后果，它是一场巨赌，因此任何一个正常的人是很难相信某个国家或某个国家集团能够根据自己的意志迅速地计划并发动一次战争。"[2] 避免核战争几乎

---

[1] ［美］斯科特·萨根肯尼思·华尔兹：《核武器的扩散：一场是非之辩》第二版，上海人民出版社，2012年10月第1版，第102页。
[2] ［美］伯纳德·布罗迪：《导弹时代的战略》，军事科学院外军研究部译，内部参考资料，第120页。

是理性的国家领导人的共识。

核威慑作为核武器运用的主要样式，其与实战的不同之处在于威胁而非实际使用核武器，核威慑因此更注重心理因素和实力的显示，与政府的外交行为、政治姿态联系更紧密。这一新特点使核战略主要不再是怎样取胜的科学，而成为高压、威吓和威慑的艺术。既然核武器的主要功能不在于实战，那么军人的专业知识、职业素养和经验经历就变得无关紧要了，甚至军人的职业习惯对于核武器的运用来说可能还是有害的。由此带来的一个后果，即美国研究核战略的主力变成了不穿军装的文职人员，他们视野开阔，能够站在全局的角度看问题，对核威慑的运用更能体现政治的需求。

核威慑与实战的区别不仅在于实际使用武器与否，还有对成败的评判问题。实战成败的标准与标志相对清晰，威慑则不然。当 1949 年 3 月丘吉尔说"可以肯定，如果没有手中的原子弹，欧洲早在一些时间以前就已经共产化了，伦敦也早就遭到轰炸了"①的时候，他的所谓的威慑有效是无法验证的。一个国家没有对另一个国家发动核战争（或大规模常规入侵）既可能是对方实行核威慑的结果，也可能是因为该国原本就没有这个念头，所谓的威慑有效完全是另一方主观臆测的产物。

但是，核威慑的失败却一目了然。如果核威慑未能达到劝阻的目的，威慑就失败了。由于人们认定威慑的失败就意味着爆发核战争，就是核国家之间的同归于尽，所以威慑是不能失败的，威慑必须万无一失。那么，如何才能确保威慑有效？基辛格认为："威慑需要兼具以下的因素：有力量、有使用力量的意志和潜在的侵略者估计到这两点。而且，威慑是这些因素的产物，而不是它们的综合。如果有一种因素不存在，威慑就不起作用。"②这是从威慑方的角度来看的，在实际的运作过程中，这三个要素必须通过影响敌人的意图才能发挥作用。威慑的一个悖论在于，威胁进行核报复是理性的，但实际使用核武器

---

❶［英］劳伦斯·弗里德曼：《核战略的演变》，中国社会科学出版社，1990 年 10 月第 1 版，第 69 页。
❷［美］亨利·基辛格：《选择的必要》，世界知识出版社，1962 年 4 月第 1 版，第 17 页。

（哪怕是核报复）又是非理性的，核威慑对理性的人有用，对于非理性的人则可能无用，故威慑者既要假定对方是理性的（能够被核报复吓住），又要让对方相信自己的非理性（敢于进行核报复）。20 世纪 50—60 年代，美国核战略界一直在想办法解决威慑的内在缺陷以使威慑更可信。逐步升级或灵活反应（惩罚的轻重应该与罪行的大小相称）、研发战术核武器（手段与目标更加匹配）、打军事目标（即使发生核战争也能保证生存）等等，都有这方面的考虑。

另外，很多人还对如何在操作层面令威慑更可信提出了不同意见。如杜勒斯主张让对手没有把握，即实行战略模糊，不事先确切说明如果敌人发动新的侵略，美国将采取何种范围的军事行动。[①]也有人建议"战略清晰"。利奥·西拉德提出"合理摧毁战略"，主张给每一种侵略行为都贴上标签。例如，如果敌人袭击了我方某一特定的区域，我方就要毁掉敌方五个中等城市。[②]欧洲的一些学者还提出，分散决策比集中决策风险更大，使核门槛不稳定，从而更能慑止侵略者，等等。

上述种种设想可能导致的结果都是模棱两可的。冲突风险增大既可以有助于避免全面战争，但也可以刺激全面战争；麦克纳马拉想以"能打"的能力（不一定是打赢）令威慑可信，最终亦有可能使战略失去控制；刻意营造一种非理性状态也许会吓住对方，但冷战的历史表明，美苏最高领导人在危机时刻更担心失控的危险，他们一直牢牢控制着局面，明确表达自己对核战争的反感。

实际上，把威慑的成败看成是己方的事情从而千方百计令对方确信自己会使用核武器是错误的。问题的关键不是对手如何看我，我如何令对手看起来不是虚张声势，而是对手是否可能去做出某件充满战争风险的事，某件通过行动和反应、计算和误判、警报和错误警报、承诺和挑战的混杂，最终可能导致大战的事。威慑方"进行报复的威胁不一定非要百分之百的肯定不可，只要有进行报复的好时机，或者相信有进行报复的好时机就足够了。预告比成为事实要

---

❶❷［英］劳伦斯·弗里德曼：《核战略的演变》，中国社会科学出版社，1990 年 10 月第 1 版，第 108 页，第 249 页。

重要得多"①。在此，重要的是"不确定性"，即被威慑的一方对威慑方将做出何种反应、战争是否会升级没有把握，威慑战略就是利用这种吉凶未卜的风险感和恐怖感，因为一个侵略者，即便是在怀疑一种威胁力量是否会当真使用时，也可能不愿以其国家生存作为赌注而攫取有限的利益。

由此可见，相比报复方可能面对的禁忌、迟疑、胆怯，更需要关注的是挑战方明显承担的风险，即使存在核禁忌，这也是首先出牌的挑战方要面对的问题。因此，"在拥有战略核力量的国家之间，避免巨大损失的期望主要取决于进攻方的克制，而很少依赖本方的努力"②。当美苏领导人考虑核战争时，他们最先想到的应该是这种战争对他们的国家意味着什么，至于己方能给对方造成多大的损失，这远不是他们思考的重点。

二
核威慑的功能与用途

既然核威慑的成功取决于对手的预期，那么威慑方就必须使自己的威胁具有说服力。基辛格指出："因为全面战争系以全国的实力做孤注一掷，是否从事这种战争，主要决定于敌人的挑衅是否'值得'使国家遭受一场大灾难，敌人使用的武器的性质还在其次。关于挑衅是否值得最后摊牌的判断，在很大程度上将取决于争论中的地区或目的被看作多么重要。"③ 显然，只有涉及一国生死攸关的利益时，发出核威胁才是可信的，甚至没有明确的核威胁，对手也绝不敢轻举妄动；反之，为一件小事大动干戈只会令人产生虚张声势的感觉。从这个角度看，影响核威慑成败的关键是相关利益的大小，与威慑方怎样做关系并不大。

---

❶ ［美］伯纳德·布罗迪等：《绝对武器》，解放军出版社，2005 年 1 月第 1 版，第 51 页。
❷ ［美］斯科特·萨根肯尼思·华尔兹：《核武器的扩散：一场是非之辩》（第二版），上海人民出版社，2012 年 10 月第 1 版，第 26 页。
❸ ［美］亨利·基辛格：《核武器与对外政策》，世界知识出版社，1959 年 10 月第 1 版，第 167 页。

那么，在哪些领域核威慑可以确定有用、哪些又比较模糊、哪些又确定无用呢？

● 首先，劝阻核战争（当然，没有核威慑，核战争也可能不发生）是核威慑最重要的用途

"威慑这个概念最典型的表现形式（唯一有意义的表现形式）在于需要用核武器来阻止他人使用核武器，办法是扬言要用这种武器进行可能造成难以接受的破坏的报复性打击"。[①] 在彼此都有核武器的情况下，不管核威慑采取什么形式——主动威慑还是存在威慑，威慑客观上都是存在的。"遭受严重损失的前景，以及它对制止这一后果的无能为力都慑止了国家的行动。威慑之所以发挥作用，是因为核武器使一国能够严厉地惩罚另一国家，而无须首先击败它"。[②] 即使在核实力并不对等的两个国家之间，相互核威慑也是存在的。在一定范围内，战略力量间的均衡或失衡既不会影响对危险的估算，也不会影响"谁的意志更坚定"的问题。潜在的进攻方首先思考的并非哪方的力量占有数量上的优势，而是自身的某个极具挑衅性的举动会否招致核弹头落到自己头上。事实上，美国之所以一直纠结核威慑的可信性问题，其原因不在于怀疑以核止核是否有效，而是核威慑能否慑止苏联对欧洲的常规入侵。以核止核一定是可信的，但以核止常就不那么确定了。

● 其次，核威慑也可以防止国家遭到大规模的外敌入侵

"当我们既有强大的军事力量同时又有使用这种力量的意志时，威慑的力

---

❶ [英]约瑟夫·罗特布莱特等编：《无核武器世界探索》，当代世界出版社，1995年4月第1版，第175页。
❷ [美]斯科特·萨根肯尼思·华尔兹：《核武器的扩散：一场是非之辩》（第二版），上海人民出版社，2012年10月第1版，第26页。

量就最大。"① 显然，"竭力捍卫己方领土的被攻击方的意志要比竭力吞并他国领土的进攻方的意志更为坚决。这对潜在的进攻方是很大的约束"②。在国家处在生死存亡的关头，不管入侵者是否有核武器、是否使用了核武器，一个核国家的统治者使用核武器捍卫生存的决心都是不容置疑的。对于侵略者来说，是否发动战争是其首先要判断的问题，比对方会不会使用核武器反击更严重，因为只要对一个有核国家发动涉及生死和领土主权完整的战争，就不能自欺欺人地假设对方不使用核武器，哪怕该国明确承诺过不首先使用核武器。也正是基于上述认识，人们才一致认为，如果伊拉克有核武器，美国是不会将军队开进伊拉克、推翻萨达姆政权的，因为对于一个有核国家来说，他国不会在涉及其国家或政权生死存亡的大事上挑战其底线，核威慑具有保底的功能。

以上是核威慑没有什么争议的用途，其判断标准如谢林指出的那样："国家的边界是分析的恰当起点。一个国家的本土与任何的'海外'事务之间的差异，是内在的可信威胁与不得不使之可信的威胁之间的差异。"③ 总之，侵犯一个核武器国家的生死攸关的利益将会给进攻方带来无法估量的损失，没有任何国家会将巨大的赌注下在另一国的常识性认知上。这样一来，潜在的进攻就被慑止了。

在国家边界以外，当所涉及的利益并非生死攸关时，核威慑的用途和功能就存在争议了。

● 首先，核威慑能慑止有限的常规战争吗？

20 世纪 50 年代初核垄断被打破后，美国人虽然担心苏联发动核战争，但他们认为，"爆发除大战中以外的侵略的可能性看来更大。在即将来临的原子

---

❶ [美] 亨利·基辛格：《核武器与对外政策》，世界知识出版社，1959 年 10 月第 1 版，第 125 页。
❷ [美] 斯科特·萨根肯尼思·华尔兹：《核武器的扩散：一场是非之辩》（第二版），上海人民出版社，2012 年 10 月第 1 版，第 5 页。
❸ [美] 托马斯·谢林：《军备及影响》，上海人民出版社，2011 年 1 月第 1 版，第 32 页。

武器十分充裕的年代，必将造成相互威慑。共产党人可能因此倾向于扩大运用颠覆和有限侵略的策略"①。这些颠覆和侵略将主要发生在欧洲之外。对此，美国该如何应对呢？1954年1月12日，美国国务卿杜勒斯在纽约对外关系会议上发表演讲称："必须以大规模报复力量作为进一步加强局部防御的威胁手段；从此以后我们将主要依靠这种威慑手段来制止局部的侵略。"②杜勒斯的讲话表明，在美国的官方政策里，核威慑被赋予了慑止类似于朝鲜战争那样的有限常规战争的功能。

那么，核威慑能完成这一使命吗？欲回答这个问题，我们要从威慑成功的机理入手。威慑之所以成功，并非因为它能使对方的伤害无法奏效，而是因为可以对加害者进行强有力的报复，基于这一前景，欲加害的一方经过利害权衡，最终放弃了施暴的企图。在这里，对方策划中的伤害与另一方进行报复的程度大致对等，甚至报复可以小于伤害，因为实施伤害是为了获得某种利益，不能"伤敌一千自损八百"。

如果出现了另外一种情形，即一方的报复程度明显超过了对方可能造成的伤害，比如对方准备以常规手段发动有限打击，甚至仅仅是颠覆和渗透而非赤裸裸的侵略，另一方用核武器进行威慑会有效吗？显然，这是一个值得怀疑的问题，因为"如果我们想采取极端措施或者想为采取极端措施辩护，面临的危险就必须是非同寻常、非常可怕的"③。这其中的关键在于，威慑的手段与目标必须相称，威慑方用绝对武器去劝阻一个有限伤害。由此产生两个后果：第一，即使对手没有核武器，它也不会相信另一方会为了并不严重的、局部的威胁而使用在道义上将面临巨大困境的核武器，这在过去有核国家与无核国家的关系中已经被反复证

---

❶ ［美］马克斯威尔·泰勒：《不定的号角》，内部参考，第31页。
❷ ［美］伯纳德·布罗迪：《导弹时代的战略》，军事科学院外军研究部译，内部参考资料，第263页。
❸ ［美］迈克尔·沃尔泽：《正义与非正义战争：通过历史实例的道德论证》，社会科学文献出版社，2015年2月第1版，第230页。

明了的；第二，如果双方都是有核国家，都可以使用核武器，那么显然彼此都不会相信对方会为了一个并非核心的利益启动互毁程序。1953 年 10 月的美国"国家安全基本政策"（NSC162/2 号文件）明确指出："全面战争对于双方的毁灭性越大，就越不好以威胁进行全面战争来作为约束区域性侵略的手段。"[1]

总之，就如基辛格说的那样，"侵略者极不可能相信一个美国总统会有意识地赞成采取全面战争的手段来抵抗任何显然不是全面性的攻击。不管我们如何'真的'有决心，威胁如果不被人相信，也就会使威慑不起作用"[2]。人们对大规模报复战略的质疑其实就是基于这一理由。

● **其次，核威慑能够提供给盟友吗？**

即所谓的延伸威慑。这是冷战时期令美欧之间十分纠结、争论不休的问题，其核心就是可信性。这一可信性，一方面是指当欧洲面临苏联核打击时美国是否会冒本土遭到核打击的危险对苏联实施核报复，另一方面，它也指美国是否真能在欧洲做到以核慑常，即在面临苏联集团大规模常规入侵的情况下以核报复做出回应，因为这势必会导致苏联的反报复。由于美国（北约）在欧洲的常规力量处于对苏联（华约）的明显劣势，依靠核战略应对苏联的大规模常规进攻几乎是美国保护欧洲的不二选择。

对于美国的延伸核威慑，戴高乐总统曾直截了当地对肯尼迪总统表示过质疑："威慑现在对于俄国人和美国人来说是一个现实，这就是说，一旦发生全面原子战争，两国都将不可避免地受到可怕的、也许是致命的毁灭。在这种情况下，世界上没有人，特别是美国没有人能够说，美国的核武器是否、或在哪里、或何时、或怎样、或在多大程度上将会被用来保护欧洲。"[3]事实上，就连美

● ［英］劳伦斯·弗里德曼：《核战略的演变》，中国社会科学出版社，1990 年 10 月第 1 版，第 103—104 页。
● ［美］亨利·基辛格：《选择的必要》，世界知识出版社，1962 年 4 月第 1 版，第 39 页。
● ［美］麦乔治·邦迪：《美国核战略》，世界知识出版社，1991 年 7 月第 1 版，第 666 页。

国人自己也怀疑这一点。泰勒将军指出："在双方均能摧毁另一方的核对等情况下，大规模报复政策除了作为遏制总体核战争或作为对发起总体核战争的一方的一种报复手段外，就没有其他作用。这一事实已如此明显，以致必须考虑苏联或我们的盟国是否还相信我们除了为保全自己外，将会运用报复力量。"①

整个冷战期间，美欧之间都没有解决延伸核威慑的可信性问题。但是，直到冷战结束为止，欧洲一直保持着和平，苏联并没有凭借占优势的常规力量在欧洲发动侵略从而去检验美国的核威慑是否可信，特别是西方在西柏林的地位安然无恙。欧洲的和平说明，至少在美国定义的这个自己本土之外的核心利益地区，核威胁是可行的，尽管它多少有些不可信，尽管从美国国内到欧洲始终对此心存疑虑。

其实，如果从苏联的角度考虑问题，情况就完全不同了。苏联显然相信，欧洲对美国很重要，美国在不到一代人的时间里曾经两度介入欧洲国家的大战，所以，苏联企图打赢一场将改变权势中心地带均势的战争一定会招致战争升级的风险，而且其危险程度之高将难以预期。从这一点看，美国如果在欧洲依靠常规力量而不是核战争对付苏联，反倒有可能增大战争爆发的机会，这也是欧洲人反对美国"灵活反应"的重要原因，因为降低风险的结果是战争的门槛也随之降低。他们的担忧被一位英国高级将领很好地概括为：麦克纳马拉实际上告诉苏联人，他们进攻西德所需考虑的最坏预期是面临常规力量的反击。②

如果说苏联相信了美国对欧洲的延伸威慑的话，那么，苏联对中美洲古巴的保护则缺乏说服力。在古巴导弹危机中，美国在加勒比海拥有压倒性的陆海空常规力量优势，美国不仅可以对古巴实施严密的"海上隔离"（封锁的温和提法），更可以进行大规模的空袭和登陆。核威慑的存在并没有妨碍美国利

---

❶［美］马克斯威尔·泰勒：《不定的号角》，内部参考，第49页。
❷［美］斯科特·萨根肯尼思·华尔兹：《核武器的扩散：一场是非之辩》（第二版），上海人民出版社，2012年10月第1版，第24页。

用常规军事力量对苏联施压，苏联最终将核武器撤出古巴。为什么美国在欧洲可以部署核武器而苏联不能在古巴部署？为什么美国的核威慑可以平衡苏联在欧洲的常规军事优势而苏联不能用核威慑平衡美国在加勒比海的常规优势？显然，这里的关键不是美国当时的核力量比苏联拥有一定的数量和质量上的优势，归根结底，是因为"苏联人会发现，使外界普遍接受一个与它不接壤的国家真正地成为苏联集团的一部分，在政治上和心理上都是困难的"[①]。就是苏联自己也不认为古巴对他们足够重要，以致能够毫无顾忌地挥舞核大棒。所以，延伸威慑是否奏效，仍取决于各方对所涉及利益的重要性的判断。

三
那些与核威慑无关的因素

威慑的成功既然取决于被威慑方怎么想，如何衡量利害得失，如何在可能的收益与风险之间寻求平衡，那么又有哪些貌似与威慑有关但事实上并不会影响到威慑成败的因素呢？

● 一是"威慑本身并不以优势如何为转移"[②]

核威慑之所以有效，不是由于一方比另一方有更多的核武器，而是双方基于对核战争不确定的过程和确定的后果的恐惧。只要拥有可以在敌方第一次打击过后生存下来的报复性核力量，威慑就可以发挥作用，而打击军事力量的难度决定了拥有二次打击能力的门槛并不高。因此，即使核武器数量处于劣势也不影响核威慑发挥作用，"均势的牢固性不取决于在这种或那种系统上与对方并驾齐驱……每一方看到对方的总是使本可避免的核战争风险根本无法接受的

---

❶ [美] 托马斯·谢林：《军备及影响》，上海人民出版社，2011 年 1 月第 1 版，第 51 页。
❷ [美] 伯纳德·布罗迪：《导弹时代的战略》，军事科学院外军研究部译，内部参考资料，第 291 页。

战略回击能力……至关重要的是可能落到你自己一方头上的后果"①。曾经在核力量发展上你追我赶的两个核大国，到 20 世纪 60 年代中期之后也不再像早期那样对所谓的数量问题斤斤计较了。只要一战定胜负的结局不可能实现，那么发动核战争就是无法想象的。卡特时期的国防部长哈罗德·布朗指出，纯粹的威慑力量"应相对适度，其规模也许应达到充足的程度，并且对与对手的态势变化虽非完全毫无反应，但也并不敏感"②。美苏之所以在 70 年代愿意进行核军控，为双方的核武库封顶，原因也与此有关。只要威慑战略的有效不依赖绝对优势，双方就战略力量进行军备竞赛的动机也就变弱了。

● 二是核威慑与国家和领导人的特殊属性无关

核威慑成立的前提是对方是一个理性的人，会进行冷静的权衡和盘算，在意行动的成本与代价，因此他会认识到，核战争前景可怕，得不偿失，甚至会招致自己国家的毁灭，故在核威慑的压力下愿意放弃发动核战争或大规模侵略的企图。问题是，对方领导人未必一定是一个理性的人，也许他有心理残疾，也许他是一个大胆的赌徒（赌威慑方不敢在威慑失败后兑现威慑）。人格有缺陷的国家领导人在历史上并非罕见，特别是那些执意发动战争的人，很难说他们心智正常心理健康。也正是因为他们不按常理出牌，不走寻常路，才能够在国家间的博弈、较量中频频得手，希特勒在 20 世纪 30 年代的所作所为和取得的成功就是最好的例子。在希特勒身上，既可以看到心理偏执、不正常的一面，也可以发现他作为赌徒精明大胆的一面。他在1942年1月21日曾这样说道："在这一点上我也是冷酷的：如果德意志民族不准备为自己的生存而战斗，那好吧，

● [美] 麦乔治·邦迪：《美国核战略》，世界知识出版社，1991 年 7 月第 1 版，第 788 页。
● [美] 斯科特·萨根肯尼思·华尔兹：《核武器的扩散：一场是非之辩》第二版，上海人民出版社，2012 年 10 月第 1 版，第 23 页。

就让它毁灭。"①对于一个基于某种原因而宁愿毁灭自己民族的人（能不能做到是另外一回事），把他假设为理性人是非常危险的。

正因为如此，一直以来就有一种观点：核威慑对某些人或国家不适用。

● **首先，强国能慑止强国，弱国亦能慑止强国，但强国却不能慑止弱国，尤其是那些声名狼藉的所谓坏国家**

强国和弱国在核威慑关系中的这种所谓的非对称状态是美国在 20 世纪 90 年代令"星球大战"计划死灰复燃的理由。它的强力推动者、后来担任小布什政府国防部长的拉姆斯菲尔德认为，当年在苏联，政治局发挥着某种监督和制衡的作用，现在，"对萨达姆·侯赛因的监督和制衡在哪里？"在他看来，那些坏国家"他们毫不在乎安全性，他们毫不在乎可靠性，他们毫不在乎大量地制造这类武器。如果他们获得了它，将实力大增，而且他们会改变行事方式"。基于这一判断，拉姆斯菲尔德强烈主张发展导弹防御系统而不是单纯依靠进攻性武器的威慑作用。不过在这一点上他又表现出自相矛盾的一面。他认为防御系统是否行之有效并无大碍。部署该系统将会使潜在进攻方不敢确定多少枚武器能"穿越防御盾牌"，这一不确定性将会慑止它们。②问题是，遭到毁灭性报复的前景都慑止不了所谓的"无赖国家"，使部分来袭导弹失效的防御系统就能做到吗？如果导弹防御系统能够慑止这类国家，那么核武器应该更可以。华尔兹的看法与拉姆斯菲尔德相反，他认为："核武器使得领导人理智地行事，即使在其他情形下他们也许会表现得鲁莽而暴戾。"③

这种认为弱国难以慑止的观点是某种西方优越论的核版本。从冷战结束后

---

❶［美］威廉森·默里等编：《缔造战略：统治者、国家与战争》，世界知识出版社，2004 年 5 月第 1 版，第 415 页。
❷❸［美］斯科特·萨根肯尼思·华尔兹：《核武器的扩散：一场是非之辩》（第二版），上海人民出版社，2012 年 10 月第 1 版，第 127 页，第 103 页。

的情况看，拥有核武器的弱国并未表现出使用核武器的倾向，它们没有采取任何可能导致事态失控的举动。因此，假设这些国家的领导人不理性是毫无根据的。退一步说，即便真的出现了一个希特勒，核国家要想在无法确保必胜的情况下首先发动核打击，也不是一个人就能办到的。在这种情况下，更可能发生的是独裁者被手下和人民所抛弃，而不是控制核武器的全部人员在同一时刻都丧失理智，并最终使整个民族为独裁者殉葬。

● **其次，在若干年里，美国也认为，核威慑对苏联这样的国家（在某种程度上也包括中国）不适用**

官员、学者和各种报纸杂志的评论员从 1945 年以来就一直强调，核武器尤其适合于侵略。人们都想当然地认为，苏联是两个超级大国中更富有侵略性和更凶残的一方。一旦苏联在核能力方面赶了上来，它在人力、保密和意识形态的坚定性等非技术方面所占的优势就会开始发挥作用。[①] 还有人提出一种论点，并据此反对有关僵持局面的设想（即僵局将带来相互威慑）。他们认为，苏联在屠杀本国人民方面有着可怕的传统和骇人听闻的记录。如果苏联领导人认为发动一场核战争对共产主义事业最为有利，他们并不会因为有牺牲千百万苏联人生命的危险而止步不前，也不会因为有失去一些城市的可能而犹豫驻足，因为在俄国和苏联的历史上，大批城镇沦为废墟而又复兴的先例屡见不鲜。[②] 所以，"在我们看来是难以忍受的损害，在苏联看来可能是可以忍受的，在共产党中国甚至更为如此。威慑可能单纯由于双方对什么构成难以忍受的损害有不同的看法而不起作用"[③]。总之，能慑止美国人不打核战争的因素并不一定就能慑止苏联人，使苏联人甘冒风险的因素并不会促使美国人去冒同样的风险。

---

❶❷ ［英］劳伦斯·弗里德曼：《核战略的演变》，中国社会科学出版社，1990 年 10 月第 1 版，第 165 页，第 166 页。

❸ ［美］亨利·基辛格：《选择的必要》，世界知识出版社，1962 年 4 月第 1 版，第 22 页。

在一定意义上，当时苏联就是后来拉姆斯菲尔德口中所表述的美国无法慑止的坏国家。此种声音在美国的学术界、军界、政界尤其是国会颇有市场，直到20世纪60年代中期之后才逐渐消失。

关于统治者或国家特性方面的差异与核威慑的关系，华尔兹做过非常精彩的总结。他指出："无论统治者的身份如何，无论国家的特征如何，国家行为都会受到外部世界的强烈制约。在常规武器条件下……政府特征与领导人性情就需被仔细地衡量揣度。在核武器条件下，任何国家都将被他国的第二次打击力量所慑止……因其认识到攻击性举动可能会招致其自身的毁灭。"[1]事实上，老练的艾森豪威尔早在20世纪50年代就意识到这一点。当时，美国对苏联的意识形态偏见正处于巅峰状态，他在一次电视讲话（1954年4月5日）中发表了如下看法："现在让我们来看看第一个我称之为抵消或是平衡的因素。这些人自己愿意待在克里姆林宫这一事实意味着他们享受权力。他们要待在那里。他们无论何时发动战争，都要冒失去权力的巨大风险。他们把历史学得相当不错……当独裁者把手伸得太长，并向整个世界挑战时，他们便极有可能以失去独裁地位而告终。政治局里的那些人清楚这一点。"[2]艾森豪威尔对苏联人的了解是基于他对自己的了解：既然他们都愿意待在克里姆林宫或白宫，那么，任何一方都不会选择将导致灾难性结果的核战争，核威慑就有效了。

回顾冷战的历史可以发现，美苏两国在核领域的行为越来越趋同而不是渐行渐远，这说明，重要的不是拥有核武器的国家的特征，而是它们拥有核武器这一事实，核武器支配了核战略，核现实胜于政治说辞和意识形态信条。核国家间无论存在多大的差异，确保和平对它们来说都同等重要。

核武器诞生70多年了，即使在美苏对抗最为激烈、双方囤积了几万枚核

---

❶ [美]斯科特·萨根肯尼思·华尔兹：《核武器的扩散：一场是非之辩》（第二版），上海人民出版社（第二版），第99页。
❷ [美]麦乔治·邦迪：《美国核战略》，世界知识出版社，1991年7月第1版，第356页。

武器的情况下，冷战也没有演化成热战，可见威慑一直在发挥作用。每当危机出现，无论是美苏直接交锋的柏林危机或古巴导弹危机，还是两国在东亚、中东的间接对抗，它们都愿意谨慎行事而不是诉诸冒险。"战争之所以得以避免，是因为政治家们心里非常清楚失败的后果，他们深知以压倒性兵力摧毁敌人会带来什么样的危险。对于全面战争的恐惧影响了各方的用兵考虑，而这些顾虑并不局限于直接涉及核武器的领域。人们永远无法确认，不管有没有把握，军事上迈出第一步会将事态引向何方。"①如果人类真的无法走出核时代，如果一战定胜负的结局几乎不可能实现，那么威慑便是一种尽量把损失减到最小并能确保各国和平相处的唯一方法。

① [英]劳伦斯·弗里德曼:《战略: 一部历史》(上)，社会科学文献出版社，2016 年 11 月第 1 版，第 208 页。

第八章 一切都是

纸上谈兵

在战争艺术方面，经验比无论多少抽象真理更可贵。①

克劳塞维茨

❶ ［德］卡尔·克劳塞维茨：《战争论》，商务印书馆，2016 年 5 月第 1 版，第 228 页。

纸上谈兵是一个贬义词，它是说指挥官没有实战经验，只会空谈，机械地照搬书本和教条。一个理想的将领应当身经百战、经验丰富。在以往的战争中，横空出世的天才当然不乏其人，瑞典国王查理十二就是其中最杰出的一个。但通常情况下，即便是天才，如奥地利的唐·胡安、荷兰的莫里斯、瑞典的古斯塔夫二世、普鲁士的腓特烈大帝，甚至拿破仑，作战经验也都是非常重要的。经验不仅可以培养对于一个将领来说极端重要的"直觉"，而且在18世纪技战术进步非常缓慢的时代，也是进行下一场战争的重要依据。当然，19世纪之后，随着科学技术的突飞猛进和工业化时代的来临，战争的样式日新月异，但其中仍然有诸多的连续性，下一场战争不可能是从一张白纸开始。而核武器是一种全新的武器，它与传统军事实践的联系微乎其微，因此决定了核战争与以往战争相比存在着本质的不同，如何打核战争，任何人都没有经验，也无法通过实兵演习的方式模拟。于是，纸上谈兵就成为核时代设计核战争战略与战术的唯一途径。

一
上一场战争与下一场战争

有人说，不能按照上一场战争的模式打下一场战争。这里有两层意思。一是敌人会针对上一场战争的经验教训进行调整，而不是简单地延续以往的方法；二是技术的进步会颠覆以往很多军事信条，让成功的战术变得过时。当然，实际情况更可能是两者兼而有之，即敌人在汲取上一场战争经验教训的基础上利用了最新的技术成果，从而在战术上实现重大突破。比如在第二次世界大战中，德国人就吸取了一战阵地战的教训。他们利用一战后才发展起来的装甲车、飞机，发明了闪击战，通过火力与机动力、防护力三者的有机结合，摆脱了阵地战的魔咒，取得二战开局后一边倒的胜利。这里既有针对以往战争教训的成分，更有新技术、新装备的刺激与激励。

不过在 18 世纪大部分时间里，战争都是按一定的方式和规律进行的。战斗尽可能局限在人数有限的职业军人之间，而战役也主要是一些围攻或意在迫使敌方撤退的迂回运动，战术则因循守旧。由于武器技术几乎没有进步，故战术的改变也缺乏来自技术的动力和压力。18 世纪步兵战术的核心问题就是要找出一种最适合使用燧发枪和刺刀的作战形式和队形变换，三列队形在 18 世纪后期一直很普遍①。在这一时代，欧洲的战争和政治是有固定季节的。由于冬季道路状况恶化，作战几乎无法进行，部队每年都要等待冰雪融化、新草料长出来之后才开始行动。绝大多数战斗和围城战均在夏秋两季进行。每到 11 月下旬，部队回营过冬，此时政治季节便开始了，为下一次作战行动进行外交上和财政上的准备。

总之，从 18 世纪初爆发的西班牙王位继承战争到 1763 年结束的七年战争，欧洲军事家们打仗的方式和节奏几乎一模一样，变化的仅仅是战争舞台上的角色。战争因程式化而失去了想象力和创造性，上一场战争与下一场战争并无分别，以往的经验完全可以用来指导未来军事实践。

法国大革命貌似带来了军事上的巨大创新，但其实际意义并没有看起来那样大。革命的法国最初同欧洲各王室进行战争时并没有突然摆脱 18 世纪的传统。1792 年和 1793 年，法国将领们还倾向于使用横列队伍。到了 1794 年，特别是在那些由于大量新征入伍而纪律松弛、训练不足但士气颇高的法国北方军中，要以横队队形作战已不可能。于是大量法国步兵分散成散兵，在进行骚扰射击时隐蔽起来，遇到反击时就后撤。这种松散的队形是勇敢热情但缺乏训练的士

---

❶ ［英］J.O. 林赛编：《新编剑桥世界近代史》7，中国社会科学出版社，1999 年 1 月第 1 版，第 217 页。

兵们的本能反应。所以，散兵战术与其说是创新，不如说是法国人的因地制宜。到 1795—1796 年，法国混合编队作战已基本成熟，由散兵、横列队形和纵队队形结合在一起，再加上炮兵和骑兵的支援。这种混合编队可根据不同地形和敌情使用各种战术。[1] 由于制炮工业的发展，大炮的数量增加了，导致拿破仑在作战中较多地运用了炮兵，在这方面相比此前算是一个明显的改变。大革命时期的军队还在另一方面打破了过去 100 多年的传统。18 世纪的军队缺乏机动性是因为他们通常得依靠预先储存好的仓库进行补给，在相当程度上是仓库决定了交通线，从而也决定了作战规模。大革命开创了"就地补给"的模式，使在更大空间内运用更大规模军队成为可能。

但总的来看，在法国大革命以及随后的拿破仑战争中，早期工业革命的物质和技术成就在战争领域的表现微不足道。拿破仑也不是一个伟大的军事革新家，他对武器或战术的发展并未作出任何重要贡献，对"全民武装"这一概念，他也只是顺应和利用而不是首先发明。拿破仑战争艺术的转变主要源自政治的转变，"系由法国大革命既在法国也在整个欧洲造就的新的政治状况引起，这些状况发动了新手段和新力量，并且从而使得战争以一种否则将无法想象的那么大程度的动能成为可能"[2]。事实上，军事领域技术的迅速变化反而不利于军事天才的出现，因为它会使人雾里看花、无所适从，就像第一次世界大战中的情况一样，而技术趋于稳定的时期倒最能发挥拿破仑这类杰出将领的指挥才能。

19 世纪无论从哪个角度看都是一个前所未有的快速发展时代。铁路的修建改变了过去对于战略集中要素——力量、空间和时间的观念和计算方法，因为兵力的集中、调动变得更加快速、便捷，规模也更大；电报作为军事通信手段的出现（克里米亚战争中首次使用）对协调分布广泛、在不同战区作战的军队的行动具有重大价值；后膛枪炮的出现使战场上的火力射程更远、精度更高、速度更快，19 世纪下半叶机枪的问世更是大大提高了战场上的杀伤力（在美国

❶ ［英］C.W. 克劳利等编：《新编剑桥世界近代史》9，中国社会科学出版社，1999 年 1 月第 1 版，第 96—97 页。
❷ ［德］卡尔·克劳塞维茨：《战争论》，商务印书馆，2016 年 5 月第 1 版，第 879—880 页。

内战中首次显露神威，但未在欧洲受到应有的重视）。这些因素使战争面貌进入了一个快速发展的新阶段，上一场战争的经验对下一场战争的指导意义和价值迅速下降。与此同时，大众政治的兴起使以往战争中的那种理性、节制和非道德化氛围一扫而空，战争更是因此而增加了难以捉摸、无法估量的成分。

把第一次世界大战说成是军事史上的全新现象从而不存在任何可以借鉴的经验和教训是不准确的。事实上，美国南北战争从各方面看都是第一场现代类型的战争，可谓是 20 世纪总体战的较小版本。从宏观上看，这场战争标志着 18—19 世纪主要涉及作战部队的老式战争向在不同程度上影响社会每个集团并且最终要求国家生活总体化的现代战争的过渡。从作战手段看，这场战争发明了或使用了大规模的军队、铁路、装甲舰只、电报、连发后膛枪、各种雏形机关枪、铁道炮兵、讯号气球、堑壕与铁丝网。在人与人的较量之外，南北战争更呈现出了物与物较量的特点，攻势变得越来越困难和成本高昂，最终胜利的是拥有更大工业能力和人力的一方。从战争目标看，南北战争具有无限的性质，两方中必须有一方取得彻底的胜利：或是北部迫使南部回到联邦中来，或是南部迫使北部承认它的独立，二者之间毫无妥协而言，任何一方也不能取得部分胜利。这是一场思想观念的战争。这种粗暴、无情甚至残忍的战争与第一次世界大战极为相似，而与 18 世纪的那种不紧不慢、目标有限、讲究风度的战争完全不同。富勒认为："假使欧洲诸国对美国内战的教训曾经加以研究，那么在 1914 年与 1918 年之间，也许就不会铸成那样巨大的战术错误了。"[1]

当然，欧洲的国务家和军事家们在进入第一次世界大战时，他们脑子里并非没有参照对象。事实上，指导他们进入大战的是 1870 年普法战争的经验，在某种程度上也包括 1866 年的普奥战争。这两场战争都是速决战，军事专家们就此得出了工业化时代的战争将是速决战的结论。这显然是一个极大的误解。普鲁士之所以能够快速战胜对手，原因不仅在于发达的铁路网、参谋本部周密翔实的备战工作、在某些武器上的优势，更重要的是普鲁士宰相俾斯麦对战争目标的控

● [英] J.F.C. 富勒：《西洋世界军事史》卷三，广西师范大学出版社，2004 年 8 月第 1 版，第 78 页。

制、对追求胜利的高度节制。而这些，与总体战的零和博弈性质是完全不同的。

错误的参照使欧洲军事家们对于第一次世界大战的旷日持久、惊人消耗以及巨大伤亡毫无心理和现实准备。马恩河之战后，战争迅速演变成折磨人的僵硬的阵地战，双方既想利用机枪、战壕、铁丝网守住自己的战线，又矛盾而异想天开地想通过大规模的兵力投入突破别人的战线，最终导致胜败双方几乎都消耗殆尽。"这是一种没有先例的战争……它使一切传统的经典战争规则全部失效。机动是不可能的……战略也没有用了……军事学术已不再起作用……这是一场无休止地进行最野蛮的屠杀的战争。"①

无论是对胜者还是败者，第一次世界大战都是令人沮丧的，那么下一场战争是不是仍然要重复这一防御胜过进攻的模式呢？假如军事技术仍然停留在20世纪初的水平，结果也许就是如此。但是，飞机和坦克的出现为寻求突破的国家提供了变革的工具。"这是一般战争中的惯例，总是失败的方面可以学习到更多的经验。胜利者不免趾高气扬，而失败者则愿意追寻失败的原因。"②决意推翻凡尔赛和约的德国在新技术的推动下终于找到了破解阵地战的办法，即坦克、飞机和轮式战车相配合的闪击战，其作战思想是以攻势为基础，在一个战场上，进行尖锐、迅速而短促的战争，用瘫痪式的攻击来克服对方的直线防御体系。而法国幻想依靠上一场战争取胜的经验（事实上一战的胜利绝非阵地战的胜利）继续打阵地战，所以他们在自认为德国最有可能发起进攻的方向建设了坚固的马奇诺防线，而未能重视坦克装甲车所代表的快速机动作战。其实，单纯地看战车数量和装甲厚度及火炮口径，德法两国之间并不存在明显差距。③希特勒的胜利和法国的失败说明，"在这个战争样式迅速变动的时代，谁敢于

❶ [意] 朱里奥·杜黑：《制空权》，解放军出版社，2005年6月第2版，第164—165页。
❷ [英] J.F.C. 富勒：《西洋世界军事史》卷三，广西师范大学出版社，2004年8月第1版，第326页。
❸ 在西线战争发动之际，关于战车方面，德军可以作战的共2439辆，法军共有新型战车2460辆，另加600辆旧战车；英军共有229辆，其中171辆还是轻战车。法国战车中有许多就装甲和火炮口径而论，都比德国战车更优秀。在空军方面，德国人毫无疑问占了优势。在这场战役开始时，德国可以动用飞机共3700架，另有运输机600架，而法国却一共只有可用之机1500架，荷、比两国的空军根本不足称道。至于英军方面，有474架飞机驻在法国的基地上，其余的则留在英国本土。[英] J.F.C. 富勒：《西洋世界军事史》卷三，广西师范大学出版社，2004年8月第1版，第337页。

先走新路，谁就能取得新战争手段克服旧的带来的无可估量的利益"①。

二战之后，美国在局部战争中的表现始终不尽如人意，其中的重要原因在于，局部战争对军事行动的范围、程度、可使用手段的严重束缚以及第三世界国家政治、经济、地理等情况的复杂性等等，这些都与美国过去（主要是一战、二战）的战争经验相左。直到海湾战争，美国终于以强大的技术实力和新的作战理念为依托，开辟了一个全新的战争模式，并因此而赢得了从未有过的彻底胜利。

总体来看，19世纪之后技术和政治环境（大众政治、民族主义、冷战、意识形态等等）的变化急剧地改变了战争的面貌，令以往的经验、教条难以应付新问题、新局面。

即便如此，以往的经验也不是全无用处，至少它们可以成为下一场战争的参照，哪怕是从教训的角度，也可获得有益的启发和刺激。而且新技术改变的往往是如何达成目的的手段，而许多几百年来流传下来的军事信条本身仍然是有效的，如集中优势兵力、在作战之初首先以密集的火力进攻、突然袭击可以有一定的优势、消灭敌人的军队才能最终打败敌人，等等。另外，新技术尽管带来了诸多不确定性，但通过实兵演习、网上推演、火力计算等方法，对于新技术和新武器的运用及效果、未来战争的样式等还是可以有一定程度的预判，特别是对技术占明显优势的一方而言。美军提出的口号是，以打仗的方式训练，以训练的方式打仗，就鲜明地体现了设计、引领、主导战争样式的意图。

二
核战争是前无古人的全新战争

如果说以往的战争虽有变化但尚存继承、借鉴的一面的话，那么，核战争就是一场全新的、孤零零的战争（不仅没有古人，也可能没有来者），用弗里

● [意] 朱里奥·杜黑：《制空权》，解放军出版社，2005年6月第2版，第33页。

德曼的话来说就是"既没有先例也无法试验，其恶性程度挑战了人类的想象，唯一可能的应对方法就是模拟核战争。在一些非常独特的领域（将军，您打过多少场核战争？），经验的价值远不如一个敏锐而老到的智者"①。故传统战争的经验用不到核战争当中。就连身经百战的毛泽东也认为："原子武器出现以后，军队的战略战术和装备都有很大的变化，而在这一方面，我们一点都不懂。"②

在核时代，对于准备想象或拟从事核战争的人来说，下列这些是其必须回答但又无处寻找参考答案的问题。

● 一是如何利用核武器巨大的毁灭性力量？简单地说，就是核武器能用来干什么？能用它来达成什么目标

核战争之所以新，关键在于核武器，这是一种与以往任何武器都不相同的具有颠覆性的全新武器，其颠覆程度，按摩根索的观点，称其为武器已不准确。那么，核武器新在哪里呢？主要在于其杀伤力的来源由化学反应（TNT爆炸）变成了原子核反应（核裂变或核聚变）。这一变化带来了武器杀伤力成指数增长。回顾历史，人类武器发展的一个总趋势是杀伤力的增长。从冷兵器到热兵器是一次飞跃和突变，但在这一过程中武器的威力是逐渐显露和提高的。在"十四世纪初期，火药第一次适用于军事的时候，人们对它并不注意……直到一个世纪以后，在1428年和1429年奥尔良城被攻打期间，我们才发现有火器……野炮在十八世纪中叶的'七年战争'中才开始发挥其重大作用……直到19世纪中叶，即火药第一次适用于军事的五个世纪以后，由于出现了带有来复线和后膛装弹的各种步枪（在火炮方面，出现了能爆炸的炮弹），我们才进入现代武器的时代"③。在这500年的时间里，人类有足够时间适应武器的变化，思考、尝试其使用方式。进入工业化时代后，随着武器的改进和各种作战平台如飞机、坦克的出现，武器

① [英]劳伦斯·弗里德曼：《战略：一部历史》（上），社会科学文献出版社，2016年11月第1版，第194页。
② 《建国以来毛泽东军事文稿》中卷，军事科学出版社、中央文献出版社，2010年1月第1版，第238页。
③ [美]伯纳德·布罗迪：《导弹时代的战略》，军事科学院外军研究部译，内部参考资料，第159—160页。

杀伤力再一次提高，但这一发展仍然是量变层面的，而且在杀伤力增长的同时，防护能力和防御能力的进步又抵消了相当一部分杀伤力。而核武器无论是就杀伤力而言还是就发展的速度而论，都堪称是人类武器史上的一次质的飞跃。到 20世纪 50 年代，也就是核武器问世仅仅 10 年之后，其破坏力就达到了巅峰状态，"一枚一千万吨级的武器等于四年大战期间在德国投掷的全部炸弹爆炸力总和的五倍，等于在日本投掷的全部炸弹爆炸力总和的一百倍"[①]。

问题是，毁灭力如此巨大的武器能用来做什么呢？一开始，人们对这件新武器能够在遥远的地方以很快的速度造成巨大杀伤和破坏欢欣鼓舞，却忽略了这种武器究竟可以解决什么问题，可以达成何种具体的战术或战略目标。结果战略与外交出现脱节，战略抛弃了利害权衡、价值标准和动机分析而成为纯粹的杀戮。人们很快就意识到，即使不考虑对手的报复，这样的毁灭力无论是在政治上还是在军事上其价值都十分可疑，更难以运用。20 世纪 70 年代之后，技术的发展似乎出现了核武器用于打击军事目标（主要是固定发射的洲际弹道导弹）的前景，但是，在"三位一体"核力量结构下，处于相互核威慑关系的美苏两国中的任何一方都无法引爆核战争而不殃及自身。美国核战略发展演变过程中一个重要的主题就是找到一种可行的使用核武器的方法，这一努力反反复复，最终仍以失败告终。

● **二是如何评估核爆炸的影响**

传统武器的杀伤范围、持续时间极其有限，故火力筹划只涉及如何以最小成本带来最大效益，所谓最大效益，是对目标的毁伤而言。但是，对核火力进行筹划却复杂得多，因为它不仅会给敌人造成重大伤害，同时也会波及自己以及与战争无关的国家。

首先，难以估量在战场上使用核武器会对己方的作战行动造成多大以及何种影响。比如，人员是否能长时间暴露在核爆炸之后的环境中？对装备使用将

● [美] 亨利·基辛格：《核武器与对外政策》，世界知识出版社，1959 年 10 月第 1 版，第 70 页。

产生多大影响？土壤、水、食物是否或者多久才能安全？

其次，核武器的毁坏力不止于当下，而是将持续相当长的时间。所以，如果战争发生在盟国的土地上，当地的环境会受到多大破坏？是否不再适合于人类生存？如果说人员生存的问题还有望通过各种人防工程即消极防御措施得以缓解，环境的灾难则在劫难逃。这些不确定性也是战术核武器后来在北约逐渐被冷落的重要原因。

最后，核爆炸的各种破坏效应还会达到距离核爆中心相当远的范围，牵连大量与战争毫无关联的人口。如何估量并补偿、修复这些附带毁伤？这同样是一个没有先例的十分艰难的政治、技术和法律问题。

● 三是一国最高领导人、军事指挥官在面临核武器造成的巨大毁伤面前心理状态会如何

核战略研究的是当政治领导人面临极其可怕的情况和承受巨大压力时如何影响他们的思考、预测他们的行为，但这些具体情形到底怎样则是研究者在事前无从了解的。无人（包括政治领导人自己）能预料他们对于哪怕只有几枚核弹在他们的领土上爆炸会做出何种反应，他们可能感到极度愤怒从而孤注一掷，也可能忍气吞声漠然置之，还可能因为恐惧而惊慌失措，等等。所以，在事发之前下任何结论都是武断的。在这一点上，一国以往对待战争的态度和反应并无多少借鉴价值。这就决定了核战略中最重要的问题只能通过揣测和猜想进行研究。

● 四是在面临大灾难时民众的心理状态将如何？这显然不是一个想当然或自以为是的问题

自从飞机出现后，主张空权制胜的理论家和军人们都有一个不约而同的假设，那就是民众是脆弱的，很容易在空中轰炸面前惊慌失措、心理防线崩溃。杜黑认为，与训练有素、骁勇善战的军人相比，平民没有丝毫反抗能力。"面临这样一种无情的空中打击的国家，它的社会结构只能完全瓦解。很快，人民

自己出于自我保存的本能，为了终止恐怖和痛苦，将会起而要求结束战争——而这将发生在陆海军根本没有来得及动员之前。"[1]英国战斗机司令部指挥官、空军上将休·道丁则在 1937 年预言：空袭在伦敦引发了极度恐慌，这样下去，"顶多再有两周"英国就会战败。[2]此种推论在核时代更是获得了广泛的认可，因为核武器的杀伤力、震撼力、破坏力远远超过常规轰炸。上述判断可能是、也可能不是事实，因为本质上缺乏理性的大众还有可能转到另一个方向。1908 年英国作家赫伯特·乔治·威尔斯写下《大空战》一书。他设想的是民众非但不恐慌，而且还变得极度好战。在小说中，当局想投降，但民众却满怀激愤不答应。作为头脑的政府"被征服了，惊慌得不知所措"，身体却从头脑的管制下"解放了出来"[3]。所以，当核战争即将来临或战争已经爆发后，民众如何反应是无法预知的。在这种空前的浩劫面前，他们是会更好战还是更想活？抑或是变得麻木不仁还是积极踊跃？不仅不到事情临头无法预知，而且不同国家和民族的反应恐怕也会不同。

既然传统的战争经验、各种信条无法用于指导性质全新的核战争，那么能不能用实兵演习或武器试验的方式去模拟核战争、验证核武器的实际杀伤破坏力呢？这条路也行不通。

● 第一，核武器的破坏力太大，危害过于严重，所以，核演习不可能在实兵实弹的情况下进行，所以也就无法呈现真实的战场环境

苏联在 20 世纪 50 年代曾进行过真实核爆条件下的演习，结果严重损害了参演官兵的身体健康，在后来的日子里他们当中相当一部分人罹患癌症。无法进行实弹演习，就意味着很多数据和情况掌握不了，比如，使用核武器到底会对战场和周边环境产生什么样的影响？核爆炸对作战人员的身体、心理以及士气会造成何种伤害？在核爆炸之后，武器装备的使用、后勤保障（尤其是饮食）

● [意]朱里奥·杜黑：《制空权》，解放军出版社，2005 年 6 月第 2 版，第 62 页。
●● [英]劳伦斯·弗里德曼：《战略：一部历史》（上），社会科学文献出版社，2016 年 11 月第 1 版，第 166 页，第 169 页。

会遭遇多大困难？更无法估量的是，遭受核打击对一国国民的心理将造成何种影响？是促使他们反对政府并导致社会崩溃还是更坚定地团结在政府周围一致对外？在没有真实核爆的情况下，所有的一切都只是猜测想象，而这些又与作战行动息息相关。

● 第二，真实的武器试验也不行

常规武器可以通过试验得出准确的数据，而核武器试验基本都是弹头与运载工具分开进行，所谓"两弹结合"因为风险太大在实践中极少采用。通常的做法是，在试射导弹时使用模拟弹头，核试验则在专门的试验场（处于无人区）进行，而且是在技术上有需要的时候才进行，相比武器试验次数要少得多。20世纪90年代中期之后，5个合法有核国家都停止了核试验，开发新弹头主要依靠以往的试验数据或计算机模拟。所以，核武器的杀伤力、使用效果也无法通过试验详尽得出。

核战争与传统战争还存在着一个至关重要的差异，那就是连续性。传统战争自人类诞生以来就不曾中止过，其间技术的进步使战略战术发生了巨大改变，但在这一过程中仍存在延续性和一些普遍适用的军事信条。布罗迪认为，约米尼的名言"作战方法是可变的，但作战原则是不变的"之所以成立，是"因为作战方法改变得不多，或改变得不太突然"[①]。所以，研究战争史，研究过去的战例和军事理论，有助于理解、打好当下的战争。而核战争要么永不爆发，要么爆发了就不会再有来者，因为人们几乎一致认为，"原子弹将只能以巨大规模在冲突中使用。交战的任何一方都不会愚蠢至极，一旦开始报复行动而仅使用很少几颗原子弹。在进攻的最初阶段肯定会使用数百颗。更可能是数千颗原子弹"[②]。所以，人类将难以从核战争中恢复生机，其结果可能如爱因斯坦说的那样：我不知道第三次世界大战会使用什么武器，但我知道第四次世界大

---

❶ [美] 伯纳德·布罗迪：《导弹时代的战略》，军事科学院外军研究部译，内部参考资料，第161页。
❷ [美] 伯纳德·布罗迪等：《绝对武器》，解放军出版社，2005年1月第1版，第63页。

战用的武器是石头。如此看来，即使爆发了核战争，恐怕也无法从中得出教益以指导下一场核战争，核国家不可能通过打核战争的方式试错、纠错。

由于无可借鉴，由于任何人都没有指挥过核战争，关于核战争的研究和核时代的战略、战术问题必然具有"既抽象又理论"的特点，纸上谈兵无法避免。这是 20 世纪五六十年代美国核战略研究当中逻辑推理和运筹学的方法走红、文职战略人员崛起的重要原因。在核战略问题上发挥了重大影响的前国防部长麦克纳马拉热衷于数学和管理学的方法，他尤其喜欢非军人战略学家，这些人的研究不讲求直觉、知识或传统，却依靠严格的推理。用这种方法进行研究，要求以少量的理性假设为核心，并且利用这个核心探讨全新的战略行动。对于麦克纳马拉来说，"理性"已经变成了信条，他的目标不是使理论贴近现实，而是按照理论的设想构建一个现实世界。

博弈论是运用逻辑推理方式研究核战略的典型方法。博弈论研究的是这么一种情况下的理性决策：两个或者更多的人需要做出决策，各方都知道对方的偏好和可能的决策。结果取决于双方或多方的决定，对于某一方来说没有最好的选择，选择结果的好坏取决于其他局中人的决策。博弈论所做的就是说明这类情况所包含的实践意义和挑战，并说明对理性的参与者来说令人满意的解决方案应当是针对各方参与者而不仅是对一方的。[①]

由于美苏两国拥有完全对立的意识形态，结束双方的对抗几乎不可能。但是考虑到潜在冲突的巨大危险性，双方又都不愿意走向决定性的摊牌，两者关系仍能够保持一定程度的稳定性。这么一种既冲突又有共同利益、信息不完整、有欺骗动机但又相互依存的关系模式尤其适合用博弈论的方法进行研究。

博弈论的运用促进了战略思维的转换。人们开始认识到，一方采取何种战略性行动依据的是对他人未来行为的预期，而他人又是无法掌控的；战略游戏中的玩家虽不会相互配合，但他们彼此相互依存，既可能共赢也可能皆输，一切取决于对局如何展开。在这样的约束条件下，双方的理性战略不是试图收益最大化，

● [美] 托马斯 C · 谢林：《选择与后果》，机械工业出版社，2015 年 10 月第 1 版，第 178 页。

而是寻求一个最理想结果，这个理想结果对彼此都是如此。具体到美苏关系中，可以把两个超级大国看作各为参加游戏的一方，由于双方都可能在核战争中被毁灭，就使他们之间肯定存在都想避免某种结局的共同利益。如果每一方的收益都取决于对方所作出的决定，同时如果某些结局对彼此都有利，那么双方之间就不至于有全面冲突，而只会有谨慎从事的讨价还价，其中包含着合作的因素。博弈论的著名假设"囚犯的困境"主要是说，假如被迫发生冲突的游戏双方没有机会串供或者无法信任对方会坚持双方协商一致的战略，其结果要比双方有这样的可能时更糟糕，即合作才是彼此最好的选择。这种思维的转变为20世纪60年代之后美苏在核军控和维持战略稳定方面的合作奠定了基础。

运筹学是在二战期间出现的，最初用于反潜、护航、空袭的兵力配置、火力计算。这些行动与复杂多变的陆地作战不同，涉及的变量较少而相似的战例又较多，很多影响作战的因素都相对固定和稳定，因此更适合使用运筹学方法。二战后运筹学方法开始大量运用于核战略当中。核战争虽然没有先例可寻，但核爆炸的破坏力、毁灭力的计算则比传统武器更容易，所以，依据运筹学的方法，可以对核战争中的火力分配、导弹突防、反导拦截等进行较为精确的评估，即用量化的方式打仗。克劳塞维茨曾对只审视物质因素而将所有精神素质排除的战略理论做过尖刻的批评，认为那些评论家"将一切都简化为寥寥几项关于均衡和优势、时间和空间的数学公式"[1]，而核战争恰恰就变成了克劳塞维茨所鄙视的"数学公式"。在核战争当中，打一个目标需要多少枚核弹，精度与威力的关系，如何才能效益最大化，确保摧毁所需的核武器规模等，都可以用计算机给出答案。麦克纳马拉时代关于美国保持1000枚洲际导弹就可以给苏联造成难以承受的损失的结论虽然并非真的基于对苏联承受力的量化，但这一数字也是通过计算得出的，因为超过这一规模美国对苏联核打击的边际效益将大大下降，因此也就没有实质性意义了。

核战争没有发生过，所以无从借鉴，单靠人类想象力也不足以解决问题。

---

❶ [德] 卡尔·克劳塞维茨：《战争论》，商务印书馆，2016年5月第1版，第249页。

如果说博弈论的重要性在于它提供了一种方法，使战略问题变得有办法处理，使人们可以探索解决问题的路径，那么，在实际处理问题的时候，博弈论并不能够拿出指导人们行动的指南和药方，不能把它当作制定某些特定政策的科学依据，也不能根据博弈论预测对手或解释实际行为。它只是代表了一种思维的转化，能对行为作出有价值的分析。它在采取什么样的战争和怎样同潜在敌人打交道的问题上都提出了全新的思路，但是，它把现状作为前提予以维持，所以，并不是一种真正解决问题的方法。

三

纸上谈兵的困境所在

克劳塞维茨指出："在战争中甚于在其他地方，事情到头来并不像我们预期的。"[①] 传统战争如此，核战争也不例外。我们可以猜得到核战争的结局，但我们猜不到开头和过程；我们可以计算武器的威力，但我们无法估量人心。纸上谈兵可以方便人们对任何人都毫无经验的核战争进行研究，也可能提出一些颇有见地的理论、观点和战略，但其局限性、困境也是显而易见的，解决技术问题或许可行，但牵扯到的政治与心理因素多了则无能为力。

首先，在至关重要的心理问题上，无论多么科学的方法对此也是无能为力的。核战争让人无关紧要，那是就作战而言，而在战略层面，人的因素仍然极其重要。毁伤可以评估，但心理则无法预测，永远存在截然相反的可能性。而且，因为一切都没有参照，所以一切也就无从检验。

●● 一是核威慑的成败与人的心理关系更密切

威慑既依赖对手的心理，那么怎样才能令核威慑可信？是模糊从而让人捉摸不定还是说清楚从而划一条清晰的界限？是理智和高度控制还是适度装疯卖

● [德] 卡尔·克劳塞维茨：《战争论》，商务印书馆，2016年5月第1版，第275页。

傻？博弈论中的一个经典假设"胆小鬼游戏"玩的就是这种令人心跳的把戏。至于说战略核火力"究竟多少才充足"的问题将永无答案，"因为需要这类火力是为了威慑，而不是为了确保胜利"。[①]

● 二是有限、有控制地使用核武器（或逐步升级）也依赖人的心理

克劳塞维茨在谈到军事活动的主要特征时，提出了"活反应"这个概念，意即军事行动"必须预期活反应，连同由此而来的互动过程"，而互动的性质本身使反应更难以预料。[②]正因为对手是活生生的，所以其如何反应带有极大的不确定性。美国在20世纪60年代初之前花了很大力气研究如何在避免大规模毁灭的前提下有限和有控制地使用核武器，这一努力最后之所以无奈地让位于相互确保摧毁，除了一些技术问题难以操作外（比如打军事目标很难不伤及城市），更重要的是因为无法预测对手（在一定程度上也包括本国国民）的心理而对能否实现有限和有控制毫无把握。比如，你的有限在对方眼里会同样是有限的吗？对方是会默认逐步升级还是不分青红皂白将所有的核武器发射出去？在第一枚核武器发射出去后还可能不紧不慢、有控制地使用核武器吗？激动的民众会不会要求进行猛烈报复？有限的核打击是会令对方政府放弃某种侵略行动还是血战到底？万一对手不克制怎么办？在核战争当中，对上述问题的任何误判其结果都是致命的。

1962年的古巴导弹危机提供了核时代国家领导人在面对核战争危险时心理状态和现实表现的最佳实例。在1962年10月22日晚7点的演说里，肯尼迪总统直接做出了核威胁。他宣布，从古巴向这一半球的任何部分发射任何导弹都将被视为"苏联对美国的攻击，因而，需要对苏联做出全面的报复反应"。[③]显然，他并没有像麦克纳马拉所设计的那样"限制损伤"，专打军事目标，而

❶ ［美］威廉森·默里等编：《缔造战略：统治者、国家与战争》，世界知识出版社，2004年5月第1版，第628页。
❷ ［德］卡尔·克劳塞维茨：《战争论》，商务印书馆，2016年5月第1版，第191页。
❸ ［美］麦乔治·邦迪：《美国核战略》，世界知识出版社，1991年7月第1版，第549页。

是做出了全面报复的姿态。这表明，理论在现实面前是多么的苍白无力。

其次，科学方法不问动机，只看能力和机会，将对手和盟友当作抽象的人，没有具体的背景、历史、传统、心理等。"进行分析时并不怎么考虑一个国家冒着把自己投入巨大灾难之中的高度风险采取挑衅行动究竟对它有什么好处的问题，而主要只是考虑这一行动如何可能得逞的问题。这就好比是教警官怎样根据作案机会和杀人武器来侦破案件，而根本不考虑作案的动机一样"。① 一些所谓的战略研究人员实际上就是定量系统的分析员，在他们的眼里，对手随时都准备冒难以预测的全面进攻的风险。他们认为，苏联人不仅倾向于把核战争作为许多不同类型危机中的一个小灾难，而且他们冷酷无情地准备做出数以千万计的牺牲，就像他们在第二次世界大战中所表现的那样。但是他们无视一个至关重要的区别：第二次世界大战最坏的结果也远不能与一场全面热核战争中可能出现的情况相比。事实则是，当古巴导弹危机使苏联面临真实的核战争的危险时，赫鲁晓夫选择了退却而不是硬抗。当 20 世纪 70 年代一些美国人为"民兵"导弹易受苏联分导式多弹头导弹打击而焦虑和恐惧时，这些人却忽略了苏联领导人考虑核战争必须要回答的一个问题：核武器将给其国土以及他们自己带来什么后果？这些人不愿意认真研究苏联政府发动核战争的动机和所必须承担的风险——苏联要核战争干什么？核战争对苏联有什么好处？

以麦克纳马拉为首的一帮人尤其喜欢以科学和理性自居，认为有必要教育头脑不清醒的人民、盟友以及对手接受他们的思想和观念。核武器的确需要一套全新的核战略，但新的研究方法脱离活生生的世界，抛弃了历史、心理、偏见、野心、恐惧、意识形态等，以纯科学的面目出现，被证明也是行不通的。比如在与盟国的关系上，忽略不同历史、地理、经验、价值观给各个国家带来的差异而一味想在科学的基础上达成共识几乎不可能。热衷于技术和逻辑推理的美国人恰恰忽略了最应该尊重的政治现实。现实很可能不讲科学，也不符合理性，但它是客观存在，战略必须建立在现实的基础上，必须对现实做出妥协。麦克

---

❶ ［英］劳伦斯·弗里德曼：《核战略的演变》，中国社会科学出版社，1990 年 10 月第 1 版，第 208 页。

纳马拉时期美欧同盟内部双方分歧的根源在于历史和地理因素以及战略环境和战略理论的不同。美国有限（核）战争的提法本意是想使核威慑更可信，因为他们认为动辄就以毁灭性的核战争相威胁缺乏可信性。同时，对于远离战场的美国，用什么武器打仗、打什么程度的战争其后果也是完全不同的。所以，"灵活反应"既是为了威慑可信，也是为了避开同归于尽的前景。但是欧洲对此却十分不满，甚至惊恐万分，因为他们认为在战争打响之后继续威慑、为核战争设置阶梯门槛会让苏联觉得战争升级的风险较小从而可能促使其对欧洲发动侵略，灵活反应的结果是降低了核威慑的可信性。欧洲经历过两次大战，是毁灭性大战的主战场，故他们想慑止一切战争，免遭一切战争的蹂躏。

对于那些使用科学方法进行纸上谈兵的学者，布罗迪在《战争论》的"经久的适切性"一文中进行了尖刻的批评："我们自己一代实属独特，可是独特得可悲，因为产生了一派思想者，他们据称是军事战略内行，而且肯定是军事研究专家，然而对军事史，包括我们最近几场战争的历史简直一无所知，同时看来毫不顾虑自己的无知。他们在系统分析和相关的深奥学科方面的技能无疑极有价值，帮助他们在我们空前复杂的武器系统的形形色色的推销员和提倡者中间闯出他们自己的路。但是，就人们怎样进行战争和在其压力下如何表现，我们仅有的经验资料是我们在过去的作战经历，不管我们因为随后的状况变迁不得不做多大的调整。"①

● **三是科学方法沉迷于细节和具体问题，将大国对抗当作基本的前提条件**

在这些研究者心中，大国关系似乎是一成不变的，对抗被视作当然状态，其研究目的并不是要解决使东西方分裂的根本政治分歧，他们的方案既无助于和解也不能获得胜利，只能维持现状。在具体的研究中，他们沉迷于仔细分析军事技术和双方军队获得的装备，战略研究变成了计算、图表、矩阵，杀伤概率，防

● [德] 卡尔·克劳塞维茨：《战争论》，商务印书馆，2016年5月第1版，第75页。

御可能，破坏程度等，而对如何实现缓和等宏观问题则缺乏思考。这种只注重国家军事能力的战略研究忽略了一个至关重要的事实：恐怖平衡固然有赖于各自核武库的质量优劣与数量多寡，但是这种平衡也同样与国家间的政治关系有关。国家间政治关系的变化对核稳定的促进或破坏作用可以大大超过纯军事因素的变化所产生的作用，解决核武器给人类带来的威胁和困境最终还得靠政治关系的改善。

● 四是在战略研究中借用博弈论的根本问题在于假设冲突双方的行为是合乎理性的，似乎只有当双方在实践中都具有理性，都能够深谋远虑，也都追求尽可能大的功利时，这种理论所提供的方案才行之有效

这种分析问题的方法完全无视一系列的心理和社会因素——诸如精神变态、情况不明、国内的政治压力、价值观念的冲突或者纯粹的判断失误。此种既不受感情或意识形态对抗的干扰，也不因无知就不可能进行的纯机械性选择，恐怕只存在于博弈论所设想的抽象世界中。此外，在博弈论中，行动的机会及其提供的选择范围都是由游戏的结构所决定的，而游戏的结构又是理论家们臆想出来的，与现实世界毫无关系。比如在"囚犯的困境"中，双方被设定为都不知道对方如何选择，而"胆小鬼游戏"的规则是双方都知道自己将在撞车前的某个时刻躲闪，所以有可能通过将躲闪拖延到最后一刻的办法来取得胜利。

总之，纸上谈兵的推理研究模式很难得出一个没有争议的结论，涉及人的心理、意图时更是如此。这就导致美国核战略界轰轰烈烈研究了二十年，但除了确保摧毁之外（确保摧毁与其说是一种战略选择，不如说是一种战略现实，尽管如此，也有人对此提出质疑和反对），所有的理论和结论都受到各方质疑。而美苏两国最后唯一达成共识的领域也是避免相互摧毁，核军控、核裁军、核安全是实现这一目标的重要途径，美苏首先在这些领域展开了合作。

第九章

手段消灭了目的

战争不仅是一种政策行为，还是一种真正的政治工具，是政治交往的继续，依靠另一种手段进行……政治目的是终点，战争是达到它的手段，手段决不能与其目的隔开而被孤立地考虑。①

——卡尔·克劳塞维茨

　　我们的世界在核时代面临着过去从未见过的邪恶危险：不仅是摧毁城市，正如在第二次世界大战期间多次发生过的那样，而是终止我们的文明。②

——威廉·佩里

---

① ［德］卡尔·克劳塞维茨：《战争论》，商务印书馆，2016年5月第1版，第119页。
② ［美］威廉·J.佩里：《我在核战争边缘的历程》，中信出版社，2016年11月第1版，第13页。

克劳塞维茨的名言"战争只是政策的以另一种手段的继续"借着毛泽东的《论持久战》早就为中国人所熟知，它道出了战争的工具属性，即暴力的运用必须从属于更高层次的政治目的，战争只是实现政治目的的诸多手段中的一个。所以，"战争一刻也离不了政治"[1]，它既不可能取代也不能凌驾于政治之上，而是必须做政治灵活、便捷、可用的工具。然而，核战争却颠覆了战争的传统角色和功能。现在，它已经成为一个名副其实的潘多拉魔盒，一旦打开，其释放的恶魔般的能量将吞噬一切，包括政治本身。问题是，当手段消灭了目的，手段还能存在吗？手段还有意义吗？

一 传统战争的工具性

如果说16—17世纪的战争因宗教原因而充满了"正义和道义"的味道的话，那么在18世纪，除了比邻奥斯曼帝国的地区外，那种因不能容异教异端而打得你死我活的宗教战争基本上已经消失。在这一世纪里，许多战争都是王朝战争，如西班牙王位继承战争、奥地利王位继承战争等。这些战争为了获得某种特定的利益而进行，最后以交换疆土和重新划定边界而结束。"战争考虑的主

---

[1]《毛泽东选集》第二卷，人民出版社出版、解放军出版社重印发行，1991年6月第2版，第479页。

要是力量均衡，它是王朝之间而不是在民族之间进行的。王室的战争和王室的婚姻，是王室的私产从一个王朝转移到另一个王朝手中的两种手段……战争只是在王室婚姻安排失败或乱的不可收拾时才发生"。①

对于这个时代的战争，克劳塞维茨是这样总结的："在那些岁月里，一个侵略者的通常的战争规划是要夺取敌国的一两个省份。防御者的规划只是要阻止他这么做。一场既定的战役的规划在于占领一个敌方要塞，或阻止己方要塞被占。不寻求也不打一场会战，除非它为此目的而必不可免。"②这一有条不紊、中规中矩的特点充分体现了战争作为政治的工具的属性，甚至可以说，战争操作已经变成了"一种真正的竞技，在其中依据时机和偶然事变出牌。就其效果而言，它是一种较强形态的外交，一种更有力的谈判方式，在其中会战和围城战是被互换的主要照会。甚至最富野心的统治者也没有任何更宏大的目的……"③进入19世纪，虽然出现了民族主义和意识形态的狂热，但除却最暴烈的拿破仑战争，战争总体上仍保持了有限性。福煦元帅认为，"这种古老的方法是得不到决定性的解决，而只有有限的目标"。④但这恰恰就是战争工具性的体现和保证。

18世纪乃至19世纪的战争之所以能保持其工具本色，有两个原因很重要：一是前工业化时代技术和财政能力的限制，二是欧洲各国之间共享的价值观念、传统以及统治者之间的血缘关系。这些使后来在20世纪司空见惯的总体战不仅无法实现，而且也不被接受。

从17世纪晚期开始，常备军规模的迅速扩大使欧洲君主们的养兵成本日益高昂，但军需部门的效率并没有提高，征发补给速度非常缓慢。在这种情况下，大家都愿意避免代价昂贵的会战。由于后勤供应依赖粮草贮存仓库，所以将领们的机动范围一般不能超过距离粮草库5天的行程（约60英里）。大部队一起向前推进时调度起来很困难，要经过数小时才能摆好战斗队形。当时的战争还具有突出的季节性。冬天道路泥泞或冰冻，无法运送火炮和物资，部队的供

❶［英］J.O. 林赛编：《新编剑桥世界近代史》7，中国社会科学出版社，1999年1月第1版，第214页。
❷❸［德］卡尔·克劳塞维茨：《战争论》，商务印书馆，2016年5月第1版，第851页，第849页。
❹［英］J.F.C. 富勒：《西洋世界军事史》卷二，广西师范大学出版社，2004年8月第1版，第276页。

给得不到保证，所以，一旦气候变坏，部队就得进驻冬季营地。这种种制约因素都使得大规模作战成为不可能。

在英国人与其造反的美洲殖民地进行的战争中，技术的限制体现得尤为明显。其中最大的困难就是通信指挥不便。英国人发现，在英国本土控制跨越大西洋投送的军事力量完全超出了自己的能力。在杰曼勋爵 1778 年至 1781 年期间给将军亨利·克林顿爵士的大约 63 封令函当中，有 6 封用了不足 2 个月时间到达北美，12 封用了几乎 2 个月，28 封用了 2—3 个月，4 封用了 4—5 个月，还有 2 封用了 5—7 个月。[1] 在这种情势之下，英国最终选择与造反者妥协而不是坚持强力镇压。

财政困难对 18 世纪的统治者来说是另一个无法摆脱的紧箍咒。在当时，是一国的财力而不是它的经济力，最终决定战争的历时长短和激烈程度，因为一个政府如果不能迫使臣民将财富交入国库并迅速拿出新的敛财方法，那么它很可能因为破产而被迫求和。但是，以当时社会的财富水平和制度、惯例（例如法国的贵族免税），征集到额外的赋税实属不易。英国的小册子作者查尔斯·达维南特于 1695 年写道：“不管这场战争（九年战争）什么时候停止，这不会是由于双方的仇恨情绪已经消除，也不会是由于没有人参加战斗的缘故，而首先感到财力不支的一方，必然首先偃旗息鼓。”[2] 这几乎是从九年战争到西班牙王位继承战争期间（1689—1714），双方的政治家、将军、行政官员及承包商们共同持有的看法。每一场战争的结束都与战争双方财力枯竭有直接关系。

总的来看，18 世纪的陆军和海军都是国王们精心豢养的玩物，它们保守，守旧，费用巨大；而且，如有可能，最好利用这些玩物不经过战斗就可取得结果，因为打仗的花费实在是难以承受。在当时的各国军队之间，虽然也存在指挥能力和训练水平的差异，但这些差异的实际重要性比人们预料的要小得多。腓特烈大帝在 1775 年这样写道：“欧洲各国的武器装备和军纪大体相同，结

---

❶ ［美］威廉森·默里等编：《缔造战略：统治者、国家与战争》，世界知识出版社，2004 年 5 月第 1 版，第 10—11 页。
❷ ［英］J.S. 布朗伯利编：《剑桥世界近代史》6，中国社会科学出版社，2008 年 8 月第 1 版，第 385 页。

盟往往使交战的双方势均力敌。所有那些参战的王侯，从当前最大的优势中充其量只能指望取得一系列小胜利后在边境地区得到某个小城镇，或者一片土地，这连支付战争的利息都不够；而其人口也不及战争中死亡的百姓多。”[1]所以，国王们不愿意打一场令彼此元气大伤又成果有限的“总体战”（如三十年战争那样），或者说，如果可能他们实际上不愿意打任何战争。

复杂的王朝联姻和共同的历史、文化、宗教背景也使得欧洲国家统治者结成了一个超国家的利益共同体，在这一共同体内部，不去追求绝对的胜利、确保每一位重要成员的生存和主要利益是被全体成员都接受的基本价值观和道德底线。像古斯塔夫二世、查理十二和腓特烈大帝那样有才能有野心的统帅和君主，拥有素质超群的军队，为什么取得的成就超不过那个时代的普通水平？为什么就连他们也不得不满足于平凡的成功？克劳塞维茨认为，解释在于欧洲均势，欧洲国家“已形成的广泛利益成了限制它们成长的因素。政治关系连同其亲疏好恶变成了一种那么敏感的连结，以致在欧洲不可能有任何大炮轰鸣而每个政府不感到自身利益受影响的”，“甚至路易十四，虽然立意摧毁欧洲均势，而且到 17 世纪结束时极少受阻于他面临的广泛敌意，也照旧只沿传统界限进行战争”。[2]这种对一国统治者的约束，既来自客观环境，也受到主观意愿的影响。

正因为战争是君主们的工具，是达成政治目的的手段，所以，国家只为非常具体和有限的理由打仗，“胜利者必须核算是否已经对敌人造成了充分打击，以便说服敌人理智坐到谈判桌前”。[3]战争通常不会伤筋动骨，也不会对国家（王朝）之间的关系造成严重的、长期的、不可逆的伤害，如 16—18 世纪矛盾最深的两个王朝——法国的波旁王朝和统治奥地利、西班牙的哈布斯堡王朝同时也是联姻最多的两个王朝；国家间联盟的组合极其灵活，上一场战争与下一场战争的敌我关系可以发生颠覆性的变化，如奥地利王位继承战争和七年战争那样。

尽管拿破仑战争具有明显的总体战性质，但是在战争结束后，以英国和奥

---

❶ [英] J.O. 林赛编著：《新编剑桥世界近代史》7，中国社会科学出版社，1999 年 1 月第 1 版，第 222 页。
❷ [德] 卡尔·克劳塞维茨：《战争论》，商务印书馆，2016 年 5 月第 1 版，第 850 页。
❸ [英] 劳伦斯·弗里德曼：《战略：一部历史》（上），社会科学文献出版社，2016 年 11 月第 1 版，第 94 页。

地利为首的战胜国仍然主张缔结一项和解性和约。它们认识到，类似法国这样的国家，鉴于其强有力的政治与文化传统，既不可能被永久地分割，也不可能因为失去几块边界领土或者是强加到它头上的赔款而遭到永久性削弱。苛刻和屈辱的和平条款只能滋生出憎恨和复仇的情绪，一旦法国恢复元气，这些情绪必然导致战端再起。所以，未来针对法国的最大安全保障，是要在法国创造出一种和解性的精神并且将法国重新纳入欧洲国家共同体中。而且，法国并不是对欧洲和平与安全的唯一威胁，其他国家也发动过侵略战争且未来还可能这么做，法国的合作在应对未来的这类威胁中是不可或缺的。[①] 基于这些认识，在1814 年 5 月 30 日签署的第一个《巴黎条约》中，战败的法国非但没有割让领土，反而大大拓展了战前边界（保留了 1792 年的边界），同盟国还将在拿破仑战争中夺取的几乎所有法国海外殖民地归还法国，没有向法国强索任何形式的赔款和赔偿。拿破仑百日政变失败后，在 1815 年 11 月 20 日签署的第二个《巴黎条约》中，尽管法国的边界被推回到了 1790 年处，支付 7 亿法郎的战争赔款并承担同盟国占领军 3—5 年的费用，但法国并没有割地，条约也没有对法国军队未来规模做出任何限制。总的来看，作为一场早熟的总体战，拿破仑战争结束后的和平安排沿袭了 18 世纪的模式，战争仍然是政策的延续。

19 世纪的几场重要战争——克里米亚战争、普奥战争、普法战争等虽然从激烈程度看超过了 18 世纪的战争，但就其作为政治工具的属性而言并无实质性改变。克里米亚战争阻止了沙皇俄国在黑海的野心，普奥战争和普法战争则最终实现了德国统一。这三场战争从作战规模到战争目标都是有限的。

相比前工业化时代的拿破仑战争，20 世纪上半叶的两次世界大战才是货真价实的总体战。布罗迪指出："第一次世界大战和第二次世界大战反复地证明，20 世纪不仅使每个大国都拥有比以往任何时期威力都强大的战争机器，而且使过去可以限制战争规模的因素，包括出乎本能的谨慎，都几乎完全消失。"[②]

---

❶ [美] 诺曼·里奇：《大国外交：从拿破仑战争到第一次世界大战》，中国人民大学出版社，2015 年 8 月第 1 版，第 11 页。

❷ [美] 伯纳德·布罗迪：《导弹时代的战略》，军事科学院外军研究部译，内部参考资料，第 4 页。

福煦 1917 年在法国战争学院授课时，曾对新旧两种类型的战争做出总结。他说，一个新的时代真正开始了，这就是民族战争的时代。民族战争把一国所有的资源均投入斗争。民族战争的目标不是王朝利益，不是一国对一个省的征服和占有，而是首先捍卫或传播哲学观念，继而捍卫或传播独立和统一原则以及各种非物质利益的原则。民族战争必然要激发起每个士兵的兴趣和才能，必然要利用先前从未被视为实力要素的情绪和热诚。[①] 这样的战争追求的不再是有节制的胜利，而往往是"无条件投降"，胜利本身成为目的，政治因此而退居次要地位。而且，总体二字也意味着，此类战争无法成为政治灵活有效的工具，如杜黑所描述的："胜者精疲力竭，败者被剥夺了一切。战败国犹如遭受风暴袭击一样被破坏，而战胜国也由于付出极大的努力而衰竭，并且发现不能从被它战败的敌人身上补偿自己的损失。"[②] 当然，一个国家在发动战争之初并不一定打算进行总体战，它很可能是战争目标过高或战争操作失控而导致的后果。过高的政治目标必然对手段提出无止无休的要求，促使政治当局不断增加战争筹码，而且也更难与对手实现妥协式和平，战争操作失控则使军事逻辑凌驾于政治逻辑之上，胜利的需求压倒一切。

但即便总体战已经上升到了两个国家对决的程度，它也仍然没有完全失去其工具属性。克劳塞维茨依据拿破仑战争的经验指出："军事事态循以进展和依以受限的主线是政治路线，它在整个战争期间始终延展，一直进入后续的和平。"所以，"即使战争是总体战，十足的敌意要素被释放出来，这个观念也必不可免"。[③] 在拿破仑那里，战争是建立法兰西帝国、传播法国革命理念的工具；在希特勒那里，战争是为了消灭犹太人、斯拉夫人等劣等民族，为日耳曼人赢得生存空间的工具，战争本身始终服务于特定的政治目的。为此，除了战争之外，他们在必要的时刻也需要和平。拿破仑曾经于 1807 年在《提尔希特条约》中对战败的沙皇做出让步，希特勒在发动对波兰的战争前夕与苏联签署互不侵

❶ [美] 汉斯·摩根索：《国家间政治：权力斗争与和平》，北京大学出版社，2006 年 11 月第 1 版，第 406 页。
❷ [意] 朱里奥·杜黑：《制空权》，解放军出版社，2005 年 6 月第 2 版，第 159 页。
❸ [德] 卡尔·克劳塞维茨：《战争论》，商务印书馆，2016 年 5 月第 1 版，第 872 页。

犯条约，也曾指望用轰炸的方式迫使英国退出战争接受德国在欧洲大陆的霸权。

从另一个方面看，总体战之所以是总体战，恰恰是因为它具有总体性的政治目的，战争作为政策的组成部分，政策决定了战争的特性。"随着政策变得更具雄心，更为强劲，战争就也将如此，而这可以达到一个地步，在那里战争取得它的绝对形态"。① 而且，法国革命战争之所以在特征和方法上经历了种种重要变化，使之更接近其绝对形态，"不是因为法国政府可以说解脱了政策的羁绊；它们系由法国大革命既在法国也在整个欧洲造就的新的政治状况引起，这些状况发动了新手段和新力量，并且从而使得战争中一种否则将无法想象的那么大程度的动能成为可能"。② 说到底，战争与政治仍然是不可分解的，是政治造就了战争，而不是战争可以摆脱政治的束缚。

二
核战争失去了工具属性

按照克劳塞维茨的标准衡量，核战争无论从哪个角度看都彻底失去了其工具属性。

● 首先，克劳塞维茨认为，"战争不是一种盲目激情行为，而是受其政治目标控制，因而这目标的价值必须决定为之要做多大的和多久的牺牲"③

"当整个共同体——整个民族、特别是文明民族——投入战争时，原因总是在于某种政治形势，且其必要总是归诸某个政治目的"。④ 富勒也指出："一场战争若无政治目的，则在军事上也就等于是毫无意义的胡闹。"⑤ 然而，"核武器日益增长的毁灭力及有效的原子均势的接近，正在创造一种形势，在这种

---

❶❷❸❹［德］卡尔·克劳塞维茨:《战争论》，商务印书馆，2016 年 5 月第 1 版，第 873 页，第 879—880 页，第 125—126 页，第 118 页。
❺［英］J.F.C. 富勒:《西洋世界军事史》卷三，广西师范大学出版社，2004 年 8 月第 1 版，第 476 页。

形势下，全面战争将使西方文明和苏联政权面临毁灭的危险，国家的目标也不能通过全面战争来达到，即便赢得了军事上的胜利"。① 如果说单纯的毁灭无法成为任何战争的政治目的，那么人们也就看不到发动核战争的理由。

因为难以从正常的政策和国家利益角度解释一国为何要发动核战争，冷战时期美国的战略研究人员在假定苏联发起核战争的问题上，要么将能力等同于意图，认为苏联只要能够成功突袭，就会这样做；要么求助于意识形态，认定苏联对西方的思想和生活方式充满敌意和仇恨。1950 年的 NSC-68 号文件把苏联，或者更准确地说把"克里姆林宫"看作一个典型的侵略者。文件认为，克里姆林宫按照风险的大小来决定采取什么行动。②

● 其次，克劳塞维茨认为，"战争只是政治活动的一个分支，它在任何意义上都不是自主自动的"③

但是，在冷战时期的东西方人士眼里，核战争随时随地可能爆发，核报复是自动的，处于高戒备状态下的洲际导弹保证了核战争在极短的时间内就可以全面展开、迅速结束。核战争已经不需要理由，不受任何理智指导，它"将政策逐出宫廷，根据它自身性质的法则行使统治，恰如一颗只能以装置预先确定的方式和方向爆炸的地雷"。④ 以苏联"预警即发射"的核报复模式为例，其含义是，在接到敌人核武器来袭警报后就迅速使用核报复力量，使敌人无法摧毁它。苏联战略火箭军司令克雷洛夫元帅在 1967 年 11 月写道："侵略者将再也不能抢在遭受侵略的国家在其领土上把导弹发射出去之前就出其不意地摧毁这些导弹。这些导弹将来得及在侵略者的来袭导弹正在飞行时就发射出去，对敌人进行报复性打击。"⑤ 如此一来，军事不仅压倒了政治，而且彻底取代了政治，传统战争在战争爆发前必然经历的外交斡旋、紧张关系升级、各种战争

❶ [英] 约瑟夫·罗特布莱特等编：《无核武器世界探索》，当代世界出版社，1995 年 4 月第 1 版，第 50 页。
❷❺ [英] 劳伦斯·弗里德曼：《核战略的演变》，中国社会科学出版社，1990 年 10 月第 1 版，第 89 页，第 314 页。
❸❹ [德] 卡尔·克劳塞维茨：《战争论》，商务印书馆，2016 年 5 月第 1 版，第 872 页，第 118 页。

准备、政治经济动员在核战争中都不再适用，核战争与政治和政策的联系变得十分微弱以至于可以忽略不计。

● 最后，克劳塞维茨认为，在抽象的领域，战争趋向于极端，但进入真实的世界，情况就不会如此

战争从来就不是一种孤立的行为，战争并非由单独一次瞬时打击构成，战争的结果绝非落定不移，因此，"战争规避了使用极端的暴力这一理论要求"。[①]但是，至少在人们的思想意识当中，核战争只要爆发，就必然是不受任何控制地迅速走向极端，因为如果不尽快将手中的核武器发射出去，就很有可能会失去使用它们的机会，在进行核报复的情况下，本国人民也不会赞同对敌人手下留情。问题是，如果战争是政策的工具，那么对它的使用就必须受到政治需要和政策变化的调控，"政策将渗透一切军事行动，并将在它们暴力性质会允许的限度内，对它们有持续不断的影响"。[②]然而，迅速的极端化不仅使核战争失去了作为工具的灵活性、可操作性，而且也不再受任何政治和政策的控制。

总之，核武器的出现从根本上改变了政治目标与物质暴力之间的传统关系。无论是就战争的政治目的还是就战争的操作而言，核战争与传统战争都是完全不同的战争。摩根索断然否定了核武器、核战争与传统武器和军事实践的联系。他说："甚至我们在使用'武器'和'战争'这样的术语来分析核现象时对语言的常规用法，也表现出了某种落后于时代的不适当性。因为像'武器'和'战争'这类术语意指这些概念与人类的某些目标之间的一种理性关系……而这两者在两个核大国的核关系中是不存在的。"[③]

如果说"在最高层次上，战争艺术转化为政策——然而是一种通过打仗而非通过送交外交照会实施的政策"。[④]那么毁灭性的核战争体现不了任何政策，

---

❶❷❹ [德] 卡尔·克劳塞维茨：《战争论》，商务印书馆，2016年5月第1版，第105—109页，第119页，第875页。

❸ [美] 汉斯·摩根索：《国家间政治：权力斗争与和平》，北京大学出版社，2006年11月第1版，第450页。

因为单纯的毁灭不是任何战争的终极目的，这不仅仅是指毁灭自己，同样也指毁灭对手。一个国家之所以发动战争，通常都是为了攫取实实在在的利益，比如德国对东欧和苏联发动全面战争是为了夺取生存空间，日本发动太平洋战争是为了获得东南亚的资源。无论是对德国还是对日本而言，上述地区的毁灭都不符合其利益，它会使花费了巨大代价的战争失去意义，胜利者因此得到的将是毫无用处而且还充斥了放射性物质的废墟。只有两种情况是例外：一是战术层面的焦土作战，二是在宗教背景之下对异教徒和极端采取的毁灭性行动。但是这两种情况主要涉及的是人身的毁灭，如果涉及土地、资源、环境，也许就不一样了。

毁灭他人尚无利可图，如果战争确凿无疑会带来自己的毁灭（或相当于毁灭的重创），那么就更没有理由打此类战争了。一个正常的国家，无论基于什么理由，也不能由最高领导人替全体国民做出与他国同归于尽的选择（个人为了某种理由这样做是有可能的）。如果战争的结局是这样，那么战争就不能为政治服务，或者说，政治将因为这样的战争而毁灭。

核战争就是这种毁灭别人也毁灭自己的战争。一场核大国之间的核大战，将使人类受到重创。除了直接死于核爆炸的人口和因此而被摧毁的工业外（美苏之间核大战的毁灭极限是 1/3 的人口和 3/4 的工业），还有在更大范围、更长时间内存在的核冬天。所以，对一个国家及其统治者来说，除了对等的核报复和国家面临生死存亡的危险（这是极其罕见的）之外，是无法为发动核战争找到正当理由的，即使能够保全自己而单方面毁灭对方也没有合法性。所以，正如摩根索指出的："与外交政策所追求的适当政治目标的有限性相比，核破坏之巨使得我们不能把核力量作为外交政策的工具。在特定条件下，为了改变对方的意志，威胁要使用核力量毁灭对方是理性的；实际毁灭对方从而招致自我毁灭则是非理性的。"[1]

正是因为主动发动核战争太难，在美国独家垄断核武器和享有明显核优势

---

[1] ［美］汉斯·摩根索：《国家间政治：权力斗争与和平》，北京大学出版社，2006 年 11 月第 1 版，第 57—58 页。

的那些年里，虽然不时有人建议这是美国对苏联发动预防性战争、从而一劳永逸地解决苏联危害的最好机会，但是美国当局几乎从未认真考虑过此项提议。整个冷战时期，美苏两国尽管都在大力发展核武器、扩充核武库、准备核战争，但都指责对方想发动核战争，而不是主动发出战争威胁。

面对毁灭性的核武器与核战争，核战略可以有三个基本思路：第一，利用核武器巨大的破坏力使人们看到打全面战争是愚蠢的，即核武器是特殊武器，核战争不能打，中国"不首先使用核武器"的核政策即是这种核战略思想的反映。在这一政策之下，核武器只能用于慑止核战争。第二，寻求使敌人无法利用核武器的破坏力获得好处的办法：或者建立有效的主被动防御，或者进行某种形式的第一次打击消灭对方的报复能力（即打赢核战争），这是传统军事思维方式的体现。这条路线很难成功，尤其是对美苏这样势均力敌的核大国而言，彻底消灭或防住对手的核力量几乎办不到，两国自20世纪60年代就形成了都有第二次打击能力而无第一次打击能力的确保摧毁状态。第三，试图改变核武器的基本特征，发展新型的核武器和新的战术，以便将核武器变成不那么具有毁灭性的"常规武器"。这仍然属于传统军事思维方式的范畴，但似乎更具操作性。战术核武器和有限核战争就是这一思路的反映，其目的是通过降低破坏力使核武器能够在战场上使用，使核战争继续成为政治的工具，用基辛格的话说是"把政治因素重新注入我们对于战争的概念和放弃下面的想法：战争一开始政策的任务便结束，或战争能够具有与国家政策的目的不相同的目的"。[①]

但是，通过降低核战争的毁灭性从而使其具备工具性并没有人们想象的那么容易。无论是使用战术核武器，还是在一场核战争中有控制、有节制地使用战略核武器[②]，这样做的困难在于确立严格控制战争和在战争中实行自我克制的规则，这些规则说明怎样和不怎样使用核武器，它们必须能够在非常特殊的混乱环境中为针锋相对的双方所理解和遵守。与此同时，人们普遍把使用核武

---

❶［美］亨利·基辛格：《核武器与对外政策》，世界知识出版社，1959年10月第1版，第133页。
❷ 有限的战略性核战争包括多种模式，如只打军事目标、避开城市、逐步升级等。

器与最后关头联系在一起，想切断这种联系恐怕也不那么容易产生成效。

对于美国这种赋予核战争工具性的努力，苏联人进行了毫不留情的批评。1965年，赫鲁晓夫修正主义的主要支持者、1958年退役的尼古拉·塔连斯基将军写了一篇文章，警告人们不要"抱危险的幻想，认为仍然可以把热核战争当作政治手段、可以用核武器达到政治目的并且仍然存活下来"。[①]1967年1月苏联《红星报》社论指出："所有爱好和平和反对帝国主义的力量都反对把世界核大战看作实现政治的继续的一种手段。"[②]显然，没有苏联的认可，任何有限使用核武器的努力都不可能成功。至于此种思路带来的其他政治和军事问题更是不计其数。

将核武器常规化的努力到20世纪60年代中期即告失败。它表明，"由于核武器和核战争是在时间上和空间上进行全面摧毁的工具，因此它们在类别上是不同的。所以他们也就不能执行历史教导我们由武器和战争所担负的那些职能"。[③]核武器就是一种特殊的武器，使用它必然造成毁灭性的后果，任何政治也无法将核武器当作自己的工具。

三

和平可以成为"恐怖的健壮之子"[④]

克劳塞维茨指出："如果心里不首先清楚自己意欲通过战争取得什么，还有意欲如何操作它，那就没有任何人发起战争，或宁可说没有任何人有理由这么做。前者是它的政治目的，后者是它的作战目标。"[⑤]无论是冷战时期高度对抗的美苏两国，还是其他中等核国家，似乎都无法给核战争一个可接受的政治目的，

---

①② ［英］劳伦斯·弗里德曼：《核战略的演变》，中国社会科学出版社，1990年10月第1版，第315页，第316页。

③ ［美］汉斯·摩根索：《国家间政治：权力斗争与和平》，北京大学出版社，2006年11月第1版，第450页。

④ 丘吉尔语，见［英］劳伦斯·弗里德曼：《核战略的演变》，中国社会科学出版社，1990年10月第1版，第104页。

⑤ ［德］卡尔·克劳塞维茨：《战争论》，商务印书馆，2016年5月第1版，第835页。

也不知道如何去操纵这股前所未有的巨大能量，打核战争成为难以想象之事。

一旦核战争因无法操作而只能千方百计地避免，对于有核国家来说，常规战争似乎也不能打了，因为打仗就要分出胜负，无论战争多么有限，失败的一方会甘心在核武器完好无损尚未使用的情况下承认失败吗？尤其这失败除了现实的利益损失之外，还关系到国家的声望、信誉以及作为盟友的可信性等软实力因素。在此情况下，失败者会不会指望通过升级的方式挽回局面？这是谁也无法确定因而也不敢放手豪赌的问题。所以，为了避免爆发对彼此都不利的核战争，不但任何层次的核武器都不能使用，常规战争也要尽量避免。

美苏之间的对抗与竞争本质上是欧洲近代以来大国间争霸的延续，一如16—17世纪的西班牙与法国、18世纪的英国与法国、19世纪末到第一次世界大战的英国与德国。当然，美苏关系更具意识形态色彩，这是以往基于共同的历史文化宗教传统的欧洲大国之间所不曾有的。但两国关系中最特别的地方在于，比起国际政治中的前辈国家，它们在权势基本势均力敌的前提下都具备了摧毁对方的手段——核武器，而此前的大国是无法做到这一点的。这一全新的状况使得避免战争成为两国关系中的头等大事，并使它们在处理相互关系时都格外小心谨慎，以免因误解误判而酿成大祸。

所以，尽管美苏对抗的范围、规模、强度远远超过历史上的大国争霸，但两国从未发生战争，算得上军事危机的也只有1962年的古巴导弹危机。在美苏两国作为参战一方的战争中，另一方都采取了不直接参战但支持交战方的做法，如在朝鲜战争中苏联支持中朝与美国开战，在越南战争中苏联（也包括中国）支持越南北方，在苏联入侵阿富汗之后美国支持反苏游击队。对于双方有利益争夺但彼此都没有直接介入的战争，他们选择的是代理人方式，如在尼加拉瓜内战中，苏联支持桑地诺民族解放阵线，美国支持反政府武装（其实完全是美国拼凑起来的）。无论如何，两国都回避了直接的军事碰撞。

人类耗费重金研究和发展核武器是为了更好地打仗、打胜仗，但最终的结果却始料不及，这个最具杀伤力因此也最令人恐怖的武器摇身一变成为和平的卫士而不是战争的利剑。历史上，战争多半发生在大国之间，而在进入核时代后，战争转而主要发生在大国与小国以及小国与小国之间，大国之间不管有多大的利益冲突，直接的军事交锋反而消失了。英国的蒙哥马利元帅认为："正因为有了核武器，才阻止了第三次世界大战的爆发。"[1] 华尔兹则断言："核武器国家之间爆发大战的可能性接近于零。"[2]

人们并不是一开始就对核武器慑止战争的作用有十足的把握。那些研制原子弹的科学家远不像科学界以外的人那样自信有能力提供使原子弹失去恐怖性的武器，他们认为原子弹标志着进攻性武器发展的极点。奥本海默明确表示："原子武器是攻击性武器，是出其不意的武器，是制造恐怖的武器。"[3] 英国首相艾德礼 1945 年 9 月在给杜鲁门总统的信中这样写道："唯自遭受原子弹攻击的受害者有可能还击得手之敌，才构成威慑。"他又对此种威慑的效果表示怀疑，因为战前认为对付轰炸唯一有效的手段是轰炸机，但战争期间未能制止住轰炸。[4]

对核武器的威慑功能缺少信心受制于这样几个因素：一是核武器毕竟是一个新生事物，人们对其威慑的属性认识不足，不能完全摆脱以武器的视角看待它。二是在核武器数量有限时，特别是在原子弹时期，毁灭的问题似乎并不严重，而且直到 20 世纪 50 年代中期核武器主要依靠战略轰炸机投掷，因此还存在突防的问题。直到氢弹和洲际导弹问世，核武器才真正变得毁灭力惊人并近乎无法防御。三是早期美苏实力不对等，奥本海默讲话的可信性建立在一种极为重要但未明说的假设的基础上：准备发动攻击的国家不必担心遭到报复。以上原因决定了早期的核武器在制止战争方面的作用没有后来看起来的那样明显。

当然，也有人立即就意识到了这一点，布罗迪是其中最突出的代表。他正确地指出："如果侵略国必须要担心遭到报复，那么，它会懂得即使它是战胜国也要遭到的有形破坏的程度，较之历史上任何战胜国所遭到的破坏都要大得无法比拟……在这种情况下，即使胜利预先得到保障——预先保障是从来没有

[1]《建国以来毛泽东军事文稿》下卷，军事科学出版社、中央文献出版社，2010 年 1 月第 1 版，第 127 页。
[2]［美］斯科特·萨根肯尼思·华尔兹：《核武器的扩散：一场是非之辩》（第二版），上海人民出版社 2012 年第 2 版，第 46 页。
[3]［美］伯纳德·布罗迪等：《绝对武器》，解放军出版社，2005 年 1 月第 1 版，第 50 页。
[4]［英］劳伦斯·弗里德曼：《核战略的演变》，中国社会科学出版社，1990 年 10 月第 1 版，第 57 页。

的——但这种胜利与代价相比都是划不来的。"① 对于当时尚未破裂的美苏关系，布罗迪则预见到了核武器在日后所扮演的角色："如果俄国人担心我们总有一天会攻击他们，他们也会设法威慑我们，不仅仅是准备以同样手段进行报复，而且要使我们失去赢得最后胜利的希望。如果两国在这方面所做的努力都同样获得成功，最有可能出现不战不和的僵持局面。假如各国政府都有理智，最不愿出现的是相互摧毁的战争僵局。所以，苏美'高质量的威慑力量'将是和平最可靠的保证，这将比任何条件都更能使两国的观点和利益相互接近。"②

到 20 世纪 50 年代后期，特别是 60 年代，随着美苏核武器的规模越来越大以及双方都具备了可靠的二次打击能力，核战争因此就变得无法想象了，核武器最终成为遏制战争的力量，或者正如丘吉尔所说的那样，和平可以成为"恐怖的健壮之子"。

既然核战争不能打，既然核武器更适合用于慑止侵略，那么如何才能做到防止（核）战争？无论是恐怖平衡的实现还是确保相互摧毁，显然都不止双方仅仅拥有核武器那么简单，和平要真的成为"恐怖的健壮之子"是需要一定条件的。

● 一是双方的核武器不能易受损害，不能因对手的一场突然袭击而彻底或绝大部分被摧毁

在所有的战略关系中，双方都易于受到损害的情况是最危险的。20 世纪 50 年代，"第一次核打击"和"第二次核打击"概念的形成从理论上解释了易于受到损害与战略稳定的关系，而洲际导弹的成功和海基核力量的出现则从实践层面解决了核武器的脆弱问题。"在双方都不易受到损害的情况，不论哪一方先进行攻击都将出现僵持局面。或者，用另一种方式说，每一方都能够使对方遭受难以忍受的损害，即使它遭受了突然袭击的损害也是这样……双方都不易于受到损害的意义就是双方相互起威慑作用。从防止全面战争的观点来看，

❶❷ [美]伯纳德·布罗迪等:《绝对武器》，解放军出版社，2005 年 1 月第 1 版，第 51 页，第 105—106 页。

这是最稳定的局势"。①脆弱性的问题解决之后，数量多少就不是最重要的了，不仅对美苏两国巨大的核武库而言一定的数量差异无关大局，甚至小规模但有生存能力的核武库同样能够慑止核战争。"要形成威慑，一国无须具备貌似能摧毁另一国四分之一或一半的能力。利比亚会冒着对方两枚幸存下来的弹头落在的黎波里与班加西的风险而企图摧毁以色列的核武器吗？"②

●● 二是对核武器无法防御

布罗迪认为："原子弹打击的后果越可怕，就越会使侵略者受到威慑，哪怕是可能性极小的报复。"③但是，如果核打击可以防御，如果预期中的恐怖不会降临，那么侵略者可能就不会受到威慑，或至少使人们失去了相信这一点的理由。所幸的是，截至目前，尽管形形色色的反导系统都在构建当中，但一个普遍的共识是，对弹道导弹或者说对拥有饱和打击能力的对手进行有效防御几乎是不可能的。

由于核武器的巨大威力，甚至在研制过程中就有人主张对其实施某种形式的控制，原子弹在广岛、长崎的使用使有关控制的呼声进一步高涨。有人主张建立世界政府以集中掌握这个足以威胁人类生存的力量，有人主张通过国际控制使其他国家放弃发展核武器，有人主张销毁核武器，等等。但是，人类在进入原子时代面临的一个基本前提是：核武器已经存在了。这就决定了苏联必然要发展核武器而不会接受任何形式的美国核垄断，也决定了美国人绝对不会放弃核武器，而销毁核武器不会连同制造核武器的知识和材料一起消灭，至于说世界政府则更缺乏可行性。事实上，面对核武器已经存在的事实，我们所能做的，不是设想回到没有它的所谓无忧无虑的时代，而是在这个前提下思考如何利用核武器的威慑作用慑止潜在的侵略者，以此确保国家间和平。

---

❶ ［美］亨利·基辛格：《选择的必要》，世界知识出版社，1962 年 4 月第 1 版，第 39 页。

❷ ［美］斯科特·萨根肯尼思·华尔兹：《核武器的扩散：一场是非之辩》，上海人民出版社 2012 年第 2 版，第 18 页。

❸ ［美］伯纳德·布罗迪等：《绝对武器》，解放军出版社，2005 年 1 月第 1 版，第 81 页。

第十章

核武器缩小了国家间的

权势差距

核武器抵消了常规武器的优势，因为常规力量运用的升级会面临招致核打击的风险。有了核武器，不但小规模第二次打击力量相当于大规模第二次打击力量，而且小规模常规力量亦相当于大规模常规力量，因为大规模常规力量不可能用来对付一个核国家。核武器既抵消了核优势，也抵消了常规优势。①

——肯尼思·华尔兹——

❶ [美]斯科特·萨根肯尼思·华尔兹：《核武器的扩散：一场是非之辩》，上海人民出版社，2012年第2版，第24页。

国际政治历来是大国的游戏，小国似乎总是扮演了被牺牲、被欺凌的角色。而且从人类发展的总趋势看，技术进步也有利于大的政治实体，因为只有它们才能积累、调动起推动和利用技术进步所必需的财力和各种资源。在近代早期，这意味着能够购置更多的火枪火炮，能够建立或雇佣使用这些新式武器的职业化军队，这是民族国家在近代残酷的竞争中脱颖而出成为占主导地位的政治组织方式，其他流行了上千年的较小政治实体，如城邦国家、自由城市、公爵领地等逐渐消失的重要原因。到了总体战时代，不仅小国的命运更加悲惨，就连英法等传统强国在工业化时代空前庞大的战争机器面前也黯然失色了，世界政治军事舞台只剩下了美苏这样具有洲际规模的超级大国。然而，核时代的到来似乎使事态发展出现了某种逆转，拥有核武器的小国第一次有望摆脱大国权势的阴影，为自己赢得自主权。

一
常规军力下的大国与小国

衡量一个国家常规力量大小强弱的无非是武装力量的规模与质量。这里的规模和质量，既包括人员，也包括武器。在武器装备越来越昂贵、人力成本不断上涨的工业化、后工业化时代，拥有强大常规军力的国家无一例外都是经济实力超群的大国（美、俄、中、英、法、德、日等）。大国也有足够的财力和智力资本去开发先进的军事技术并拥有相对完整、不受制于人的独立的军工体系。

　　小国显然在常规军力上无法与大国抗相衡。小国即使有钱——中东有很多富得流油的国家，也难以凭此建立起强大的国防。一是自身的科研实力不够，不具备独立研发先进武器装备的能力，更形不成产业规模；二是先进武器靠外购容易产生其他弊端，如受制于人、买不到最好的，等等。像以色列那样能够自己研发出战机、坦克、导弹的小国毕竟是个别现象。至于在人力资源方面，小国的劣势更是十分明显。为了有足够的兵力，以色列实行了全民普遍义务兵役制，这个全民，是包括女性在内的。反观美国在实行义务兵役制时期，因为人口基数大，就采取了抽签的办法。

　　正因为大国与小国在发展常规军力的潜力和空间上存在巨大差异，二者之间如果进行常规军力的对称式较量，小国将处在十分不利的地位。它们之间的差距不仅仅是质量规模上的，很多情况下还存在武器装备的代差，战争方式也因此处于不同的历史阶段。

　　美国在冷战结束后进行的几场局部战争让人们强烈地感受到了军力差距给战场态势和战争结局带来的巨大而深远影响。比如海湾战争，美国出动了外表颇为科幻的 F-117A 隐身战机进行精确打击，从海军各种舰艇上发射"战斧"导弹对地攻击，使用 B-52 战略轰炸机在防区外发射巡航导弹。与此同时，各种航天及其他侦察手段令战场变得对美军单向透明。尽管伊拉克也有相当不错的防空系统，但在美军的精确打击面前完全没有还手之力；伊拉克的钢铁洪流也在地面作战中被美军的阿帕奇武装直升机、A-10 攻击机和 M1A1 主战坦克发射的反坦克导弹、贫铀弹摧毁。整场战争美军阵亡人数只有 148 人，其中还有相当一部分是被友军或自己人误伤。之后的阿富汗战争、伊拉克战争基本也是一边倒的局面。

● 当然，也有大国在小国那里栽了跟头的现象。出现此种特例有两个原因：一是小国背后有大国支持

　　小国因为有大国的援助，实力已经不弱了，比如在越南战争当中，越南背后站着中苏两个大国，苏联拿出了自己最先进的萨姆 -2 防空导弹，对美国的 B-52 战略轰炸机构成严重威胁；中国派出工兵部队、军事顾问，给予巨额的经济援助。再比如在苏联入侵阿富汗的战争中，美国大力援助阿富汗反政府游

击队，巴基斯坦、沙特等国也进行了援助，美军刚刚服役、装备数量不多的"毒刺"便携式防空导弹也运到了阿富汗，这款导弹特别适合阿富汗游击队用来对付苏联红军低空、超低空飞行的飞机和直升机。

● 二是双方打的不是同一类型的战争

在大国与小国的战争中，小国往往依托内线作战、有利的地形和人民支持等优势与入侵的大国打游击战，而大国通常打的是正规战争。这一非对称的战争模式极大地消耗了大国，使大国虽然在战场上没有被打败，但在军事上、政治上被拖得精疲力竭。越南、阿富汗都是用游击战的方式最终迫使超级大国撤军。

以上两个因素通常是结合在一起的。

但是，大国在与小国的较量中遭受挫折毕竟是特例，更多的时候是大国对小国的肆意欺凌。总的来看，当今以美国为代表的军事大国已经进入了信息化战争时代，而小国仍然处在机械化、半机械化战争阶段，双方的较量完全不在一个平台上。面对时代差距的鸿沟，弱者很难单靠一己之力维护国家主权与领土完整。所以，就如摩根索说的那样："小国的独立总是依靠权力均衡（如第二次世界大战前的比利时和巴尔干国家），或者依靠某一保护国的优势（如中美洲和南美洲的小国以及葡萄牙），或者由于对于帝国主义的贪欲缺乏吸引力（如瑞士和西班牙）。这些小国维护其中立地位的能力始终来源于这个、那个或全部这些因素。"[1]

二
核武器抵消了核常优势

如果说在常规军力领域，大国对小国有明显优势的话，那么，核武器的出现则代表了潮流的某种逆转，小国第一次有望靠自己的力量维护独立与安全，尽管起初并非如此。

核武器的研制无疑需要耗费巨资。美国第一枚原子弹是由1000多名科学

---

[1] [美]汉斯·摩根索：《国家间政治：权力斗争与和平》，北京大学出版社，2006年11月第1版，第214页。

家和工程师花了两年多时间完成的。此外，代号为"大力神"的工程还涉及数百名科技人员以及大约 10 万名建筑工人设计和修建生产高浓缩铀和高质量钚的设施的艰巨工作。[1] 在战争的条件下，恐怕只有美国能做到一边在太平洋和欧洲与法西斯国家交战并充当民主国家的兵工厂，一边调动大量的人力物力资金去研发前景不确定、未被列入使用计划的武器。20 世纪 50—60 年代，中国也是倾举国之力才研制出原子弹、氢弹的。陈毅元帅的"当裤子"之说虽是一句玩笑，但也道出了其中的艰辛和不易。

如果说核武器在研发初期需要花费较多的财力和突破很多技术瓶颈的话，在核武器实现了武器化并装备了部队之后，其花费比常规军力反而又减少了。常规武器采购规模大、更新换代快，常规部队也需要较多的兵员，故维持一支一定规模、装备相对精良的常规部队需要投入更多的财力和人力。相比之下，核武器因为威力大，并不需要太大规模就足以发挥威慑作用；核武器对技术进步、更新换代要求也没有常规武器那么敏感，今天无论是美国还是俄罗斯，核导弹服役期超过 30 年是很正常的事，而 30 年前的常规武器用于今天的战争几乎毫无价值；操纵核武器也不需要太多人员，美国空军 20 航空队（相当于一个军）管理和使用 450 枚洲际导弹，其毁灭能力是任何一个常规部队的军级单位都不可能达到的。核武器的特殊性也使其无须像常规力量那样需要通过经常性的演习、训练、实弹发射等检验和提高战斗力，故维持部队作战能力的成本也较低。有的国家之所以经常以发射导弹而不是三军联合演习的方式传递政治信号，一个重要原因是发射导弹花钱少，而大规模演习则所费颇多。所以，综合起来看，发展核武器同时减少常规力量是一个比较经济节约的方法。早在核武器的航空时代，布罗迪就指出了这一点："原子弹最令人惊恐之处是对敌人城市的破坏需投入的费用较以往便宜得无法估量，说更便宜并不仅就投掷武器而言，而且还从完成这一任务所需要的空中力量来考虑。"[2]

艾森豪威尔执政时期，美国对核武器的依赖主要就是基于节约开支的考

---

❶［英］约瑟夫·罗特布莱特等编辑:《无核武器世界探索》，当代世界出版社，1995 年 4 月第 1 版，第 83 页。
❷［美］伯纳德·布罗迪等:《绝对武器》，解放军出版社，2005 年 1 月第 1 版，第 23 页。

虑。1953 年 10 月 30 日，艾森豪威尔正式批准题为《国家安全基本政策》的 NSC162/2 号文件。文件所确定的国家安全战略通常被称为"新面貌"战略，其核心内容有两点：其一，提出了"大平衡"的目标："应付苏联对美国安全的威胁，同时避免严重削弱美国经济或损害美国的基本价值和制度"，即新战略必须兼顾外部"安全"与内部"繁荣"两大目标；其二，决定在军事上奉行以"核威慑"为理论基础、以原子武器为主要手段的"大规模报复"战略。NSC162/2 号文件试图通过倚重美国的战略优势尤其是核优势来平衡外部"安全"与内部"繁荣"这一对矛盾①。大规模报复战略背后的逻辑是，不能让对手选择打仗的方式，因为像朝鲜战争那样消耗人力的战争美国是不擅长的，如果美国非要与社会主义国家在常规战争上较量，美国的经济和人力将不堪重负，而在核武器上美国享有优势，美国应该选择在自己的优势领域打败对手。

核武器的这些特点尤其适合于财力有限的小国。如果花费较少的钱就能四两拨千斤解决迫切的国家安全问题（主要是防范强敌的入侵或颠覆），这无疑是一个非常有吸引力的选择。与此同时，随着核武器神秘面纱被揭开，制造核武器的门槛已大幅下降。美国 1946 年发布的《史密斯报告》论述了铀 –235 和钚的基本作用，介绍了核材料的纯度问题、临界体积以及装置速度问题。报告虽然没有提到各种细节，但是有学者认为，《史密斯报告》对任何开始从事研究原子能工作的国家都是无价之宝；因为，一旦在更广泛的领域进行技术研究，没有什么比提前知道哪条道路能够通向成功更重要，即使这种知识仅仅和基本原理有关。此外，核武器自成体系，不像常规力量那样有着极强的系统性，并高度依赖国家的基础工业水平和技术能力。所以，对于科研实力和技术水平较弱的国家而言，在核领域实现突破的难度大大小于在航空、舰船等方面。一个非常简单的现象就可以说明问题：当今世界能够研制四代机的国家要远远少于能研发核武器的国家，前者无一例外都是发达经济体。

我们可以想象一下，一个大国和一个小国，综合国力存在巨大差异，如果

---

❶ 石斌：《20 世纪 50 年代美国政府关于核报复战略的内部争论》，《史学月刊》，2004 年第 11 期。

仅仅在常规军力的框架下较量，那么小国不仅毫无胜算，而且最终要受到大国的摆布。美国取得伊拉克战争胜利后，不仅主导了伊拉克重建的政治进程，萨达姆本人也被美军抓获。从这个意义上看，一个无核武器世界无疑有利于常规军力最强大的国家。

而如果同是一个大国和一个小国，但双方都是有核国家，那么情势将会是怎样呢？我们可以将这个小国的核力量分成三种情况：

一是小国的核武器可以打到大国的国土上。"我们不妨假定，一个遭受威胁的小国只须用一枚氢弹就能威胁苏联，如果遭到苏联攻击，它就能够并且一定要将这枚氢弹投掷在莫斯科。这是一种足以制止苏联政府采取敌对行动的报复力量。苏联固然能预先发出预警，使莫斯科的居民进行疏散和进入掩蔽部，但使用氢弹去袭击莫斯科总是可以获得巨大效果的"[1]。甚至"弱国只需要表面看起来具有这种能力即可。只要传达给对方有一点可能性做出高度摧毁性的本土打击，就足以形成威慑作用了"[2]。

二是小国的核武器打不到大国的本土，但可以打到大国的盟友。在这种情况下，大国同样也没有足够的胆量冒盟友被核打击的风险对小国从事侵略，盟友反过来也会给大国施加压力。

三是小国的核武器性能很差，打不到任何国家，但它可以在自己的本土上引爆核武器从而让入侵之敌吃苦头。在这种情况下，大国想把军队开进小国恐怕也要三思而后行。

总之，小国有了核武器，大国对小国的政策选项就变得十分复杂而纠结了，其结果更加不确定，这必然会大大增加大国决策的谨慎程度。正如布罗迪预言的那样："而今，即使最强大的国家也不能指望凭借自身的力量来挽救其大城市不被摧毁。不仅仅是同一水平上的常年敌手可能会拥有比以前强大百倍的打击能力，就是一些力量水平低下的国家也可能会掌握原子武器，进而改变大国

[1] ［美］伯纳德·布罗迪：《导弹时代的战略》，军事科学院外军研究部译，内部参考资料，第292页。
[2] ［美］斯科特·萨根肯尼思·华尔兹：《核武器的扩散：一场是非之辩》，上海人民出版社2012年第2版，第18页。

和小国之间的整个关系。越来越难以想象今后再如何打一场可以承受的战争。"①

由此可见，核武器虽然也增进了大国的权势，但不像其他尖端的常规武器那样拉大了大国与小国的实力差距，而是发挥了某种中和作用，使大国面对小国时没有那么强了，小国也不再像它本来那样的弱了，小国因此而有了一个可靠的能够用于保底的核盾牌，而保底对于大国来说往往并不是问题。

核武器对小国国力的提升作用是美国人反对核武器扩散的重要理由，在他们看来，弱国即使获得少量核武器，也会限制美国的行动自由，结果"美国因嫌恶其所作所为，而对小国施以军事惩罚的行动将变得愈加险象环生"②。

正因为核武器可以让小国拥有对抗大国的非对称战略制衡手段，美国尤其重视发展反导系统，其反导系统与其说为了对付核大国，不如说主要是针对核小国。核大国核力规模大，想建立一个能够防御具备饱和打击能力的核武库的反导系统在经济上是无法承受的，在技术上是不可能的，漏网之鱼无法避免，而少量生存下来的核弹就足以给一国造成巨大损失。反过来看，核小国受制于经济实力和技术水平，核武库规模小，质量低下，只需构建有限的反导系统即有望实现全部或大部分拦截。核大国之间核力量势均力敌，建立在确保相互摧毁基础上的核威慑与战略稳定符合美国的利益，而小国如果用极少量的核武器就能制衡大国，限制大国的政策选择，甚至在大国那里敲诈不菲的战略利益，这显然是大国不能接受的。

三
防扩散之路任重道远

核武器因巨大杀伤力而被认为是国家（政权）生存的终极保障，对常规力量较弱的国家而言更是如此。而一国凭借核武器而获得的战略独立性，更是其谋求提升国际事务影响力与国家威望的重要手段。所以，核武器一经出现，不

---

① [美]伯纳德·布罗迪等：《绝对武器》，解放军出版社，2005年1月第1版，序言第3页。
② [美]斯科特·萨根肯尼思·华尔兹：《核武器的扩散：一场是非之辩》，上海人民出版社，2012年第2版，第125页。

仅受到大国的追捧，有兴趣的中小国家也不在少数，印度、巴基斯坦、南非、巴西、阿根廷、伊朗、伊拉克、利比亚、朝鲜、韩国甚至我国的台湾地区都有过此意。所以，核扩散问题与核武器几乎是同时出现的。

到 20 世纪 50 年代，核扩散的可能性及前景越来越清晰了。1958 年的美国《国家情报评估》报告指出，小规模的核武器发展和生产计划只需：1. 一个或多个相当大的生产钚的研究或动力反应堆；2. 获得铀的供应；3. 懂得核物理的人员。报告认为，许多国家现在就能或在十年时间内将会满足这些要求。一旦一个国家能够生产几公斤钚，再加上对弹药研究和设施进行一点额外的投资，它就能生产低当量裂变核武器。报告得出结论是，在此后十年里，很多国家能够生产至少几枚额定当量（2—4 万吨）的核武器，并能使这些武器适于飞机投掷。根据这份报告的分析，如果不对这种核扩散危险采取措施进行控制的话，到 20 世纪 60 年代世界上可能会出现十几个拥有核武器的国家。严重的是，这很有可能会导致更多的国家也发展核武器，出现多米诺骨牌效应。[1]

已经有核的国家当然是反对核扩散的主力。核扩散既会威胁到它们对核武器的垄断地位，同时也增大了核武器失控、爆发核战争的风险。美国还担心盟友有了核武器会把美国卷入并无必要的核战争。不管有核国家基于什么理由反对核扩散，就防扩散本身而言是符合世界绝大多数国家利益的。

早期防扩散主要靠单个国家的努力。作为第一个有核国家，美国从拥有核武器开始，就致力于防止核扩散。1945 年 10 月，杜鲁门在一次公开讲话中把一般的科学知识和专门技术加以严格区别，前者谁都可以得到，后者则为美国机密。他还特别告诉新闻界，这些专门技术甚至对盟友也是保密的。[2]1946 年 8 月 1 日通过的"原子能法案"（麦克马洪法案）严格禁止向任何国家提供关于制造可裂变物质或原子武器的情报。20 世纪 50 年代，在英国有了核武器之后，美国国会对"麦克马洪法案"做了修正，事实上允许英国分享美国的核技术，但与法国的

---

❶ 胡思德、刘成安编著：《核技术的军事应用——核武器》，上海交通大学出版社，2016 年 3 月第 1 版，第 147 页。

❷ ［美］哈里·杜鲁门：《杜鲁门回忆录》（上卷），东方出版社，2007 年 1 月第 1 版，第 527 页。

合作遭到国会抵制。在肯尼迪时期，政界和学界逐渐形成一种共识：更多的国家拥有核能力不会有任何好结果，只有两个超级大国有希望拥有有效的威慑力量。按照麦克纳马拉的说法，"单独控制的有限的核能力是危险的、花费巨大的，易于落伍，而且缺乏作为威慑力量的可靠性"。1962 年，这一主张成为美国政府的官方立场。[①]

苏联在 1959 年之后也改变了对社会主义阵营内部其他国家发展核武器的态度。当年 6 月 20 日，苏共中央通过了给中共中央的一封信，信中提出"为不影响苏、美、英首脑关于禁止核武器试验条约日内瓦会议的谈判，缓和国际紧张局势，暂缓向中国提供核武器样品和技术资料"[②]。

在帮助其他国家和平利用核能方面，美苏两国也采取了监督保障措施，以防止相关国家借机发展核武器。1955 年 5 月，美国与土耳其缔结了第一个和平利用原子能的合作协议，到 1959 年底，美国已与 42 个国家缔结了此类协议。这些协议所要求的保障监督起初由美国、后来在许多情况下由国际原子能机构实施。苏联到 1968 年与 26 个国家缔结了核合作协议，要求接受国必须承诺只用于和平目的，并将乏燃料返回苏联。[③]

在有核国家与无核国家的共同努力下，《不扩散核武器条约》于 1970 年生效，绝大部分无核的中小国家经过利弊权衡之后放弃了发展和拥有核武器。但也有少数安全形势较为严峻的国家不愿意放弃这一权利，因为在面临常规力量解决不了的安全威胁时，核武器似乎是一条省钱而管用的捷径。巴基斯坦、伊朗、朝鲜就属于这一种情况。

● 巴基斯坦

自 1947 年印巴分治，印巴两国就拉开了持续对抗与冲突之幕。巴基斯坦在国土和人口规模、地缘环境（东西两部分被印度隔开）、经济和军事实力等方方

---

❶ [美]麦乔治·邦迪：《美国核战略》，世界知识出版社，1991 年 7 月第 1 版，第 654—655 页。
❷ 沈志华：《苏联专家在中国（1948—1960）》，社会科学文献出版社，2017 年 9 月第 3 次印刷，第 298 页。
❸ 胡思德，刘成安编著《核技术的军事应用——核武器》，上海交通大学出版社，2016 年 3 月第 1 版，第 150 页。

面面都无法与印度相比。巴基斯坦不仅输掉了三次印巴战争，而且还丢掉了东巴。因此，对于巴基斯坦的国家安全来说，最大甚至是唯一的威胁就是印度这个强邻。巴基斯坦前总理贝·布托指出，因为我们的历史，是与更强大的邻国进行三场战争的历史，印度的国力强于我们五倍，军事力量亦强五倍。1971 年，我们的国家被肢解。因此，巴基斯坦的安全议题就是生存问题。[1] 事实上，不管印度有没有核武器，巴基斯坦都需要它来平衡印度在常规力量上的优势，印度发展核能力只是使这一需求变得更为迫切了。1998 年，印巴双双跨过核门槛，两国在只间隔了几天的时间内相继进行了多次核试验。自那时到现在，尽管印巴之间时有小规模的边界冲突，但再未发生大的局部战争。可以肯定，在两国都无核之前，印度凭借自己的实力是有可能以军事手段解决克什米尔问题的，但在彼此都成为有核国家之后，这种可能性基本排除。从这一点看，核武器对于实力较弱的巴基斯坦意义更大，在很大程度上弥补了印巴两国的实力差距。

●● 伊朗

自 1979 年伊斯兰革命之后，伊朗就面临着极为严峻的安全环境：周边有敌对的伊拉克，在中东有意识形态对手以色列、沙特，以色列还是一个疑似的有核国家，伊朗在全球范围内则与美国为敌。在这一复杂的安全背景下，发展核武器也就成为伊朗获取安全感、应对各方压力的现实选择。从 21 世纪初开始，伊朗核问题一直是国际防扩散领域的重要议题之一，2015 年伊核协议的达成让人看到了希望，但美国在 2018 年的退出又让事态变得复杂起来，未来伊朗能否守住无核的底线还是未知数。

●● 朝鲜

朝鲜战争停战后，朝鲜以三八线为界与美韩对峙。美国拥有世界第一的核常力量，在韩国驻有重兵，隔海还有可以直接对朝作战的驻日美军，冷战时期美

---

❶ [美] 斯科特·萨根肯尼思·华尔兹：《核武器的扩散：一场是非之辩》，上海人民出版社，2012 年第 2 版，第 95 页。

国在韩国和冲绳都部署了战术核武器。朝鲜国小力单，除了借助大国博弈外，没有任何能与美韩较量的本钱，规模庞大的常规部队和部署在三八线附近大量火炮并不能改善军事上的弱势，充其量在先发动战争时可以使一定范围的地区"成为火海"。"如同早先的核国家，朝鲜想拥有核武器所具有的军事能力，是因为它自觉弱小，被孤立，并受到威胁。1998 年，韩国与朝鲜的国内生产总值比率为 33∶1，人口比率超过 2∶1，国防预算比率为 5∶1"[1]。显然，在朝鲜看来，核武器是它赢得安全并附带迫使美国接纳、尊重它的唯一选择。朝鲜发展核武器的愿望从 20 世纪 50 年代就开始了，苏联解体之后，在失去了盟友保护和约束的情况下，核开发步伐加快。目前，朝鲜已经进行了 6 次核试验和多次洲际导弹试射。

● 以色列

以色列的情况有些特殊。这个国家的军队素质、军工能力超过许多中等国家。但是，以色列在规模上又是一个不折不扣的袖珍国家，与阿拉伯国家相比，其人口和幅员居绝对劣势，其中"地理状况的压力是如此压倒一切，以致造成了一种对于安全的执迷"[2]。建国以后，以色列人打了五次中东战争，如果他们在任何一次战争中失败，其民族就已不复存在。所以，每一次战争都加剧了他们的危机意识，也使他们透过这一现实看到，必须拥有核能力。根据知情人的公开声明，以色列在很多年以前就掌握了在需要时制造核武器的手段。他们可能"没有原子弹"，即完全的、装备好的、随时可以发射的原子弹，但是他们有几十枚甚至几百枚只需几分钟或几小时就能组装好投入使用的原子弹。[3]以色列用行动告诉它的阿拉伯邻国，不能指望打败以色列而不冒受到核武器攻击的危险，这种打击将使任何胜利转瞬间成为灭顶之灾。

按照华尔兹的说法，"核国家倾向于在互相敌对的国家中成对产生。国家易于受到来自自身缺乏而他国具备的军事力量的侵袭。它们迟早会试图获得相

---

❶ [美]斯科特·萨根肯尼思·华尔兹：《核武器的扩散：一场是非之辩》，上海人民出版社，2012 年第 2 版，第 29 页。

❷ 时殷宏编：《战略二十讲》，天津人民出版社，2008 年 1 月第 1 版，第 27 页。

❸ [美]麦乔治·邦迪：《美国核战略》，世界知识出版社，1991 年 7 月第 1 版，第 682 页。

应的力量，或者寻求具备这种力量的国家的保护"①。这实际上涉及一个有关核扩散争论的本源问题：国家安全与国际安全孰轻孰重？对一个国家（政权）而言，到底是一个自己有核威慑力的世界更安全，还是一个无核武器的世界更安全？如果说当今国际社会仍然是无政府状态，国家安全仍然靠每个国家的自助，那么答案无疑是前者。

值得注意的一个现象是，绝大多数有技术和财力制造核武器的国家对发展核武器兴趣平平甚至十分冷淡。这些国家之所以不愿意发展核武器，原因是多种多样的，比如他们的边界领土问题早已经得到解决，周边也没有可以威胁自己安全的国家，故本身不存在迫在眉睫的安全压力；如果说冷战时期苏联对西方联盟构成威胁，那么应对这个威胁也主要靠美国的核常力量，美国为很多盟友都提供了延伸核威慑。总的来看，核武器这种更适合于威慑和保底的武器对军事实力较强但安全形势并不紧迫的国家并不急需，反倒是常规力量可以成为灵活的政治和外交工具。另外，发达国家内部政治和决策较为公开透明，民间反对拥核的声音更容易体现在政策上，这就进一步降低了它们研发核武器的意愿。更重要的是，英国和法国在拥有核武器之后并没有给国家权势、国际地位带来明显改变，核武器既未使他们得以避免在非殖民化过程中的溃败，也未能改善在局部冲突中的被动；既未因此赢得更多尊重，也未令无核国家产生明显畏惧；而且，英国和法国的核力量还面临着昂贵和复杂的现代化需要。这些对于那些有能力制造核武器的国家无疑是一个警醒。

冷战结束后，美国加大了在国际社会防扩散的力度，但从成效上看并不理想。防扩散固然有利于美国，但同时也有利于整个国际社会。那么，怎样才能实现防扩散的目标呢？这其中的关键恐怕在于安全。任何国家都必须关注其自身的安全，如果一国感到不安全，并且相信核武器将使它感到更安全，那么美国反对核武器扩散的政策就不会获得成功。任何国家在决定是否发展核武器之前都会考虑很多因素，美国的反对立场只是其中之一，并且可能不是决定性的因素。

---

❶ [美]斯科特·萨根肯尼思·华尔兹：《核武器的扩散：一场是非之辩》，上海人民出版社，2012年第2版，第32页。

第十一章

核禁忌是客观存在

现在一些核大国，特别是美国，拿原子弹吓唬人。美国有那么多原子弹，也只使用过两次①。

———————————— 毛泽东 ————————————

有关越南战争唯一最重要的事实是确定无疑的：在七年战争中，从 1965 到 1972 年，以及 1975 年河内在此发动最后攻击，三任美国总统中没有一任准备使用核武器。美国打败了，而在美国巨大武库里存有成千上万件热核武器②。

———————————— 麦乔治·邦迪 ————————————

❶《建国以来毛泽东军事文稿》下卷，军事科学出版社、中央文献出版社，2010 年 1 月第 1 版，第 260 页。
❷［美］麦乔治·邦迪：《美国核战略》，世界知识出版社，1991 年 7 月第 1 版，第 719—720 页。

垄断某种重要的技术或武器，哪怕是暂时的，通常也会给一国带来显著的军事优势，从而在政治和外交上获得收益。正因为如此，军事强国才会在军事技术研发上投入重金，才会有武器装备一代又一代的不断发展，以期在面对对手时技高一筹，并达成相应的政治军事目标。核武器作为人类迄今发明的最具破坏力的武器，假如被某一国垄断，假如一个有核国家与无核国家进行较量，是不是就可以极大地增加垄断方的权势了呢？垄断方是不是因此就可以为所欲为地将自己的意志强加给另一方了呢？问题显然没有这么简单。这涉及核禁忌的存在。

一 常规武器与关键性技术突破

技术优势，某一武器的重大改进，关键性技术的突破，一种颠覆性的武器，这一切对于国家在战场上争取主动、赢得胜利都是极端重要的。

近代早期的欧洲，由于国家控制能力有限，各国又身处高度竞争性的国际体系当中，任何技术革新都会在短时间内传遍欧洲。所以，欧洲列强之间的技术差别并不明显，制约各国武器装备技术水平的与其说是各自的技术实力，不如说是财政能力。当然，在那一时期，技术进步的速度也较为缓慢。

进入19世纪中期之后，随着工业化时代的来临，技术进步的步伐明显加快，"强国之间为了至关重要的目的而打的战争现在有赖于总的经济实力和技术创新，不亚于它有赖于直接的战场上成功的程度，只要防御的一方挺得住最初的杀戮"①。在这个新时代，各国利用技术进步能力的差异明显地反映在战争的进程和结局上，军事技术上的重要突破对于相关国家打赢战争起到了重要作用。

以普鲁士为例。19世纪普鲁士（德国）军队在战场上的优异表现与其对铁路的运用和在枪炮技术上享有的优势有很大关系。首先，铁路改变了普鲁士原本处于几个大国中间的不利的地理位置。在18世纪，普鲁士因被大国包围不仅使外国军队轻易就能进入其国土，而且首都柏林也屡遭俄国、奥地利、萨克森军队的占领和蹂躏。普鲁士虽然打赢了七年战争，但也饱受战争摧残。在那场战争中，1/9的人口死亡；津贴和对被占领地区的掠夺只能支付战争经费的1/4到1/3。腓特烈自己写道：各省的面貌就像是三十年战争结束后的勃兰登堡②。19世纪30年代，随着蒸汽动力运输的出现，著名经济学家李斯特敏锐地看到了铁路对于普鲁士的重大意义。他指出，普鲁士的弱点是夹在几个强大的假想敌国之间而处于所谓"中央位置"之上，如果能建成铁路，其国力即可大大增加，由一个二等军事强国升为一等的巨强。他说："它可以在欧洲的心脏地区形成一个坚强的堡垒。动员的速度，部队可以迅速地由国家的中心地区达到它的周界上，以及铁路运输所构成的其他一切明显的'内线'利益，都足以使德国要比其他欧洲国家更居于优势地位。"③

得益于李斯特的战略眼光和坚持不懈的呼吁，普鲁士的铁路建设比其他欧洲大陆国家起步都要早。1846年，即李斯特去世那年，普鲁士陆军的一个军作为试验性演习实施了历史上第一次大规模铁路运兵行动。1857年，毛奇被任命为总参谋长，他立即推动了铁路在军事上的应用。在1866年对奥地利的战争中，普鲁士因利用铁路迅速部署军队从而在一开始便占了上风。当时，普鲁士动员的时间较奥地利要晚，但是他们能用5条铁路线把部队从普鲁士各地集中

❶［美］威廉森·默里等编：《缔造战略：统治者、国家与战争》，世界知识出版社，2004年5月第1版，第674页。

❷［英］J.O.林赛编：《新编剑桥世界近代史》7，中国社会科学出版社，1999年1月第1版，第614—615页。

❸［英］J.F.C.富勒：《西洋世界军事史》卷三，广西师范大学出版社，2004年8月第1版，第5页。

起来，而奥地利只有一条从维也纳开出的铁路，并且未能有效使用。在普法战争中，由于出色的参谋计划工作和铁路组织工作，普鲁士总共动员了38万人（3个集团军），并在18天内运到了前线。法军的动员工作则极其混乱，大批后备役军人抵达前线过晚，在开战之初只集结了20万人，其中仅有一部分能及早投入战斗。虽然后来总数达到了30万人，但到那时，形势已变得对法国人不利[①]。

其次是枪炮改进大大增强了普鲁士军队在战场上的火力密度和强度。普鲁士陆军在1841年采用了"撞针枪"，这是一种枪槽装弹的后膛来复枪。虽然它的有效射程不如当时新式前膛枪，但发射速度却是后者的3倍，即每分钟7发与2发之比。最重要的是，它使士兵能平卧在地上装弹和发射，这样在敌人面前的目标就要小得多。普鲁士这一新武器的价值在1848年和1864年与丹麦的冲突中体现了出来，在1866年与奥地利作战时则更为突出[②]。在1870年的普法战争中，普军炮兵配备的是后膛炮，法军仍是前膛炮。对这次战争各次战役进行的分析表明：这种武器上的差异，加上高超的炮兵战术，使普军占有决定性的战术优势，压倒了法军夏斯波步枪对普军步兵撞针枪的优势。普军炮火在1英里以外便摧毁了法军步兵的进攻，而在这一距离上，法军无法有效地使用夏斯波步枪。当麦克马洪元帅的部队在色当遭到围困时，起关键作用的是普军600门火炮。这些火炮摧毁了法军全部突围攻势，迫使一支8万人的军队最终投降[③]。

至于说西方国家在面对非西方国家和民族时，其巨大的军事技术优势对战争较量的影响，对西方征服、奴役广大的非西方世界所起到的最具关键性的作用更是得到普遍承认。像摩根索指出的那样："国家和文明的命运往往取决于战争技术上的差距，技术落后的一方无法以其他方法弥补这种差距。欧洲在从15世纪直到19世纪的扩张时期，将它的权力建立在比西半球、非洲、近东和

[①][②][③] [英] J.P.T.伯里编：《新编剑桥世界近代史》10，中国社会科学出版社，1999年1月第1版，第420—442页，第415页，第417页。

远东的战争技术更为高级的技术之上。"①当西方国家以先进的热兵器面对非西方民族的冷兵器时，少数的兵力就可以打败、征服广大的非西方世界。如在第一次鸦片战争中，远道而来、人数不多的英军沿中国海岸线北上，一路摧枯拉朽，最后占领了扬州，以切断南北漕运要挟清政府，迫使清政府签署了《南京条约》。

正是因为独享近代以来的技术与科学进步的成果，小小的西欧——包括英、法、荷兰、西班牙、葡萄牙——才建立了规模远远超出本土的殖民帝国。西方优势的核心就是军事技术优势。当然除此之外还有政治制度上的优势，这是技术优势赖以存在的基础。

二
徒劳的核垄断

与以往的常规武器和军事技术相比，核武器、核技术作为单一种类的武器与技术，研发门槛更高，耗资更大，任何一个拥有核武器的国家，在初始阶段无一不为它付出了巨大的经济、人力成本。而且，核武器的毁灭力也超越了以往的任何一种武器。所以，从理论上说，垄断了核武器的国家，有核国家对无核国家，应该享有比过去任何技术突破或垄断更大的军事、外交和政治优势，国家权势必将因此而得到显著提升。

但客观事实却比纯粹逻辑推理更复杂、更微妙。核武器固然有助于国家权势和威望的增长，但战后的世界政治与国际关系表明，它远未达到人们所认为和期望的程度。我们以美国这个世界上第一个有核国家、并且是核力量最强大的国家的经历来论证这一点。

1945年至1949年是美国独家拥有原子弹的四年，原子弹的巨大威力随着广岛和长崎的蘑菇云已经传遍世界。在这四年里，美苏关系从盟友最终发展为

---

① [美]汉斯·摩根索：《国家间政治：权力斗争与和平》，北京大学出版社，2006年11月第1版，第159页。

敌人，冷战在欧洲全面展开，其间中东欧国家的非共产党政权纷纷被共产党政权所取代，德国分裂成为定局。这四年也是美国人对建立一个"民主""自由"的战后世界幻想破灭、心情格外沮丧的四年。在他们看来，花费了高昂的代价打败希特勒德国，但代之而起的是欧洲的分裂、苏联的崛起和社会主义阵营的形成，法西斯的威胁现在被共产主义所替代。尤其是东欧，德国人被赶走了，但苏联人来了，这对美国来说又有什么区别呢？

对于接踵而至的这一切，美国无能为力。不错，他们是垄断了原子弹这种大杀器，也曾为这一垄断而欣喜若狂。但那又能怎样？欧洲仍然不可逆转地走向分裂，美国也丝毫动摇不了苏联凭借战争在东欧建立起来的巨大优势和影响力，更无法阻止东欧国家政权"易帜"。显然，核武器并未令苏联对美国心存畏惧，也未能使其在东欧问题更乐于做出让步和妥协。战后，为了迅速兑现"让美国年轻人回家"的诺言，美国以近乎解散的速度和规模大量复员军队，短短两年时间内兵力由接近 1300 万减少到 150 万，其中，陆军的削减尤为严重，从 1945 年的 89 个师下降到 1950 财年的 10 个师[1]。常规军力雪崩式地减少使美国无法对在东欧享有巨大人力优势的苏联做出军事反应，垄断原子弹看起来是个优势，但能否使用、如何使用、后果如何是一个争议很大的问题，况且初期美国原子弹数量很少，不足以决定战局。杜鲁门在当选总统后（1949 年），开始致力于加强美国的常规力量，建立北约，增加美国在欧洲的驻军，个中的原因就在于，单靠核武器，美国在欧洲不可能有主动权，想制止苏联进一步扩张势力，西方就必须拥有强大的常规力量。

20 世纪 50 年代，苏联虽然有了核武器，但美国的核优势仍非常明显。美国庞大的战略轰炸机群可以给苏联造成重大损失，而苏联以中近程弹道导弹和中程轰炸机为主体的核力量却不具备打击美国本土的能力，只能对美国的北约盟友构成威胁。但是，这一优势却无法解决美国在欧洲面临的极为现实的压力：苏联集团巨大的常规力量，尤其是人力优势和坦克数量的优势，这一力量犹如

● [美] 马克斯威尔·泰勒：《不定的号角》，内部参考，第 20 页。

泰山压顶一般悬在美国及其北约盟友的头上。怎么解决这个难题呢？从武器层面，美国开始大力发展战术核武器，以期阻止苏联坦克集团对西欧的侵略。从战略层面则提出大规模报复战略，其核心是不能让社会主义国家主导东西方之间的战争模式，因为这会使美国以己之短对敌之长，美国应该充分利用自己在核领域的优势，与对手打美国擅长的战争。但是，大规模报复战略一出台就饱受诟病，人们普遍认为其缺乏可信性，因为对于较小的威胁很难用核报复进行回应。1958 年 4 月，杜勒斯向艾森豪威尔指出，美国的战略观念"过分乞灵于大规模的核打击力量"，试图以此应付任何地方、任何形式的军事冲突[①]。总的来看，在 20 世纪 50 年代，美国的核优势仍未能发挥美国期待的作用，无论是军事上还是外交上。

如果说美国不敢对苏联使用或威胁使用核武器是因为苏联常规军力强大并很快打破了美国的核垄断的话，那么，美国在与无核国家之间的关系当中又会怎样呢？是否可以凭借核武器谋得优势？我们以朝鲜战争、台海危机和越南战争为例。

在朝鲜战争中，美国面对的是无核的中国（朝鲜），但是在战争最困难的时刻，杜鲁门没有动用原子弹。艾森豪威尔虽然在竞选中曾表示要使用核武器打破战场上的僵局，但实际上不管他说了什么、想了什么，他始终小心谨慎，甚至从未就使用核武器一事去争取其他参战国的同意，而当时各方都认为，这种同意是使用核武器的必要条件。最终美国没有使用原子弹挽回战场上的不利局面，战争以回到战前状态而结束。当然，在朝鲜战争期间，苏联已经有了核武器，但从苏联的投掷手段、核武器的规模和技术水平上看，并不具备用核报复回应美国核打击的能力。朝鲜战争的经验表明，在关键时刻，无论是杜鲁门还是艾森豪威尔，无论是美国人还是美国的盟友，都不愿意使用原子武器，这似乎成了一种谁都不愿意首先打破的禁忌。

在 20 世纪 50 年代的两次台海危机中，美国同样明里暗里对中国发出了核

---

❶ 石斌：《20 世纪 50 年代美国政府关于核报复战略的内部争论》，《史学月刊》，2004 年第 11 期。

威胁，甚至在第二次台海危机中还将能搭载核弹头的 8 英寸榴弹炮运抵金门，将该地区航母的数量由 2 艘增至 4 艘，驱逐舰加强了在台湾海峡的巡逻，台湾空军部队也得到增援，这些海空力量都装载有核武器。但是，美国发出了使用核武器的威胁，并不等于政府内部的战略论争已有明确结论。艾森豪威尔认为不必事先决定。在金、马问题上，他也认为不必对台湾作什么具体保证，要保留相机行事的决定权。一个宣称以核力量为重心的军事战略，却自始至终未能对这种力量的实际使用问题作出明确规定，足以说明该战略存在着无法克服的内在矛盾[①]。

从 1965 年到 1972 年，在持续了 7 年的越南战争中，以及 1975 年越南北方对南方发动的最后攻击中，三任美国总统——约翰逊、尼克松、福特——没有一位准备使用核武器。当一些人认为美国在溪山的军队正面临着类似法国人在奠边府那样的处境时，威斯特摩兰将军确实想制定一个核打击的应急计划以挽救他们，但是约翰逊明确表示他不考虑这样的建议，而当威斯特摩兰建立了一个秘密小组对这个问题进行研究时，他立即被告知打消这个念头[②]。

美国面临的困境对苏联同样适用。在柏林和古巴与美国的对抗以及与中国在边界上的对抗，苏联表现出的更多是慎重，是对核战争千方百计的回避。苏联人也遭遇了很多政治上的挫折：南斯拉夫脱离东方集团、与中国关系破裂、埃及反目投奔西方等等。对于苏联领导人而言，不使用核武器同样是一个强有力的传统。这从另一个方面说明，对于核武器的终极态度，政治制度和领导人个性的差异远没有武器本身那么重要。

在美苏的关系上，核威胁因素也逐渐淡出。美国 1954 年的《基利安报告》和 1957 年的《盖瑟报告》都迫切地建议展开一场外交攻势，旨在利用自己的核优势与苏联达成持久和解，但这些含有核讹诈意味的建议在最高层那里没有得到任何回应[③]。苏联的变化更为显著。赫鲁晓夫活跃一时的原子外交在 1962 年古

❶ 石斌：《20 世纪 50 年代美国政府关于核报复战略的内部争论》，《史学月刊》，2004 年第 11 期。

❷❸［美］麦乔治·邦迪：《美国核战略》，世界知识出版社，1991 年 7 月第 1 版，第 720 页，第 794 页。

巴导弹危机后销声匿迹，到70年代，苏联在拥有了毋庸置疑的战略力量后不是变得好斗，而是更加冷静，不再挥舞核大棒。从20世纪60年代初直至苏联解体，虽然美苏摩擦不断，但核武器在两国关系中只扮演了一个次要的角色。

谢林认为："人们并没有使用核武器的传统。同时，人们传统上不认同核武器的使用——尽管已经具备了使用核武器的能力，而且使用核武器对自己有利，人们也一致认为现实中不应该使用它。"[①] 这里的不使用不单是发生在可以确保相互摧毁的国家之间，而且也存在于实力悬殊的国家之间，甚至是在单方面拥有核垄断的情况下。

三

核禁忌的存在及影响

为什么会出现这种有核武器也无法使用、也不管用的现象呢？这与有核禁忌的存在有直接关系。

禁忌是指在特定文化中被社会所禁止的行为和思想。禁忌并不是绝对不可违反，只是违反者会感到非常惶恐。从社会文化的角度来看，违反禁忌的行为被认为可能会带来极为不祥的后果[②]。核禁忌理论认为，即使核进攻有助于本国获得现实的利益，核武器国家也难以做出核进攻的决定。不使用核武器是一种强烈的禁止性规范[③]。归根结底，就是核武器危害性、破坏性太大了，使用它违背了人类基本的道德良知和行为规范，无人能够承受发动核战争所带来的巨大心理、道德压力，这压力既来自国际，也来自国内，既来自他人，也来自自身，因而形成了谁都不敢触碰的禁忌。产生禁忌的根源不是客观上不具备做某件事的能力，也不是做某件事产生不了实际利益，而是"因为某些道德规则设置了绝对的障碍。道德规则完全禁止从权宜出发来考虑某些政策。某些事情

---

❶ ［美］托马斯·谢林：《冲突的战略》，华夏出版社，2011年5月第1版，第218页。
❷ 戴颖、李彬、吴日强：《禁忌与军备控制》，《世界经济与政治》，2010年第8期。
❸ 李彬：《中国核战略辨析》，《世界经济与政治》，2006年第9期，第19页。

没有做是基于道德伦理，即使做起来很方便"①。正因为禁忌的存在，政治家所做的比他们能够做的要少得多。

武器的功能就是破坏，早期的破坏重点在于杀伤有生力量，后来渐渐转向对物质财富，如城市、工厂、道路、桥梁及其他基础设施、公共工程的破坏，当然人也是其中一部分。武器（平台）发展的一个总趋势是杀伤破坏力越来越大。那么，为什么唯独在核领域就存在禁忌而在其他领域则没有出现类似的情况呢？

●● 一是因为核武器瞬时间的巨大杀伤力

抛开总体战不谈，一场血腥的局部战争、一场大规模的战役也会杀死很多人，造成巨大破坏，如20世纪80年代的两伊战争，仅双方交战人员即伤亡148万，至于二战期间的斯大林格勒保卫战，双方伤亡人数更是超过200万。但如此巨大的伤亡不是短时间内就完成的，而是日积月累的结果。但是核武器不同。"原子弹所带来的重大变化不在于它将使战争更加狂暴——用TNT和燃烧弹能同样有效地摧毁一座城市——而在于它把这种狂暴性浓缩在一定的时间内。过去，如果战争持续4或5年，全世界就认为是恐怖的，而现在一想到未来的战争可能只进行几天，全世界便惊恐万状"②。在布罗迪说这段话时核武器还处在航空阶段，用轰炸机对另一个国家进行核轰炸，若想达到毁灭性的后果至少需要以天、以周计算。待到洲际导弹出现后，全球战争被压缩到在几个小时内进行成为可能。

即便是伤亡数字没有区别，造成伤亡的时间长短对于决策者和普通人而言，其感受和结果将截然不同。在常规战争中，对于伤亡的规模在初始阶段是无法预料的，毋宁说，人们是在一步步、没有明确预期的情况下付出这些代价的。因此，从字面上看到的巨大伤亡，因为其渐进性而不会予人以特别震撼、震动的印象，同时，如利德尔·哈特指出的那样：只要变化的过程是逐渐的，人类

❶［美］汉斯·摩根索：《国家间政治：权力斗争与和平》，北京大学出版社，2006年11月第1版，第267页。
❷［美］伯纳德·布罗迪等：《绝对武器》，解放军出版社，2005年1月第1版，第48页。

就能够适应生活水准不断的下降。突如其来的震惊比旷日持久的压力能更快地产生决定性的结果。震惊使对手六神无主，压力却使他有时间去适应①。"而将一场灾难性的战争压缩到一段人们可以保持清醒的时间内，将极大地改变战争的政治、决策的程序、集中控制和节制的可能性，负责人的动机以及在战争过程中的思考和反思的能力"②。对于要发动核战争的一国领导人而言，他所下的一纸命令可以在 1 小时之内杀死几百、上千万人！可以令一个历史悠久的国家和民族回到史前时代！而且，这样的破坏性后果还会持续若干年。面对如此严重的而且是确定的结果，任何一个稍有理性和良知的国家领导人都难以下定核战争的决心。1954 年 6 月艾森豪威尔对他的官员这样说："无论我们对战争作多么周密的准备，无论我们如何确信能在 24 小时内摧毁古比雪夫、莫斯科、列宁格勒、巴库及其他能让苏联继续战斗的地方，我希望你们想一想这个问题：即使赢得了这样的胜利，你们如何享用它呢？从易北河到符拉迪沃斯托克，下至东南亚，这一片广袤的区域被撕裂并摧毁，政府不复存在，通信设施荡然无存，只剩下饥馑、哀鸿遍野。我要问你们的是，文明世界对此将如何处置呢？我在此重申，除了通过我们的智慧、贡献、努力来避免战争之外，在任何战争中都不会有胜利者。"③

所以，同样是死亡几百万人，短时间和若干年、确定和不确定对于决策者来说，其面临的心理、舆论、道德的压力是完全不同的。而常规战争至少在理论上存在多种可能性，决心挑起战争的一方尽管后来可能遭受重大损失，但他完全可以信心满满地投入战争。这就好比是"核武器与刺刀之间的区别。这种区别不在于最终杀死人的数量，而在于这样做的速度、决策制定的集中程度、战争同政治过程的分离，以及威胁战争一旦开始就将失去控制的精确计算的程序"④。

❶ [英] 劳伦斯·弗里德曼：《核战略的演变》，中国社会科学出版社，1990 年 10 月第 1 版，第 30 页。
❷ [美] 托马斯·谢林：《军备及影响》，上海人民出版社，2011 年 1 月第 1 版，第 16 页。
❸ [美] 斯科特·萨根肯尼思·华尔兹：《核武器的扩散：一场是非之辩》，上海人民出版社，2012 年第 2 版，第 48 页。
❹ [美] 托马斯·谢林：《军备及影响》，上海人民出版社，2011 年 1 月第 1 版，第 17 页。

● 二是因为核战争是前无古人的战争

在核武器之前，尽管不断有新武器出现，但每一种新武器对战争的影响都不是颠覆性的，传统和继承仍然大于创新。而核武器则彻底改变了战争的面貌，这样一场全新的战争是任何人都不曾经历过的，由此导致人们对核战争进程无从了解，对如何操作核战争没有参照。当然，美国曾经使用过两枚原子弹，但它们与打核战争是完全不同的概念，人们无法从对广岛、长崎轰炸中得出有关核战争的基本轮廓，如大规模的攻击会给整个社会带来何种影响、如何选择目标、在选择关头怎样进行进攻或报复、武器是否能按设计者的意图发挥作用等等。总之，尽管核战争的结果是确定无疑的，但笼罩在战争过程中的迷雾其规模甚至超过克劳塞维茨时代。华尔兹对此总结道："进攻性地使用核武器会使不确定性成倍上升。没有人了解一个核战场会是什么样子，也没有人会知道在第一个城市遭到打击后将会发生什么。对一场核战争可能的进程的不确定性，伴随着对无法估量的毁灭性效应的确定性，都会强烈抑制首先使用核武器的企图。"[1]

● 三是因为核武器的杀伤力超越了国界

常规武器、常规战争基本上可以将其主要危害限定在一个特定区域内，虽然因此而产生的难民问题有可能冲突到周边国家和地区，波黑内战、利比亚战争、叙利亚内战都是如此。而核武器则不然。"核战争另一个方面的罪恶在于，交战者不可能按照世界秩序的要求去尊重中立国领土的不可侵犯性。把核爆炸的影响，特别是放射性污染，限制在交战国的领土之内是不可能的"[2]。核爆形成的放射性尘埃对人员、生物、生态环境可造成严重污染和损伤，与其他瞬间杀伤破坏效应相比，它有作用时间长、危害范围广、作用途径多样化的特点。

---

❶ [美]斯科特·萨根、肯尼思·华尔兹：《核武器的扩散：一场是非之辩》，上海人民出版社，2012年第2版，第12页。
❷ [英]约瑟夫·罗特布莱特等编：《无核武器世界探索》，当代世界出版社，1995年4月第1版，第148页。

放射性微粒在随风漂移中，因重力、大气下沉运动和降水等原因，通常会降落在爆点附近和下风方向的广大地区。微粒中放射性核素的半衰期从几分之一秒到几百万年不等，在衰败过程中放射出 α、β 粒子和 γ 射线。核爆的长期生物效应有两方面：一方面是放射性沉降的长寿命放射性造成的潜在威胁，另一方面受照射人员的吸收剂量达到一定程度所产生的长期效应和遗传效应。作为核禁忌的重要表现之一的核禁试，其起源即与核爆的巨大附带毁伤有直接关系。1954 年 3 月，23 位日本渔民在比基尼珊瑚礁上被大风刮来的放射性尘埃所污染。这些尘埃是美国一次 1500 万吨级的热核爆炸造成的（超过了事先预计）。印度总理贾瓦哈拉尔·尼赫鲁听到消息后十分震惊，同年，他首次在联合国大会上提出缔结一项禁止核试验的国际协议[①]。

关于大规模的核战争会造成的全球气候恶化的问题，有一个十分形象的假说——"核冬天"。其基本观点是：大规模的核爆炸所掀起的微尘和高温引发大火，使土壤气化成气溶胶浓烟，向四周扩散，长时间地遮挡住阳光，造成全球性气候变化；使地球处于黑暗和严寒之中，动植物濒临灭绝，使人类生存面临严重的威胁。"核冬天"理论意味着，核战争不仅使交战双方遭到同样后果，而且会给全世界带来毁灭性的大灾难，威胁别国的核武器同样也威胁着自己[②]。

因此，对一个国家使用核武器，必然牵连到其他与战争毫无利害的国家。比如，美国对苏联发动核战争将对北欧国家产生不良影响，苏联对西欧国家发动核打击也会牵连欧洲其他国家。如此，使用核武器的决策就变得格外复杂了，它涉及多个利益攸关方，必将面临多个国家的严正抗议，从而使相关国家领导人更难下定发动核战争的决心。

最后是各种人道、环保、和平及科学家等非政府组织坚持不懈的对核战争的反对。他们的宣传和呼吁在世界范围内形成了使用核武器是不道德的、反人

---

❶ ［美］麦乔治·邦迪：《美国核战略》，世界知识出版社，1991 年 7 月第 1 版，第 448 页。
❷ 胡思德、刘成安编著《核技术的军事应用——核武器》，上海交通大学出版社，2016 年 3 月第 1 版，第 94 页。

类的舆论氛围。在这种情况下，尤其考虑到双方在意识形态斗争中争夺阵地和人心、占据道义制高点的需要，无论是苏联还是美国都很难主动挑起核战争，或对无核国家以核战争相威胁。

核禁忌的形成也是一个渐进的过程，其压力越来越被相关的决策者所感知，并最终使他们被迫或自愿放弃了使用核武器的念头。科学家因为其专业素养而成为最早感知到核禁忌的群体。1949年10月29日，美国原子能委员会的总顾问委员会在华盛顿召开会议讨论美国是否应该研制超级炸弹（氢弹）的问题。与会的八名委员得出的结论：我们大家都希望想方设法地避免发展这种武器。他们的理由是，超级炸弹很可能成为一种灭绝种族的武器，无论是制造出这种武器还是关于制造它的知识都是对全人类的威胁，率先实施发展这项武器的计划犯了基本道德准则的错误[1]。

在杜鲁门担任总统期间，虽然他接受了军方提出的建造数量更多、质量更好的原子弹的建议，但始终没有放松他作为总统监管、部署和使用原子弹的绝对控制权。在最后一篇国情咨文中，杜鲁门是这样谈到核前途问题的：从现在起，人类进入了一个具有毁灭力量的新时代……我们必须认识到，我们所取得的任何进步，没有是别人所达不到的，任何优势都不过是暂时的。未来的战争将是一次打击就能使几百万人丧失，就能摧毁世界的大城市，就能毁灭以往文明成果的战争，而且，将破坏通过几百代人缓慢而艰苦建立以来的文明体制。这样的战争不是理智的人可以选择的政策[2]。在核武器历史上，第一次也是唯一一次下令使用它的美国总统此刻已经完全意识到，在短短7年之中世界对核武器态度发生了根本变化。

到艾森豪威尔时代，一方面，美国在几个场合都做出准备使用核武器的姿态，而另一方面，核禁忌已经成为使用核武器的强有力约束，哪怕这样做有助于美国在战场上赢得胜利。在两次台海危机中，美国都对中国发出核威胁，但

❶［美］麦乔治·邦迪：《美国核战略》，世界知识出版社，1991年7月第1版，第298页。
❷［英］约瑟夫·罗特布莱特等编辑：《无核武器世界探索》，当代世界出版社，1995年4月第1版，第40页。

艾森豪威尔又为美国使用核武器规定了苛刻的条件，并保持了对蒋介石和作战行动的严格控制。在 1954 年法军被围困在奠边府之际，虽然五角大楼一直在评估使用战术核武器解围的问题，但是，艾森豪威尔从未接近于批准采取任何行动挽救奠边府，这就意味着他从未接近于批准在那里使用核武器。在核禁试的问题上，艾森豪威尔政府最初的立场是断然拒绝。但是，随着人们对放射性尘埃关注的不断增长以及辩论的进一步扩大，要求停止核试验的压力不论是在美国还是在国际上都变得越来越大，而且，苏联关于无条件禁止核试验的宣传日益获得成功。在 1958 年 3 月 24 日的一次会议上，艾森豪威尔表示，暂时停止核试验也许能为"我国人民和世界舆论带来希望"。"美国始终处在这样一种地位，简直令人难以忍受，我们追求和平，做盟国的忠实伙伴，这并不能对世界舆论产生有利的影响……进行核试验并不是一种罪恶，但问题是有人引导着公众相信它是一种罪恶"[①]。因为全面核禁试难度太大，艾森豪威尔转而建议部分禁止核试验。

到越南战争时，核禁忌已经根深蒂固。当时，从约翰逊到尼克松再到福特，他们都很清楚，在越南使用原子弹不可能指望得到本国人民的理解和支持。

就这样，从战后初期到 20 世纪 70 年代初，美国战略界逐渐地构建起对核武器价值的理性认识，核禁忌渐趋成型。这种理性认识否定了核武器的实战价值，核武器事实上已经成为一种不可用的武器，其存在的唯一作用就是威慑。核禁忌并非美国独有，也不受所谓的社会制度、政治体制的影响，其影响从超级大国、中等核国家、事实核国家和非核国家的行为中都能看得出来。今天，没有哪个核武器国家敢于向无核国家悍然发动核战争，更不用说两个核武器国家之间进行相互毁灭的核大战了，因为历史和逻辑都清楚地表明，一切政府都绝不会在无关生死存亡的问题上诉诸核武器。

● [美] 麦乔治·邦迪：《美国核战略》，世界知识出版社，1991 年 7 月第 1 版，第 452 页。

第十二章

针锋相对的敌人也有

共同利益

在某种程度上，成功不是一个排外的或者竞争性的概念，失败更是如此。当面对暴力的时候，甚至敌对双方之间的利益也会出现重合；如果没有重合，就不存在交易，而只有针锋相对的战争①。

—— 托马斯·谢林 ——

苏联集团和自由世界或许都不能同意任何积极的目标，但是它们至少有一件共同关心的事，就是在热核武器的恐怖面前，双方对于全面战争都不会感兴趣②。

—— 亨利·基辛格 ——

❶ ［美］托马斯·谢林：《军备及影响》，上海人民出版社，2011 年 1 月第 1 版，前言，第 2 页。
❷ ［美］亨利·基辛格：《核武器与对外政策》，世界知识出版社，1959 年 10 月第 1 版，第 192 页。

在我们思想意识的深处，敌我之间总是黑白分明、针锋相对的，发展到极致，就是凡是敌人赞成的，我们就反对，反之亦然。这是在革命斗争你死我活的严酷年代形成的逻辑和思路。反映在战场上，我们的终极目标就是消灭敌人，取得战争的彻底胜利。总之，对敌人是不能心慈手软妥协退让的，用毛泽东的话就是：宜将剩勇追穷寇，不可沽名学霸王。但战争终将过去，敌对的国家在和平时期该如何相处呢？他们之间除了竞争、对抗与冲突之外，是否也会发展出某种共同的利益？与历史上的大国敌对相比，美苏对抗不是发生在战争时期，而是在和平到来之后才逐渐从盟友转变成敌人，他们之间的敌对，不是表现为热战，而是除了直接冲突之外的政治、经济、军事、外交、意识形态的全方位对抗。然而，美苏对抗是在核时代的大背景下展开的，核战争作为一种毁灭性战争，使地球上所有国家都在劫难逃。因此，尽管美苏对抗充满了宗教般你死我活的情怀，但是最终他们还是认识到，避免相互摧毁是他们的共同利益所在。

敌友关系模糊的时代

其实，在近代欧洲，除非为了打仗，是不存在固定的同盟关系的，即使在战争时期，同盟组合也非常灵活，而且随时可以改变。"这类狭义的政治性战争，允许妥协，允许安排补偿。如果结果产生的力量平衡和分配比战前还要不能令人满意，那么还可以倒向另一方，即便是在战争中间也会发生"①。总之，对于欧洲的几个大国而言，友好或敌对并不是形容它们之间关系的恰当用词。和平时期缔结正式盟约，即明确稳定的敌友关系的出现是19世纪末至第一次世界大战前几十年才有的事，这在欧洲近代史上算是一个极其致命的新生事物。

自15世纪末欧洲近代民族国家逐渐形成以来，各国间的敌对与结盟都是针对具体情况和利害关系，随着战争的结束，无论是敌对还是结盟都告一段落，国家间关系又恢复正常状态，联姻、贸易都照常进行。而且，除了拿破仑时代挟革命东风因而追求总体战目标的法国，在整个近代，欧洲列强即使是在战争状态下彼此也有清晰的底线。大国间的战争无论胜负，都不会以直接牺牲大国的利益为代价，作为均势牺牲品的是那些小国、弱国，如在18世纪被三次瓜分、最后亡国的波兰，大国总是可以全身而退。所以，战争不过是大国间竞争的手段而已，并不伤筋动骨，也不会在情感上留下无法弥合的创伤。这种同盟组合的灵活性、敌友关系的模糊性是大国之间保持均势的关键。在这方面，英国表现得最为彻底和典型，其对外战略的基本指导思想就是：反对强者，尤其是有追求大陆霸权野心的强国，不管它是路易十四或拿破仑的法国还是威廉二世治下的德国；支持弱者，向其提供对抗强权的各种援助和补助金，必要时也会出动陆军直接介入。1852年，约翰·罗素勋爵在英国下院发言时对英国的外交政策作出如下解释：我们与整个欧洲体系联合在一起，而且已经长达一个多世纪之久。任何一个国家的领土增加，任何破坏欧洲整个力量均势的领土扩张，尽管也许并不会立即引起战争，我国也不能漠然视之，而且无疑将成为议会讨论的主题；如果这种均势受到严重威胁，最终很可能引起战争②。

在敌友关系模糊的背后，反映的是欧洲国家之间一种基于血缘和价值观的共同体意识。从血缘上看，在宗教上的联系开始削弱后，各国王室间复杂的姻亲关系在维持欧洲社会一致性上变得越来越重要。如身兼荷兰执政和英国国王

---

❶❷［英］J.O.林赛编：《新编剑桥世界近代史》7，中国社会科学出版社，1999年1月第1版，第214页，第364页。

的威廉三世不只是英王詹姆士二世的女婿和外甥，也是路易十四嫡表兄弟的儿子和勃兰登堡—普鲁士的腓特烈一世的嫡表兄弟，而腓特烈又是英国和汉诺威的乔治一世的姐（妹）夫；路易十四和皇帝利奥波德一世彼此是嫡表兄弟，也是姐（妹）夫和内兄（弟）。总之，一个欧洲君主必须与其他欧洲君主联姻已成定例。

王朝之间的血缘关系虽然没有防止战争，但这种联系对战争目标确实产生了重要影响。"无论一位君主采取什么阴谋来伤害其亲戚，无论他在战争中多么不礼貌地将其亲戚从他的土地上赶走，他也从未想将其全面毁灭及破坏其国家。战争结束后，多半是肇事者本人或其合法继承人垂头丧气地仍须到场谋求和平……即使在战争中，各统治家族仍须彼此通知出生、婚嫁和死亡，而且在他们之间有祝贺和吊唁的信息往返"①。这些战争期间的往来和礼貌表现有助于保持王朝间联系渠道的畅通并在战事停止后立即恢复正常关系。

从价值观上看，在经历了宗教战争你死我活的厮杀后，欧洲国家之间也逐渐产生了基于语言、历史、传统、宗教的共同体意识。到 1700 年，政治家和国际法专家们常常交替使用"基督教世界"和"欧洲"来表示拥有主权的基督教王国、封邑和共和国，这些国家遵循后来人们所说的"西方文化。"②近代欧洲"均势"原则被广为接受，这种共同文化是重要的基础。

在结束拿破仑战争的维也纳和会之后，欧洲大国更是自觉地在相互关系中运用均势原则。虽然当时的欧洲分成以英法为首的"自由国家"和以奥俄为首的反动国家两个阵营，但在涉及维护和平与力量均势的问题上，意识形态的差异或一致对它们的态度只起非常微弱的影响。外交结盟体系的流动性使任何一个国家能够在有战争危险的关键时刻转变立场，各国之间尽管有着深刻的思想分歧，但是它们之间又有着明显的意见一致，那就是维持欧洲大国之间的均势。所谓均势，即意味着同意 1815 年维也纳和会上所做的领土安排，以及一个更

①② [英]J.S.布朗伯利编：《新编剑桥世界近代史》6，中国社会科学出版社，2008年8月第1版，第234页，第233页。

为重要的原则：未经其他国家同意，任何一国不得进行领土扩张。此外，承认力量均势还意味着，任何一个国家都要保持高度的自我克制和尊重现存条约，一旦这个体系的某些成员由于野心或轻率而寻求单方面的领土扩张时，其他成员愿意参加共同行动进行遏制。

和平时期缔结固定同盟是从 1879 年的德奥同盟开始的，之后扩大成德奥意三国同盟。但这与第二次世界大战之后形成的形形色色军事同盟又有着本质的不同。德奥意三国并不存在共同利益和共同敌人，其同盟从军事角度看是为了排除第三方的介入，从而达到孤立对手的目的。一战前夕，随着三国协约的建立，欧洲在和平时期正式分裂成两大对立的军事集团，但这仍然不是我们后来所熟悉的那种意义上的针锋相对的军事同盟，两大集团之间并没有激烈的对抗，各种可能性也一直在尝试当中——除了无法破解的法德仇恨。即使是法德之间，也不存在意识形态的对立，而是基于普法战争的割地之仇。

因秘密外交在一战中和战后遭到唾弃，两战之间的大国关系依旧是模糊的。最能说明问题的是，1939 年，苏联与英法和德国同时进行谈判，英法在与苏联接触的同时也没彻底放弃德国，当时各国的结盟组合用一句话来形容就是："一切皆有可能。"直到苏德战争爆发和珍珠港事件后，反法西斯大同盟才最终形成。

但是，在 20 世纪的两次大战中，大国关系已经发生了与此前几百年相比不同寻常的变化，民族情感、意识形态开始发挥作用，战争目标由有限变成绝对，双方都在追求军事上的彻底胜利，要求对方无条件投降。现在，敌人不再是随时可以捐弃前嫌握手言和的兄弟（此前各国国王之间都互称兄弟），而是非我族类其心必异的妖魔。战争失去了它的工具性，胜利成为最大的、终极的政治。例如，为了动员人民，德国从 19 世纪 90 年代开始将最险恶、最富侵略性的意图赋予其潜在敌手，同时却将它自己的政策说成和平的和有益于欧洲的。施里芬在《论当代战争》一文中是这样描绘侠义和爱好和平的德奥两国被阴险好战的邻国包围：法国渴望为 1870 年至 1871 年的失败复仇；

俄国仔细考虑"斯拉夫和条顿人之间的种族敌意";英国人对德国的贸易充满妒忌;意大利人出于赤裸裸的领土扩张贪欲来行动。"到一定时候,城门被打开,吊桥将被放下,成百万的(敌方)军队将跨过孚日山脉、玛斯河、科尼绍河、涅曼河、布格河,甚至跨过伊松佐和蒂罗尔段的阿尔卑斯山脉,以蹂躏和毁灭之潮涌入中欧①。

至于希特勒的世界观,则更是充斥着社会达尔文主义的人类"生存斗争"观、伪生物学的种族观。在希特勒看来,政治"事实上是一个民族的生存斗争"。他将"经济竞争的和平争斗"视为所有战争中"最不人道的战争"。德国政策的任务很简单:在东方进行获取"生存空间"的斗争。只有征服才能匡正过去的错误,维持德意志民族的"种族价值"。德国应当集中全力进行获取生存空间的斗争,这意味着国内政策与对外政策必须结为一体,而且首先是德国必须准备打仗。由此可见,决定希特勒战略的是他的根本意识形态信条,而不是理性的谋算②。如果说希特勒挑起苏德战争无法从理性上解释的话,那么透过意识形态的有色眼镜就很容易了。

总的来看,从《威斯特法利亚和约》到拿破仑战争结束再到第一次世界大战,国家间的争斗都是在一个由共同信念和共同价值观构成的框架内进行的,这个共同框架对它们从事权力斗争的目的和手段施加了有效的限制。但是,从第一次世界大战开始,这种情况已不复存在。"现在国家是作为伦理道德体系的棋手互相争斗的……一个国家带着救世主般的狂热以其道德规则的普遍性要求向另一个国家提出迎面的挑战,而另一个国家也以同样的方式予以回敬。妥协这一旧外交的美德,变成了新外交中的变节。这是因为,相互冲突的要求在一个共同的道德标准框架内彼此调解,是可能的或正当的;而当道德标准本身成为冲突的利害所在时,进行这种调解就意味着投降了"③。

---

❶❷ [美] 威廉森·默里等编:《缔造战略:统治者、国家与战争》,世界知识出版社,2004 年 5 月第 1 版,第 266—267 页,第 408 页。
❸ [美] 汉斯·摩根索:《国家间政治:权力斗争与和平》,北京大学出版社,2006 年 11 月第 1 版,第 288 页。

美国作家巴巴拉·塔奇曼在《八月炮火》中用充满画面感的语言描述1910年5月英国国王爱德华七世的葬礼：

骑着马在队伍中前进的有九位帝王……这些君主，服色斑斓，嫣红姹紫，宝蓝翠绿，三骑一排联辔出了重重宫门，在阳光照耀下，羽翎头盔、金丝衣镶，绯色绶带，嵌着珠宝的勋章闪闪发光。他们后面是五位王储、四十多位皇室贵胄、七位皇后……以及为数不多的来自非帝制国家的特派大使，他们总共代表70个国家。王公贵族、达官显贵，在类似场合云集一起，这是盛况空前的一次，也是最后的一次。灵柩离开王宫时，议会塔尖沉闷的钟声报时九下，但在历史的时钟上则是日薄西山的时刻。旧世界的太阳正在西坠，虽日华灿灿，但已奄奄一息，行将一去不复返了[①]。

的确，这是欧洲最后一次以一个共同体的形式亮相。

二
全方位对抗的美国与苏联

上述变化为二战结束后的美苏关系做了铺垫。战后，美苏两国在短短两三年的时间里就完成了从盟友到敌人的颠覆性转变。如此巨大转折显然主要不是各种偶然事件的结果，它说明了美苏利益冲突的严重程度和两国之间根深蒂固的不信任。大国争霸是近代历史的常态，作为新时代背景下的大国争霸，美苏关系在表现了历史延续性一面的同时，也呈现出明显的变异。

● **首先，美苏两国在和平时期即集结数量不等的盟友、卫星国结成了针锋相对的军事同盟**

大国和平时期结盟敌对在欧洲历史上极为罕见，或者说，只在19世纪晚

● [美] 巴巴拉·W.塔奇曼：《八月炮火》，上海三联书店，2018年8月第1版，第1页。

期才出现。即使在 20 世纪 30 年代欧亚两大洲先后形成战争策源地之时，大国之间也没有形成对抗性的结盟体系，各种可能性仍然保持着开放状态。而美苏两国却一反历史经验，以二战结束时的军事分界线为基础，形成了各自明确的势力范围，军事分界线演变成政治分界线，双方几乎在所有问题上都表现出针锋相对之势。之后，随着西方阵营出台杜鲁门主义和马歇尔计划，苏联阵营也成立了共产党情报局和经互会，1949 年北约的成立和 1955 年重新武装西德则最终导致华约的诞生。至此，以美国为首的北约和以苏联为首的华约两大军事集团对抗正式形成，北约和华约互为唯一对手，双方的对抗不仅在常规力量上，而且还有越来越多的核武器做后盾。欧洲是美苏较量的主要舞台，20 世纪 70 年代之后苏联虽向欧洲之外扩张势力，但美苏在其他地区的冲突远未达到像欧洲那样的激烈程度。

● 其次，美苏之间的对抗是全方位对抗，而不仅仅是军事上的较量

在第一次世界大战之前，协约国与同盟国两大军事集团的形成并没有影响双方的贸易关系，但是，美苏的对抗却是涵盖了方方面面，从军事到政治，从经济到意识形态，从文化到贸易。在冷战的高潮时期，两大集团之间甚至连最基本的交往都低到可以忽略的地步，世界真正被分成了互不交集的两个部分。这种全方面的对抗被冠以"冷战"称谓，意指除直接的战争行动之外在所有领域——当然也包括军事上的对抗。

● 第三，美苏对抗真正独特而且致命的是其强烈的意识形态色彩，就程度而言甚至超过了欧洲 16—17 世纪的宗教战争

当时国家间战争虽因宗教而起，或宗教是其中的重要筹码，但国家利益仍然高居于宗教之上，宗教上的分歧从未脱离国家（王朝）利益而孤立存在。因此，才会有天主教的法国与伊斯兰教的奥斯曼帝国间的友好、合作，也才会有两个天主教大国法国、西班牙的长期对抗与战争。在 1618—1648 年的三十年战争

期间，德意志诸侯理论上分裂成天主教和新教两大阵营，但其中仍然有一些担心皇帝权势扩大的天主教诸侯加入新教一边，至于天主教大国法国，从来都是与新教国家站在一起，致力于削弱天主教的哈布斯堡家族。

在18世纪王朝战争时代，欧洲国家间既失去了宗教的狂热，也逐渐形成了一套欧洲共有的价值体系。"当时的问题是领土扩张和王朝竞争，其利害得失在于是增加还是减少荣耀、财富和权力。无论是奥地利的、不列颠的、法兰西的还是普鲁士的'生活方式'（即信仰和道德信念体系），都不是真正的利害所在……"自第一次世界大战以来，形势发生彻底变化。现在，"国际舞台上的每一个竞争者都愈益强烈、愈加无保留地声称它的'生活方式'包含有全部的道德和政治真理，其他竞争者若加以拒绝只会自取其辱。所有的竞争者都带着强烈的排他性，把它们本国的道德观念等同于全人类必须接受、终将接受和赖以生存的道德观念。就这一点而已，国际政治的伦理便回复到部落主义、十字军讨伐和宗教战争的政治和道德上去了"①。

如果说宗教只涉及个人私领域的信仰的话，那么意识形态这种宗教的世俗变体则关乎政治、经济、价值观方方面面，涉及政治制度、经济组织方式、文化艺术、教育审美等等，或者可以用美国人的话来形容：这是两种生活方式的冲突。美苏的意识形态对抗即属于这一类型。当然，利益之争是显而易见的，只是这种利益之争不再是一城一地的得失，而是尽可能将自己的制度、思想、生活方式向外推广，征服更多的空间和人口，因为，在它们看来，越多的国家拥护、接受自己的价值系统，那么自身就会变得更安全、更繁荣。

在这种高度的意识形态对抗之下，双方都以一种面对异端才有的激情，从善恶两分法的极端视角看待彼此，这一点在美国身上最为突出。1950年4月出台的NSC-68号文件充分体现了美国这种"摩尼教式"的心态。文件将正在出现的冷战描绘成两大截然相反的价值体系之间的殊死对抗。一边是美

● ［美］汉斯·摩根索：《国家间政治：权力斗争与和平》，北京大学出版社，2006年11月第1版，第290—291页。

国，其根本目的在于"确保我们自由社会的完整和活力，它基于个人的尊严和价值"。另一边潜伏着的是克里姆林宫的恶魔。"那些控制着苏联和国际共产主义运动的人的根本图谋，是保持和巩固他们的绝对权力，首先在苏联，其次在目前被他们控制的地区"。"法治政府之下的自由这一观念，同严酷的克里姆林宫寡头集团之下的奴役观念"水火不相容。一个自由社会珍视"作为其本身目的的个人"，欢迎多样性；它追求"创造和维持一种环境，在其中每一个人都有机会实现自身的创造力"。它是宽容的，因为它认识到个人自由这一指南性意识形态的内在力量。除了自卫，它拒绝将暴力作为政治工具，因为"在国家与国家之间的关系中，自由社会的首要依靠是它的思想的力量和吸引力，它并不感到有任何强迫性的冲动要迟早使得所有社会同它一致"。与这一开明理想对立的是苏联制度。"没有任何其他价值观体系同我们的价值观系统如此全然不可调和，如此不可改变地怀抱要毁灭我们的体系的目的……"① 总之，苏联在美国的话语体系里就是一个十恶不赦的魔鬼，一心想毁灭民主社会（这就很容易地解决了苏联对西方国家发动战争的动机问题），与这样的国家是无法进行正常的沟通和交流的，因为其心态、思维与民主国家迥异，其道德水准低下，甚至不具备起码的人性（可以承受几百、上千万人口的死亡）。如此看待、描述、推断一个国家，显然不是出于正常的理性思维，而是完全被激情和偏见所左右。

也许有人会说，NSC-68 号文件的说辞是一种宣传，不可信。宣传的成分不能排除，但必须要注意的是，它是一份绝密文件，只在美国政府的最高层中间传阅，直到 1975 年才最终解密。从这一点看，它又不可能是彻底的谎言。应该说，报告的主要基调是当时美国人真实心态的写照，而且，在以后 1/4 世纪的时间里，它一直是美国国家安全政策的基石，准确地反映了美国战略所依据的意识形态前提。

---

❶ [美]威廉森·默里等编：《缔造战略：统治者、国家与战争》，世界知识出版社，2004 年 5 月第 1 版，第 16 页。

从苏联方面看，对美国的宣传则立足于马克思列宁主义的有关论断，如帝国主义是战争的根源，帝国主义是腐朽没落的资本主义，是资本主义的最高阶段，社会主义代表了人类发展的趋势，社会主义最终将取得与资本主义斗争的胜利，等等。

这样两个你死我活、针锋相对的国家能有共同利益吗？按常理，两个完全对抗的国家（集团）之间的关系属于零和博弈的性质，一方所得必为另一方所失。如果没有核武器，美苏关系或许就是这样。然而，美苏对抗发生在核时代的宿命，注定了它们之间的关系将因为核武器而改变。

摩根索认为，"在一切政治斗争和冲突的深处，存在着无法再减少的最小限度的全人类所共有的心理特征和愿望。所有人都要生存，因而需要维持生命所必需的东西；所有人都向往自由，因而都想获得他们的特定文化所褒扬的自我表现和自我发展的机会；所有人都追求权力，因而都寻求获得同样由他们各自特定的文化模式所决定的社会名望，从而使他们领先于、高居于他们的同胞之上"[1]。构成美苏共同利益基础的即是国家（统治者）求生存的本能。

为什么核武器能带来这一变化而其他武器不能？简单地说，在核武器时代以前，两个势均力敌的大国是无法消灭对方的，长期战争的结果只能是巨大消耗基础上的两败俱伤。1812年，拿破仑在其帝国鼎盛时期侵俄失败说明，即使是称霸欧洲大陆的法兰西帝国，也无力征服拥有巨大幅员和人口的俄国。克劳塞维茨总结道："1812年的俄国战役首先显示一个此等规模的国度不可能被征服……"[2]第一次世界大战如果没有美国在1917年介入，就欧洲本身来说也只能是僵局。或者说，以欧洲国家间的权势差距，任何一方都不能完成总体战目标。美苏两国都是人口上亿的洲际强国，拥有得天独厚的自然资源和地理环境，工业体系门类齐全、规模巨大，又分别为海上和陆地强权，假如没有核武器，

[1]［美］汉斯·摩根索：《国家间政治：权力斗争与和平》，北京大学出版社，2006年11月第1版，第298页。
[2]［德］卡尔·克劳塞维茨：《战争论》，商务印书馆，2016年5月第1版，，第313页。

两国只靠常规战争确实无法分出胜负。所以，在刚刚拥有核武器的时候，美国人认为，核武器提供了美国打败苏联的希望。或许这是近代以来大国之间首次出现这样的前景。

显然，事情并没有像美国人起初预想的那样。如果美国一直单独拥有核武器，固然有了打败苏联的现实可能性。问题是，如此重要的武器，能够给战争和政治带来深刻改变的武器，怎么可能由美国独家垄断呢？苏联必然不惜成本在最短的时间内拥有它。以苏联的技术实力和工业基础，不管有没有美国内部的苏联间谍帮助，苏联也无须太长时间就能将核武器研发出来。而一旦苏联也有了核武器，并且与美国在规模、质量上旗鼓相当，那么，它就意味着美苏两国有了互相毁灭对方的能力。到 20 世纪 50 年代后期，美苏两国就形成了这一确保摧毁的僵局。核武器"赋予了每一方摧毁对方的能力，从而将国际关系运作升至全新的冒险等级和危险层次"[1]。在人类历史上，这是第一次，两个巨型国家能够彼此毁灭。

在这种情况下，就需要"以一种超越的而不是排他的方式来重新阐释国家利益"[2]。在核时代，一国国家利益的满足不再意味着另一国国家利益必然不满足，一国对自己某些利益的追求不必一定以牺牲另一国的利益为代价，一国为了免遭核毁灭的危险，就必须确保他国具有同样的安全。在 1969 年 11 月于赫尔辛基举行的美苏限制战略武器谈判中，苏方说了以下经官方认可的话：即使在其中一方首先遭到袭击的情况下，它也毫无疑问地能够保持进行毁灭性的报复打击的能力，因此我们显然一致认为，如果我们两国之间发生战争，对双方都将是灾难性的，谁决定发动这样一场战争，就意味着谁要自杀[3]。

在常规武器领域，政治决定军事，技术受制于政治现实，而在核武器领域

---

❶［美］诺曼·里奇：《大国外交：从第一次世界大战至今》，中国人民大学出版社，2015 年 8 月第 1 版，第 238 页。

❷［美］汉斯·摩根索：《国家间政治：权力斗争与和平》，北京大学出版社，2006 年 11 月第 1 版，第 474 页。

❸［英］劳伦斯·弗里德曼：《核战略的演变》，中国社会科学出版社，1990 年 10 月第 1 版，第 317 页。

恰恰相反，军事限制了政治，技术决定了政治。美苏两国尽管高度对抗，但双方都拥有核武器的现实使两个针锋相对的对手也有了共同利益，因为"一场核风暴将席卷社会主义和资本主义，正义和邪恶都将荡然无存"①。

虽然美苏在避免毁灭性的核战争问题上已形成共同利益，并因此在现实的对立过程中可以排除蓄意挑衅成分，但由于美苏处在全方位的高度对抗中，一些复杂情况、不确定性和意外仍可能导致两国发生全面战争或威胁双边核关系的稳定。这些情形包括：预警系统故障造成的虚警、随着高戒备状态而来的非授权意外发射、一方着眼于防御的动作给另一方造成的准备发动核战争的印象、技术突破可能导致的颠覆性后果对双方产生的扩充核军备和先下手的压力、盟友拥有核武器后将双方拖入核战争的可能等等。另外，一些类似于古巴导弹危机的突如其来的状况也蕴藏着巨大风险，因为"危机的本质在于，参与者无法完全地控制事态的发展；他们采取措施和作出决定以提高或降低风险，但这些是在存在风险和不确定性的前提下作出的"②。

所以，美苏两国如果爆发全面战争的话，并不一定是双方"对物质和心理层面上的各种利弊仔细权衡后，冷静地决定对西欧遭受的侵略采取报复性的惩罚措施。它之所以发生，可能是因为我们或苏联人错误地相信它已经发生，以及错误地或正确地认为，如果我们不立即发动，对方将会这样做。它也并不依赖于不屈不挠的毅力，而是可能来自对战争结果的预期：如果因为拖延而由敌人首先发动，结果将会更加糟糕"③。

三
超级大国之间的克制与合作

1962 年，美国国防部长助理约翰·麦克诺顿使用了"总和不为零的游戏"

---

❶ [美] 麦乔治·邦迪：《美国核战略》，世界知识出版社，1991 年 7 月第 1 版，第 789 页。
❷❷ [美] 托马斯·谢林：《军备及影响》，上海人民出版社，2011 年 1 月第 1 版，第 84 页，第 93 页。

这个概念，他不赞成"美国在防务上有所得必然意味着苏联有所失"这一假设，他坚持认为："我们所作的每一个决定，都必须考虑到形成稳定的各种因素，也必须考虑到我们的决定对军备竞赛会产生什么重大的影响。"① 既然彼此的生存取决于对方，既然彼此都想活，那么，美苏在对抗之外必须保持一定程度的克制与合作，只有这样，他们才有望在核时代避免相互毁灭的结局。

● 首先，避免大规模的核战争意味美苏必须避免能将两国军事力量卷入相互公开冲突的一切行为和步骤，确保它们彼此间不发生任何种类的战争，因为"真正的危险更多的是隐藏在无法控制的局势之中，而不是蛰伏于当权者的企图与欲望之中"②

所以在交战前避免升级要比交战后容易得多。总的来看，两个超级大国在它们的关系当中都表现出了极大的谨慎，每一方都不去试探对方的底线，不把对方逼上绝路，尽量避免刺激对方使用武力，更不用说是核武器了。从斯大林封锁柏林到肯尼迪封锁古巴，其行动都是有限的，预留了足够的妥协空间和回旋余地。至于说赫鲁晓夫发起的第二次柏林危机，除了口头的最后通牒外，没有采取任何实质性的动作。在这些对抗中，引人注目的与其说是不可控的风险，倒不如说是两国领导人为避免公开战争所表现出来的慎重。在欧洲，这种克制使双方停留在第二次世界大战末所确定的僵局面前，没有任何一方企图做新的征服；在其他地区，则再也没有出现过类似古巴导弹危机的事件。两个超级大国并没有变为朋友，但是它们一直与必然导致核危险的任何对抗保持着足够安全的距离。

---

① ［英］劳伦斯·弗里德曼：《核战略的演变》，中国社会科学出版社，1990年10月第1版，第291页。
② ［美］麦乔治·邦迪：《美国核战略》，世界知识出版社，1991年7月第1版，第782页。

● 其次，美苏两国致力于保持双方关系的战略稳定。美国战略研究人
员早在50年代美苏核实力还较为悬殊时就预见到，当两国核力量
势均力敌时，两国关系就会因此而稳定下来

当然，这一势均力敌不是数量上对等，而是指都具备了一定的规模，即所
谓的二次打击能力。稳定的出现虽然不是战略筹划的结果，但不能因此认为稳
定的保持也不需要人为的努力。事实上，为了保持稳定，核大国间必须转变传
统观念，克服有可能威胁战略稳定的各种破坏因素。所以，在所谓战略稳定于
50年代后期出现后，美苏两国也开始了致力于保持稳定的努力。

保持稳定的关键在于让彼此有安全感从而失去先发的冲动，这一安全感意
味着任何一方在任何情况下都有还击的能力，在任何不利的情况下还手都可以
给对手造成和主动发动攻击同样的损失。同时，安全感也意味着两国之间的任
何危机、意外都能得到妥善、及时的解决，两国不会发生主观上不想发生的核
战争。

为了不让彼此担心对方先动手可以得逞，就必须允许对手发展核力量，对
于对手在核实力上与自己差距的拉近不应恐慌，因为这有助于增加对手的安全
感。这一明显有悖于传统军事信条的主张起初遭到军方排斥，苏联也拒绝接受。
但随着时间的推移，核武器的特性压倒了人们的传统思维惯性，美国在20世
纪60年代、苏联在70年代先后在事实上接受了上述结论。70年代美苏之所
以在核军控方面取得一些突破，其前提是双方接受了战略稳定的概念，并致力
于维持战略稳定。

战略稳定也会受到突发性事件尤其是危机的考验和冲击。古巴导弹危机
首次将核战争的风险实实在在地摆在了美苏两国面前，在危机期间，任何的
误解、误会或处理不慎，都有可能将双方推入本想避免的核战争。此次危机
凸显了美苏最高领导人直接交流的必要性，作为两个能决定彼此乃至世界命
运的人物，在关键时刻居然要通过写信、公开声明的方式沟通，这与其所肩

负使命的重要性极不匹配。这场危机过后，美苏两国政府设立了克里姆林宫与白宫之间的热线电话，以便减少那些可能触发一场核战争的事故或误解的危险。

20世纪60年代之后，随着美苏争夺海上霸权的斗争愈演愈烈，两国间发生的海上事件也越来越频繁。这些事件包括：进行各种危险操作；一方军用飞机对另一方军舰实施近距离空中侦察；使用武器或传感器系统向对方进行模拟攻击；利用照明弹或探照灯搞骚扰等等。这些行为有可能造成舰艇碰撞以及飞机、人员损失，甚至会引起意外武装冲突。为了避免危险以及由此导致的冲突升级，美苏两国通过谈判在1972年签署了世界上第一份具有海上军事安全合作性质的协定——《防止公海及其上空事件的协定》。美苏海上军事安全协定确立了一系列具体的海军安全操作程序以及限制各种形式骚扰的规程，规定建立两国海军直接联系渠道和落实、评估协定执行情况的联合委员会等。

● 第三，美苏在防止核扩散方面有着高度的一致，这是两国最早开展合作的领域

一方面，防止核扩散是美苏确保它们在国际政治中居于主导地位的需要，因为越多的国家尤其是小国弱国拥有核武器，将极大地对冲美苏的政治军事权势；另一方面，核扩散也增大了核战争爆发的机会，某些盟国随意发动核打击可能将美苏卷入并不符合其利益的核战争。

防止核扩散，很重要的一点是限制核试验，因为核试验是发展核武器不可逾越的一步。1957年1月14日，苏联在联合国大会上正式提出禁止核试验的提案①。1958年5月9日，赫鲁晓夫又向禁止核试验迈出了一大步。他在给艾森豪威尔的信中同意了西方的建议，即在日内瓦召开一个专家会议来研究为核禁试成立核查监控体系的可行性②。1958年10月31日，美苏英在日内瓦开始

❶❷沈志华:《苏联专家在中国（1948-1960）》，社会科学文献出版社，2017年9月版，第282页，第294页。

禁核试谈判，三国宣布暂停核试验。后因发现核武器经过一定的时间贮存后，部分核武器出现了一些意想不到的问题，急需通过核试验解决，为此，1961 年 9 月苏联恢复了核试验，60 天实施了 30 次大气层核试验，美国在 6 个月内进行了 40 次大气层核试验。1963 年 8 月 5 日，美苏英达成第一个禁核试协议——《禁止在大气层、外层空间和水下进行核试验条约》，并向其他国家开放签署。条约的目的一方面是减少大气层核试验对环境的污染，同时更是限制和遏制未掌握地下核试验技术的国家发展核武器，以此防止核扩散。在给美国代表团团长、资深外交家艾弗里尔·哈里曼的秘密指令中，肯尼迪强调莫斯科谈判的一个首要目标是找到阻止中国人核武化的途径。谈判进展异常顺利，哈里曼说："显然，苏联签署该条约的首要目的是要孤立中共。"①

1974 年 7 月 3 日，美苏又签署了《限制地下核试验条约》，禁止超过 15 万吨 TNT 当量的地下核试验。冷战结束后，禁止核试验已经成为国际社会的共识和强烈呼声。1996 年 9 月 1 日，得到绝大多数成员国支持的《全面禁止核试验条约》草案在联合国大会获得通过。

1968 年 7 月 1 日，美苏英签署了《不扩散核武器条约》。截至 2007 年 6 月，除以色列、印度、巴基斯坦和朝鲜外，共有 190 个缔约国。1995 年审议会决定其无限期延长。不扩散核武器条约虽然缘起无核国家，但是其最终通过、生效与美苏等核大国的支持是分不开的。如果大国在此问题上没有共同利益，任何涉及防扩散的国际协定都是不可能的。

● **最后，核军控是美苏另一个具有共同利益并进行了合作的领域**

在美国拥有核武器之初，尽管科学家、有见识的学者都认为，核武器的数量优势并不意味着军事和战略上的优势，核武器的数量并非越多越好。但是，在冷战背景下，核军备竞赛的出现带有必然性，这其中有来自军方的压力，有

● [美] 诺曼·里奇：《大国外交：从第一次世界大战至今》，中国人民大学出版社，2015 年 8 月第 1 版，第 329 页。

传统思维的惯性，也有"不能让苏联超过我们"的决心。到 20 世纪 60 年代，美国的核武库从哪个角度看都已经超过确保毁灭苏联的程度：无论是遭到突然袭击之后还击，还是先发制人主动出手；无论是美苏单独较量，还是为盟友提供延伸威慑。而且，从当时的主被动防御手段看，在可预见的将来防御核袭击也是不可能的。所以，美国上上下下都逐渐接受了"核武器并不是越多越好""核军备竞赛没有赢家"的观点。

苏联作为发展核军备的后发国家，在相当长的一段时间里要解决的是缩小与美国的差距问题，这个任务到 20 世纪 60 年代末 70 年代初终于完成，美苏的核力量基本达到了对等状态，不仅是确保相互摧毁的对等，也包括核武库的规模和质量水平。由此可以看出，20 世纪 50—60 年代的美苏核军备竞赛对于双方各自的含义是不同的：美国想维持领先地位，苏联想消灭差距，而竞赛的最终结果是两国核能力持平。

虽然苏联国内缺少美国那样活跃的核战略讨论和争论，但核武器的现实显然更具决定性，美国人通过不断争论和讨论得出的结论，苏联人在实践当中也领悟到了，诸如防御系统的不成熟、不可靠，核武器数量的持续增加既带来沉重的经济压力，也难以转化为明显的战略与军事优势等，20 世纪 60 年代末苏联接受了美国在反导系统问题上的观点就是一个明显的例子。同美国战略的规划者一样，苏联战略的规划者们必须面对这样的事实：进攻性武器似乎总是比防御性武器胜过一筹；虽然可以为打核战争做准备，却不能把发动核战争看作政治上的明智的选择[1]。

所以，当美苏都囤积了大量的核武器（双方核弹头数各自增加到了 3 万枚以上，占世界核武器总量的 95%[2]）、当任何一方都无法通过增加更多核武器而谋求战略优势、当建立在确保相互摧毁基础上的战略稳定局面已经形成之后，核军控就成为两国水到渠成的选择。从技术方面看，卫星等空间侦察手段的发

---

❶［英］劳伦斯·弗里德曼：《核战略的演变》，中国社会科学出版社，1990 年 10 月第 1 版，第 319 页。
❷胡思德、刘成安编著：《核技术的军事应用——核武器》，上海交通大学出版社，2016 年 3 月第 1 版，第 128 页。

展为在不进入彼此国土的情况下监视对方核力量的部署、核查条约的执行情况提供了条件。一直以来，进入双方领土内进行核查都遭到苏联强烈反对，而没有核查，美国拒绝签署任何军控条约。

为什么是核军控而不是核裁军？主要有两个方面的原因：一是裁军政治阻力大、技术难题多，必然导致旷日持久的谈判，而为双方核武库设置一个上限，从而减缓军备竞赛则相对容易；二是当时的学者们都倾向于认为，高水平的核军备更有利于战略稳定（确保哪怕是在最极端的情况下也能拥有与第一次核打击一样的报复能力），而削减军备不当则可能威胁到稳定，也容易导致违约行动。比如谢林就指出，一个国家拥有的武器越多，其对手就越难靠发动突然袭击来摧毁这些武器。裁军协议中涉及的武器数量越大，协议就越容易得到遵守，因为"随着双方拥有的导弹基数不断增大，他们以欺骗或掩藏或破坏协约等手段实现自己对对方的数量优势越来越困难"[1]。

美苏于 1972 年 5 月达成了第一批军控条约，包括《关于限制进攻性战略武器的某些措施的临时协定》（包括一个补充议定书）和《关于限制反弹道导弹系统条约》。前者有效期 5 年，规定双方的陆基洲际导弹冻结在 1972 年 7 月 1 日实有和正在建设的水平上，苏联为 1618 枚，美国为 1054 枚；潜射导弹和导弹核潜艇冻结在 1972 年 5 月 26 日双方实有和正在建造水平上，苏联为 950 枚和 62 艘，美国为 710 枚和 44 艘；导弹及其发射架可进行现代化和更新。后者则将两国反导系统的部署限制为两处（分别为首都和洲际导弹基地），各不超过 100 枚拦截弹。反导条约在某种程度上承认了美苏此前建设反导系统努力的失败，即使根据 1974 年 7 月的"议定书"将部署地点改为一处，两国的部署也未能达到条约规定的上限，美国实际上停止了部署。

1979 年 6 月 18 日，美苏又达成了《关于限制战略性进攻性武器条约》和一系列附件。条约规定双方战略武器总限额为 2250 件，分导式多弹头导弹

---

[1] ［美］托马斯·谢林：《冲突的战略》，华夏出版社，2011 年 5 月第 1 版，第 198—199 页。

为 1320 枚。双方还在限制重型导弹、苏联限制逆火式轰炸机、美国限制巡航导弹等问题上达成协议，但对双方战略核潜艇不加限制。这个条约因美国国内分歧和苏联入侵阿富汗而在参议院未获批准，但两个超级大国达成了默契，在 1984 年仍然遵守着该条约的条款。这从一个方面说明，两国都愿意接受对自身核武库的限制，而不是幻想通过谋取数量的优势从而获得所谓战略上的优势。

1987 年 12 月 8 日，经过几年颇为曲折和戏剧性的谈判，美苏终于达成了《中导条约》。与此前致力于限制规模的条约不同，《中导条约》将两国核武库中整整一类核武器（射程 500—5500 公里的弹道导弹和陆基巡航导弹）销毁，虽然这些导弹仅占美苏核武库总数的 3%—4%，但这是自核武器出现以来首次在军控实践中减少而不是限制核武器数量。之后，随着美苏关系的迅速改善和冷战的结束，美苏（俄）核军控的重点从限制发展上限转到了减少核弹头和运载工具的数量上。

1991 年 7 月 13 日，美苏签署了《第一阶段削减战略武器条约》（START-Ⅰ），条约规定，在 7 年内，两国将运载工具削减至 1600 件，弹头削减至 6000 枚。

1993 年 1 月 3 日，美俄签署了《第二阶段削减战略武器条约》（START-Ⅱ）。条约规定，到 2003 年，双方将核弹头数量削减至 3000—3500 枚，销毁多弹头洲际导弹。条约因为美国发展陆基中段反导系统并于 2001 年退出《反导条约》而未生效，主要表现为双方停止了销毁多弹头洲际导弹，特别是俄罗斯，没有按规定销毁 SS-18 和 SS-19 重型洲际导弹。但两国核武器运载工具和核弹头数量仍在持续减少。

2002 年 5 月 24 日，美俄签署《美俄削减进攻性战略武器条约》（SORT），规定两国至 2012 年将核弹头数量削减至 2200 枚。条约引人注目地没有规定核查措施，这表明，裁军对美俄来说已成为完全自觉和主动的行为，而不再像过去那样斤斤计较。

2010 年 4 月 8 日，美俄签署新的《削减战略武器条约》（START），规定至 2021 年美俄实战部署的核弹头为 1550 枚，运载工具为 800 件（其中现役 700 件）。

2013 年，美国总统奥巴马公开宣布，为实现核威慑，美国只需要保持部署 1000 枚战略核弹头，不需要达到"1550 枚核弹头"的上限。从长远的角度看，这并非是一个不可能的数字。

苏联解体之后美俄继续在核军控与核裁军方面进行合作表明，两个核大国的合作与克制主要受制于核武器的巨大威力与核战争的毁灭性前景，虽然在此期间双方的社会都发生了深刻而巨大的变化，但这一现实足够强大，以至于具有了超越时空的力量。

第十三章

发展核武器不再是绝大部分国家的权利

如果核武器为越来越多的国家所有的趋势继续下去而不加以限制，国际关系的结构将会有重大的改变。很多国家拥有核武器之后，发生核战争的可能显然增长。某一个国家如果和一个核大国联盟，它可能由于对另一个核大国发动进攻而使和它联盟的核大国参加全面战争①。

——————————————————————亨利·基辛格——

● ［美］亨利·基辛格：《选择的必要》，世界知识出版社，1962 年 4 月第 1 版，第 253 页。

所谓国家主权，就是对内的最高权和对外的独立权，它是产生于近代欧洲的概念，最早体现在结束三十年战争的《威斯特法利亚和约》当中。发展什么样的军备、拥有什么水平的军备当然是国家主权范围内的事情，他国和国际法都不能干预。根据结束第一次世界大战的《凡尔赛和约》，德国的军备从质量到规模都受到了严格限制，但那是战胜国对战败国的惩罚，是特例而不是普遍现象。然而，根据 1968 年签署的《不扩散核武器条约》，世界绝大多数国家主动放弃了发展、拥有核武器的权利。第一次，主权国家自愿放弃了整整一类武器的拥有权。此后，国家主权原则不再是一国发展核武器的依据，国际社会对一国发展核武器进行干预、制裁也不再被贴上干涉内政的标签。

一
主权国家与军备

直到 19 世纪末，关于军备问题，主权国家都享有完全的自由，而且也无人觉得有对此进行限制的必要。

事实上，在 19 世纪中叶之前，对主权国家发展军备最大的制约来自财政能力。在几百年的时间里，几乎所有国家君主都受到缺钱的困扰。当时，武装力量规模不可能很大，武器也相对单一，火炮的大量使用是拿破仑战争时代才开始的，所以，限制军备也毫无必要。

19 世纪中叶之后，随着工业化时代的到来，情况开始发生变化。武器得益于技术的快速发展而日新月异，杀伤力也越来越大，战争因此变得格外残酷，克里米亚战争即是一例；大众政治时代的来临扩大了军队规模，故维持一支近代化的武装力量需要更高昂的成本。虽然欧洲各国的财力基础也较过去前所未有地雄厚了，但世袭君主和民选总统们的负担也越来越沉重。在这些不堪重负的统治者当中，俄国沙皇是最突出的一个，因为俄国的经济最落后，军队的规模也最庞大。所以，近代首个裁军呼吁出自沙皇也就不足为奇了。

1898 年 8 月，沙皇尼古拉二世呼吁世界各国举行会议以研究"确保世界各民族享受真正持久和平的有效途径，特别是终止现有武器装备不断发展的有效途径"①。沙皇的呼吁在世界各国人民中得到的共鸣远远大于在世界各国政府中得到的回应，因为人民不仅感受到了不断增长的军备开支带来的沉重税收负担，而且各国的人道主义者对新式武器的杀伤力表现出了越来越多的关切。所有欧洲国家，再加上美国和日本在内，共 26 国对呼吁做出了积极回应。它们既不想得罪俄国，也无法完全忽视当时正在不断高涨的人道主义关怀。1899 年 5 月 18 日，和平会议在海牙举行。最终，参加这次会议的各国代表一致通过了一项决议，指出："此次会议认为，限制军事预算，对增加人类的物质福祉和道德福祉……是极为可取的。"②会议实际上没有取得任何成果。1907 年的第二次海牙国际和平会议同样不了了之。世纪之交，除了沙皇俄国，其他国家并无限制军备的打算。

第一次世界大战结束后，《凡尔赛和约》对德国军备进行了极为苛刻的限制。条约规定，德国取消参谋本部，不能拥有空军、坦克、重炮、战列舰等武器装备，另外，条约对德国军队人数、军官数量也进行了限制。这是国际条约第一次就一个主权国家的军备进行限制，此前的战争则从无类似条款，包括在欧洲制造了 1/4 个世纪战争与破坏的法国。这一全新的现象与时代特征有直接关联。在总体战的背景下，由于大众对政治在深度和广度上前所未有的参与，战争已经

---

❶❷［美］诺曼·里奇：《大国外交：从拿破仑战争到第一次世界大战》，中国人民大学出版社，2015 年 8 月第 1 版，第 296 页，第 297 页。

从过去中性的、非道德的性质演变为有对错和正义、非正义之分，胜利者可以将战争的责任推给失败的一方，并对其实施相应的惩罚，包括对其军备水平做出限制。这一限制虽然打着和平的旗号，实际上却是战胜国对战败国的报复。

1922 年 2 月 6 日签署的《五国海军公约》是第一个各国就军备进行自愿和多边限制的国际条约。条约规定，接下来 10 年里各国不得建造任何新的战列舰，并且在美英日法意之间确立了一个战列舰比例——5∶5∶3∶1.67∶1.67。但条约限制的是比例而非绝对数量，而且只限制战列舰，至于其他的舰种，如潜艇、巡洋舰、航母等并不在限制之列。条约到 30 年代就被废弃了。

另外，1925 年 6 月 17 日，各国在日内瓦签订了《有关禁止毒气或类似毒品及细菌方法作战协定书》[①]。毒气毕竟是一种非常特殊的非主流武器，只能在战术行动中作为辅助手段使用，对于总体战局几乎没有影响，而且在战场上使用毒气很容易伤及自身，故限制起来难度并不大。在第二次世界大战的欧洲战场，交战双方尽管无所不用其极，但彼此都没有再使用毒气。

20 世纪 30 年代，各国又在国联框架内召开裁军会议，与以往一样，会议以失败告终，并导致德国和日本退出国联。

总的来看，在核武器出现之前，主权国家虽基于经济压力和人道考虑进行过裁军和限制军备的努力，但普遍裁军并未取得显著成功。其间就个别领域达成的军备限制，比如毒气、海军战列舰比例等，其影响也非常有限，而且并没有相应的监督和惩罚机制。

二
《不扩散核武器条约》的签署

核武器是一个非常庞大的家族，大到上千万吨当量的洲际导弹，中间有几十万吨当量的巡航导弹、核航弹、中程导弹、分导式多弹头，小到几万吨、几

●1952 年 7 月 13 日，中华人民共和国中央人民政府外交部部长周恩来发表声明，承认了该议定书。

千吨当量的核炮弹、核地雷、核水雷、中子弹等等，反导系统在早期也使用核拦截弹（俄罗斯现在也是如此）。可以这么说，只用核武器，就可以独立完成一场陆海空三军的联合作战行动，至于战争能进行到哪一个阶段就不得而知了。对于这样一种极为特殊的武器，国际社会希望控制其拥有范围是必然的，而没有它的国家想拥有它也是情理之中的。

核能不仅可以用于破坏，还可以用于提供军用和民用动力。事实上，在最初发现核能时，科学家们想到的主要是其经济意义，即提供一种新的动力来源。20世纪五六十年代之后，核动力开始在军事和民用两个方面得到发展。在军事方面，很多作战平台都采用了核动力，如核动力航母、核动力潜艇（美国已经不再制造和拥有常规动力航母及潜艇）、核动力巡洋舰等，这些平台因使用核动力速度及续航能力均大大提高。在民用方面，核能也获得了广泛而迅速的应用。

由于民用核技术与军用核技术相通，民用核能的发展使得越来越多的国家具备了发展核武器的潜能。自20世纪50年代后期开始，包括阿根廷、比利时、加拿大、捷克斯洛伐克、联邦德国、民主德国、印度、意大利、日本、荷兰、巴基斯坦、西班牙、瑞典和瑞士等在内的越来越多的无核武器国家已经启动或正在建造输出功率超过100MW的动力反应堆，每座这样的反应堆都能生产制造一个核爆炸装置所需的钚量（没有铀矿的国家借此就解决了核材料的来源问题）。还有更多的国家计划在不久的将来开始建造核动力反应堆[①]。核能的开发与利用从某种角度来看增加了核扩散的风险，从而增加了出现更多拥有核武器国家的可能性。

那些无意发展核武器的无核国家首先发出防止核扩散的建议。从1958年开始，爱尔兰连续向第13、14、15、16届联合国大会提交了关于防止核扩散的决议草案，其内容前后虽有修改，但主旨始终如一，即无核国家不拥有核武

---

❶ 胡思德，刘成安编著：《核技术的军事应用——核武器》，上海交通大学出版社，2016年3月第1版，第145页。

器，有核国家不向无核国家转让核武器和核技术。在防止核扩散的问题上，国际社会表现出了罕见的一致，几次投票表决都只有弃权票而没有反对票，尤其是 1961 年经过修改的核不扩散决议草案更是获得一致通过。特别重要的是，草案得到了美苏两国的认可和支持，两国虽都有过弃权票，但没有投过反对票。

从 1962 年起，条约谈判在四个渠道同时进行：第一个也是最重要的渠道是美国和苏联之间的直接双边接触；第二个是在日内瓦的十八国（5 个北约、5个华约、8 个不结盟）裁军委员会关于条约文本的多边谈判；第三个是美国与其北约盟友之间就北约核防务问题的磋商；第四个是联合国大会就防止核扩散进行的多边讨论。20 世纪 60 年代中期，美国逐渐放弃"多边核力量"计划，这为美苏两国最后达成核不扩散条约扫除了一个主要障碍。经过 6 年多的美苏双边和多边的艰苦谈判，《不扩散核武器条约》于 1968 年签署，1970 年生效，条约的主要内容是：核武器国家承诺不向无核武器国家转让核武器的控制权和制造核武器所需的信息，无核武器国家承诺不制造核武器或不以其他方式获取核武器的控制权，条约承认 5 个合法的核武器国家，即美国、苏联、英国、法国、中国，这些国家在 1967 年 1 月 1 日前爆炸了核装置，其他国家均须以无核武器国家身份加入。

另外，为了限制核武器的发展和扩散，国际社会还采取了限制和禁止核试验、防止核武器及其技术扩散、建立无核武器区、控制和禁止生产武器用材料等方法。

如果说一国对内享有最高权、对外享有独立权，那么发展核武器也必然是一国主权的一部分，他国和国际社会无权干涉。这是早期各国普遍持有的观点，也是直至今天个别执意发展核武器国家的理由。核武器涉及诸多武器类别，拥有它不仅能够增加自己维护国家安全的底气，而且也是一笔丰厚的政治资产。那么，一向珍视主权的各国为什么能够就限制发展核武器达成共识？为什么无核国家愿意永久放弃拥有核武器的权利？

　　首先，"控制核武器的中心越多，使用这些武器的可能性就越大"①。随着核武器作为终极武器、绝对武器的面目逐渐显露出来，国际社会形成了一个共识：核战争影响的是当事国、是全人类、是所有人及其子孙后代赖以生存的家园，因此，避免核战争符合所有国家和人民的利益。毫无疑问，有核武器的国家多了，核武器控制起来就越困难，因各种必然的、偶然的原因爆发核战争的风险就越高。

　　20世纪五六十年代核武器诞生之初，拥有核武器的都是历史悠久的传统大国，人们有理由相信，这些国家的领导人或者领导集体足够理智冷静，其决策机制成熟健全，而且国家也有充足的常规军事资源，因此，它们不会轻易地动用核武器以解决国家的政治、安全和军事问题。如果核武器仅仅掌握在这些国家手里，那么核战争的风险虽然没有消除，但仍是可控和可接受的。

　　但是，在越来越多的中小国家也表现出对核武器的兴趣并着手进行研发的情况下，事情的发展趋势就完全不同了。中小国家，特别是其中一些在非殖民化运动中出现的新兴国家，领土主权问题较为突出，受制于有限的常规军事资源，它们可能更倾向于动用核武器改变战场态势、减轻安全压力。因此，人们普遍认为，核武器将助长小国的冒险情绪。另外，这些国家的政治体制不够健全、政局不稳、政变频繁、领导人也更少受制度约束，这些都增大了爆发核战争的可能。在古巴导弹危机中，据说卡斯特罗对苏联撤走导弹的决定暴跳如雷，他向这位苏联领导人抗议道：古巴人民已准备为反帝斗争拼光性命；无数古巴人和苏联人愿意本着无上尊严去死。他得知撤出武器的决定时泪流满襟。多年后，卡斯特罗仍然自豪地宣称他本会同意使用核武器，古巴人民准备付出彻底灭绝的代价②。

　　另外，中小国家的核武器本身还存在着较为严重的核安全③和核保安④问题。

---

❶ ［美］亨利·基辛格：《选择的必要》，世界知识出版社，1962年4月第1版，第101页。

❷ ［美］诺曼·里奇：《大国外交：从第一次世界大战至今》，中国人民大学出版社，2015年8月第1版，第326页。

❸❹ 核安全是指在异常环境中万一发生核爆炸但不至于产生有意义的核当量。胡思德、刘成安编著：《核技术的军事应用——核武器》，上海交通大学出版社，2016年3月第1版，第100页，第101页。

● **一是安全成熟的核武器系统需要大量的核试验和导弹发射试验，需要巨大的技术投入和较高的基础工业水平**

核开发的不合法与技术经济的相对落后决定了非法有核国家的核武器或多或少都存在安全问题。在1991年海湾战争后进入伊拉克的联合国核查人员发现，伊拉克导弹设计极不稳定，其设计要求在弹芯中置入大量武器级铀，即使它被平稳地放置在工作台上，弹头也不可避免地处于爆炸边缘。当南非的武器工程师检查其第一枚(未经试验)核装置时，他们认为它基于一种不合格的设计，未能达到严格的安全性、保安性和可靠性要求①。

● **二是核武器系统的正常运用有赖于先进可靠的预警系统，而"较为贫穷的国家其预警系统需在更具挑战的环境下成功运作，其预警系统的可靠性可能会更低"**

1990年4月，萨达姆向一群美国参议员发表讲话称：当原子弹向我们袭来时，我们也许正在巴格达与司令部举行会议。因此，为了让军令明确地传达给空军与导弹基地的指挥官，我们已经告诉他们，如果他们未能接收到最高领导人的命令，并且城市已遭到原子弹袭击，他们就会将所有能打到以色列的武器对准以色列②。这种所谓的"预先授权"是为了保证在己方遭到核打击、部队与国家指挥系统失去联系后仍可以进行报复性还击，但是它完全凭借高级指挥官的自行判断甚至直观观察，增大了事故性战争的风险，如果伊拉克拥有核武器，其后果就是事故性核战争（因为一定用核武器还击）。

● **三是弱小国家对核武器的管理也更容易出现漏洞**

事实上，即使制度相对健全、技术更为先进的美国也发生过多起核武器管

---

❶❷ [美] 斯科特·萨根、肯尼思·华尔兹：《核武器的扩散：一场是非之辩》（第二版），上海人民出版社，2012年第二版，第62—63页，第64页。

理上的事故，但是严格的文官治军传统和总统（总司令）对核武器的直接控制以及发射核武器的种种安保措施，使这些事故并未酿成大祸，而对弱国来说可能就意味着灾难。

其次，从最终销毁核武器的角度看，控制其扩散是实现销毁的第一步，虽然这一路程将十分漫长。核武器存在一天，核战争的阴云就笼罩在人类文明头顶一天，所以，最终销毁核武器一直是各类和平组织、有识之士特别是无意发展核武器国家的共同愿望和强烈要求。那么，为什么不直接销毁核武器而是从防扩散着手呢？

从政治上看，虽然它们可以把"全面彻底销毁核武器"作为一个口号和最终目标，但以美苏为首的有核国家不可能同意销毁核武器。"在由于意识形态的分歧而两极分化的世界上，在每一方都认为对方决心要毁灭自己，都以恐惧、不信任和仇恨的政策来支撑这种认识的情况下，对于这样一种极其重要的问题（消除核武器）是不可能期望达成任何协议的"[1]。而且，核军控也不能触动现有的利益格局，否则一定会遭到既得利益者的反对。1986 年 10 月，里根和戈尔巴乔夫在雷克雅未克会晤中讨论了各自拆除一切核武器的问题。结果，仅因为他们讨论过消除核武器，里根和舒尔茨回到华盛顿后就遭到猛烈的批评，英国首相撒切尔夫人还为此专门到华盛顿发起对舒尔茨的严厉指责，然后以比较外交的方式向里根表示了她的担心[2]。

从技术上看，销毁核武器和生产核武器的工厂很容易，但"要禁止制造核武器的技术知识和能力却不可能"[3]。只要相关的知识和技术无法消灭，潜在的核武器依然存在，可以在很短的时间内重新被制造出来。而"在根据条约建立起来的无原子弹的世界里，第一个违背条约的国家将获得巨大的优势。在这种情况下，一国称霸世界的可能性大得惊人！所以，我们得出违反常规的结论：各国按照国际协议在清除原子弹和原子设施方面走得越远，规避协议的诱惑力

❶❷ ［英］约瑟夫·罗特布莱特等编辑：《无核武器世界探索》，当代世界出版社，1995 年 4 月第 1 版，第 25 页，第 277—278 页。

❸ ［美］汉斯·摩根索：《国家间政治: 权力斗争与和平》，北京大学出版社，2006 年 11 月第 1 版，第 447 页。

就变得越加强烈，人们所想象的产生于没有原子弹的世界的安全感，似乎是一种短暂的感觉"[1]。这说明，在没有消除产生核武器的动机之前，消除核武器不仅不现实，甚至更是危险的。

从履约的角度看，对非核武器来说，90%—95%的有效性是可以接受的，但由于核武器所具有的巨大破坏力，如果要使彻底消除这些武器的条约得到普遍接受，就有必要将核查误差降至接近于零。在无核武器世界里，非法保留哪怕是很少几枚核武器，或是在条约生效后秘密制造核武器，将会给违约国家以相当大的力量以及进行政治讹诈的能力。

虽然立即实现无核武器世界从哪个角度看都既不可能也不可取，但控制其拥有国的数量、不令其扩散到更大范围则相对容易。毫无疑问，有核武器的国家越多，销毁的难度就越大，因为参与谈判的各方都有自己的利益和需求，要想达成一致非常困难。所以，冻结有核国家数量对于最终实现无核武器世界意义重大。

第三，核武器的研发费用惊人，但客观上并没有获得预期收益，故令很多国家追核热情渐渐冷却下来。在核武器问世之初，其巨大威力令人们十分着迷，尤其是在20世纪50年代，核武器被看作最现代化和唯一具有决定意义的军备，一个国家如果无核，就意味着是二等国家。但核开发在初期投入巨大，除非倾举国之力，否则是很难成功的，这自然促使相当一部分资源和动员能力都极其有限的国家打了退堂鼓。特别重要的是，随着人们对核武器的认识越来越深刻，对核武器最初的幻想、期待也归于理性。美苏发展核武器的历史表明，核武器在现实中几乎派不上用场，不能立竿见影地转化为实际的、可用的能力，解决不了急迫的国家安全需求，无论是美国还是苏联，在战后世界面临的种种政治、军事难题时，都无法求助核武器摆脱困境。英法两国一心谋求建立独立核力量，但两国到底从中获得了多少好处却是一个似是而非的问题。

所以，对中小国家来说，如果国家安全环境不是极其恶劣，如果对荣誉、

---

[1] [美]伯纳德·布罗迪等：《绝对武器》，解放军出版社，2005年1月第1版，序言，第12页。

威望没有较多的野心，研发核武器的确不是一个明智选择。核武器神圣的光环渐渐退却，其吸引力自然也就下降了。我们可以发现，目前对研发核武器特别有兴趣的国家都是那些受到主要大国孤立、安全形势比较严峻的国家。

三

对《不扩散核武器条约》的评介

《不扩散核武器条约》签署并生效将近半个世纪，尽管受到了许多批评，也有公然对它的背离，但总体来看，条约是成功的，它所追求的目标基本达到。

显然，不扩散核武器条约违背了国家主权原则，但这是一种自愿的放弃，而自愿放弃某种权利也是国家主权的体现。不扩散核武器条约一旦生效，就成为对所有国家都有约束力的国际法，也就是说，即便个别国家没有签署条约或签署之后又退出，它们发展核武器也是违法的，将受到国际社会的干预和制裁，印度、巴基斯坦、伊朗、朝鲜都属于这类情况。

不扩散核武器条约也违反了国家主权平等的原则。条约规定，所谓有核国家，是指在1967年1月1日之前进行了核试验或爆炸了核装置的国家。按这个标准，合法有核国家只有5个，也许并非巧合的是，它们都是安理会常任理事国——美苏英法中。这在一定程度上说明，早期只有大国才有实力研发核武器，核武器所带来的权势与威望对大国比对小国更有意义。条约将世界各国分成两个泾渭分明的集团或者说等级：有权发展核武器的，并且对数量规模并没有明确限制；无权发展核武器的，即使有了核武器也得不到承认。而且，即便绝大多数国家牺牲了重要的国家主权放弃发展核武器，核大国也没有做出多少显著的让步以回馈无核国家，世界核裁军的步伐不能令无核国家满意，美国直到"2010年的核态势评估报告"才首次承诺不对签署了《不扩散核武器条约》的无核国家使用核武器。这反映了国际政治现实与理想之间的差距，大国由于实力的缘故在实际中不可能像在理论上那样与小国完全平等，但是，大国特权又是联合国等国际组织得以正常运转的前提，也是防扩散得以实现的先决条件。

但是也必须看到，《不扩散核武器条约》在防止核扩散上确实发挥了重要作用。在 20 世纪五六十年代，人们对于核武器扩散前景持悲观态度，认为随着核爆炸装置设计及制造信息不可避免的扩散和铀供应的易于获得，拥有核武器国家的数量将会显著增加。1963 年 3 月，美国总统约翰·肯尼迪警告说，"我看到了这种可能性，即 20 世纪 70 年代的美国总统不得不面对 15 个或 20 个或 25 个国家可能拥有核武器的世界"。根据 1968 年美国参议院外交委员会听证会记录，美国原子能委员会已把澳大利亚、加拿大、联邦德国、印度、意大利、日本和瑞典列为这样的无核武器国家，即其工业经济可能足够支持一项制造大量相当精细的核武器及其发射系统的计划，该计划在做出决定后 5—10 年内就可以实现。此外，美国原子能委员会还把阿根廷、奥地利、比利时、巴西、智利、捷克斯洛伐克、匈牙利、以色列、荷兰、巴基斯坦、波兰、南非、西班牙、瑞士、阿拉伯联合共和国和南斯拉夫列为拥有较为有限的资源但具有潜在的核武器能力的无核武器国家。[①] 但事态发展非没有像人们当初预想的那样糟糕。在条约签署时，世界上有 5 个有核国家，50 年过去了，全世界合法的和事实上的有核国家也仍然没有超过 1 位数，而且未来数量上的进一步扩大可能性很小。仅仅从这一点上看，条约起到了防扩散的作用，尽管防扩散的实现是多种努力共同作用而非单一因素的结果。

另外，一些有核国家实现了无核化，一些核门槛国家或有志于核开发的国家放弃了拥有核武器的努力。前者包括南非、巴西，前苏联解体后独立出来的境内有大量核武器的乌克兰、白俄罗斯和哈萨克斯坦三个国家，后者包括阿根廷、巴西、韩国、利比亚、伊朗等。这说明，《不扩散核武器条约》在国际上形成了浓厚的反核氛围，使拥核不仅在法律上也在道义上面临巨大压力，并使得有关国家面临国际社会的政治孤立与经济制裁，2015 年"伊核协议"的签署显然与此有直接关系。

最后，无核国家通过《不扩散核武器条约》这个平台一直要求有核国家尤

---

❶ 胡思德、刘成安编著：《核技术的军事应用——核武器》，上海交通大学出版社，2016 年 3 月第 1 版，第 146 页。

其是核大国削减核武器，为最终迈向无核国家而努力。"少数国家拥有核武器而其他国家却被禁止获取这种武器，这样的世界结构是没有办法无限期地维持下去的"[①]。这在一定程度上对有核国家形成了核裁军的压力。有核国家的核裁军承诺是无核国家当初签署不扩散核武器条约的条件之一，这使得有核国家至少对无核国家负有核裁军的道义和法律责任，也是其推动防扩散时必然面临的压力。从 20 世纪 80 年代至今，两个核大国的核军备水平处于持续下降状态。据美国官方 2014 年底公布，至 2013 年 9 月，美国核武库中共有 4804 枚核弹头，该数目较 1967 年的最大库存（31255）削减了 84%[②]。苏（俄）的情况大致相同。美国曾提议，将美俄的核弹头数量由最近的核裁军条约规定的 1550 枚减至 1000 枚。也许无核武器世界在可预见的将来不会出现，但核武器规模的减少是大势所趋，这不仅有利于世界和平，同样也有助于无核目标的实现。

❶［英］约瑟夫·罗特布莱特等编辑：《无核武器世界探索》，当代世界出版社，1995 年 4 月第 1 版，第 15 页。
❷ 胡思德、刘成安编著《核技术的军事应用——核武器》，上海交通大学出版社，2016 年 3 月第 1 版，第 110 页。

后记

这本书，从决定写到印刷出版，用了整整十个年头，真是应了那句话：十年磨一剑。

起初的灵感来自 2016 年给博士生开的《核战略演变》这门课，在备课和讲课的过程中自己的认识和思路也越来越清晰，因为平时常常感慨很多人对核武器的误解，所以就萌生了一个念头：写一本专门论述核武器时代战争的书。克劳塞维茨的《战争论》是第一本也是唯一一本系统研究战争是什么的著作，而核武器的出现彻底颠覆了传统的战争概念，如果沿用老观念看核战争，那无疑会陷入误区。所以，我想说的其实是三个层面的问题：一是传统战争的面貌，二是理论上或者说极致意义上的核战争，三是真实的核战争将呈现的形态。表面上看，核战争让传统战争理论失灵了，但实际上，它又无法存在于这个世界，所以，最终它必须低头，以另一种方式回归到传统战争理论。

当然，把想法落地，将灵感成书并不是件轻松的事。需要大量的阅读和研究。幸运的是，在这个过程中没有发生自我否定或此路不通另起炉灶的事。

2017 年底，我个人生活还发生了一个不大不小的变化——从武汉调到北京工作，这意味着专著出版的审查将更加严格；2018 年初，我完成了第一稿，但自己非常不满意，虽然发给了责编，也仅仅是为了表明：我在写。几乎是立即马上，我就开始了新一轮的研究。新一轮研究给本书带来了脱胎换骨的改变；因为有了更多资料做支撑，到 2018 年的夏天，我终于拿出了自己还算满意的初稿，也就是第二稿，之后又零零碎碎地修改着，主要是看了一些论文，到年底，还通过了保密审查，至此，从我这方面来说，算是万事俱备；可是，2019 年，我又对书稿不满意了，于是一边看书一边修改，当然并没有大动干戈，本书的基础和全貌在第二稿中就已经确定了。

之后，因为一些流程的问题，写好的书稿迟迟未能出版，又赶上我退休，似乎对著书立说的事也失去了兴趣。如此，出版的事就无限期拖了下去。

但是，我心里是非常感恩自己为了这本书所做的努力的。几年时间为它反反复复做的研究，大大提高了我的专业能力，以至于是否出书已经没那么重要了。但出版社是不会轻易放过我的啊！忽然有一天接到责编的电话：邵老师，书还得出呀！好吧，出就出。

2023年的5月，我用了一周的时间把书稿认认真真推敲了一遍，突然发现，多轮修改下来，除了偶尔的错别字，已经无法再修改了。我终于交稿了。当然，等书号下来，又是一年多以后了。因为此种题材的图书要面世，要接受出版系统各环节的严格审查，方能放行。

看到样书，特别是漂亮的封面，心里还是有些激动，毕竟，付出了那么多的心血，真心为它煎熬过，痛苦过，努力过，随随便便的爱与恨不会让你刻骨铭心。作为一个在战略导弹部队工作30年的教研人员，这本书也是对自己职业生涯的一个交代。

最后，我要特别感谢辽宁人民出版社和本书的责编张天恒女士，十几年合作下来，我们彼此高度信任，如果没有他们始终如一的坚持和督促，这本书估计也就石沉大海了。

这一刻，我忽然想到，距离上一本书《战争与大国崛起》的出版已过去了整整十年。《战争与大国崛起》2014年在辽宁人民出版社出版以来，不断加印，至今仍在再版。我也希望这本十年磨一剑的《核武器时代的战争》在下一个十年里能够再现《战争与大国崛起》的路径，为更多有思考力的读者带来启迪。

2024年9月